ケプラー疑惑

私たちの宇宙の中心にいる息子へ

Heavenly Intrigue:

Johannes Kepler, Tycho Brahe,
and the Murder Behind One of History's
Greatest Scientific Discoveries

ケプラー疑惑

ティコ・ブラーエの死の謎と盗まれた観測記録

ジョシュア・ギルダー
アン-リー・ギルダー［著］
山越幸江［訳］

地人書館

HEAVENLY INTRIGUE
Johannes Kepler, Tycho Brahe, and the Murder Behind
One of History's Greatest Scientific Discoveries
by Joshua Gilder and Anne-Lee Gilder

Japanese translation rights arranged with
Baror International Inc., Armonk, New York through
Japan UNI Agency, Inc., Tokyo.

ケプラー疑惑　目次

本文中の〔　〕内は原著者による注釈で、〔　〕内は訳者による注釈である。
本文中に付されている（1）、（2）、……などの番号は、巻末（二九五ページから）に各章ごとにまとめられている「原注」の各項目に対応するものである。

ケプラーやブラーエの時代の
神聖ローマ帝国

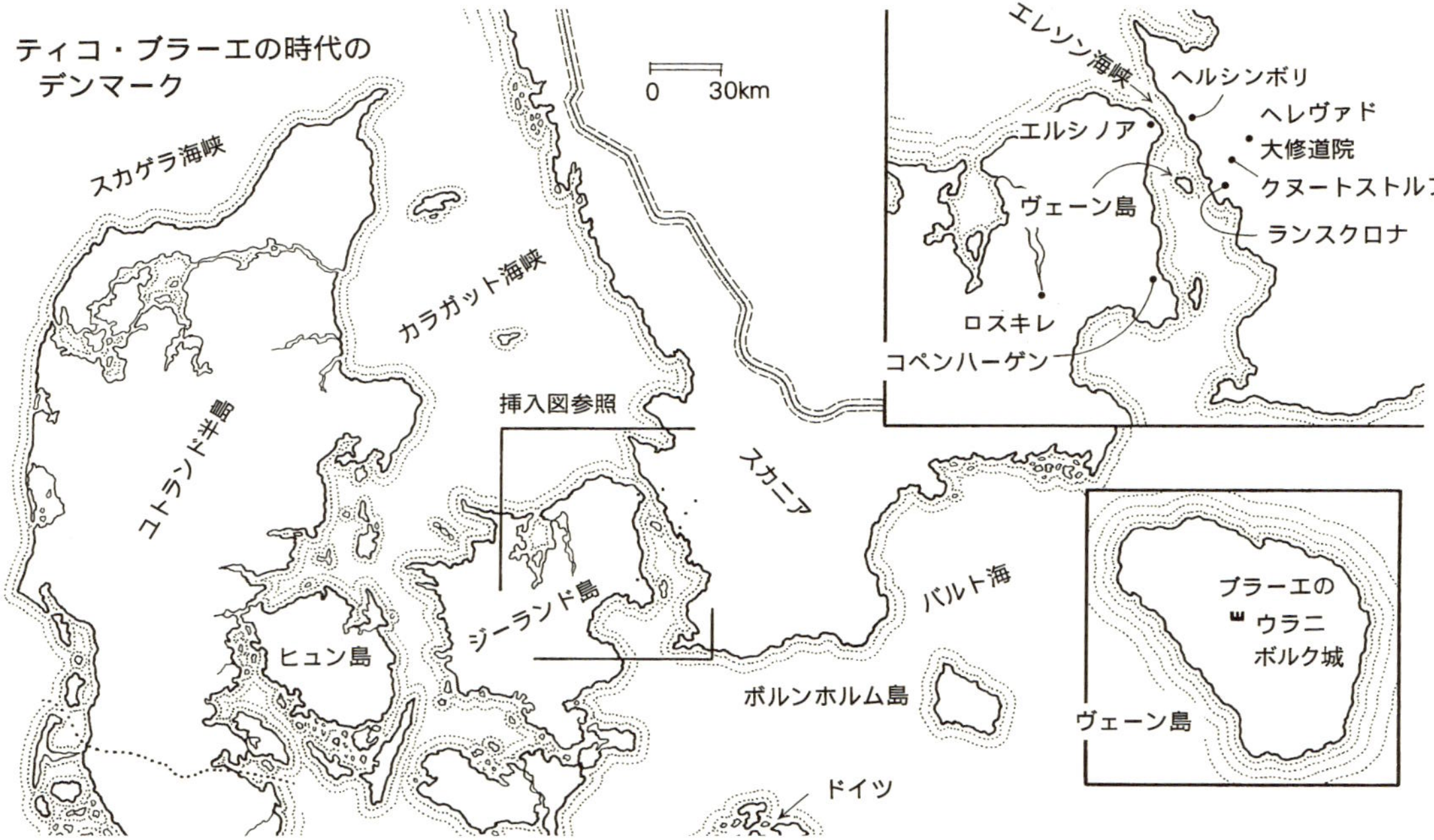
ティコ・ブラーエの時代の
デンマーク
0　30km
スカゲラ海峡
カラガット海峡
ユトランド半島
ヒュン島
ジーランド島
挿入図参照
スカニア
バルト海
ボルンホルム島
ドイツ
エレソン海峡
ヘルシンボリ
ヘレヴァド
大修道院
クヌートストルプ
ランスクロナ
エルシノア
ヴェーン島
ロスキレ
コペンハーゲン
ブラーエの
ウラニ
ボルク城
ヴェーン島

序章　科学革命に隠れた殺人

ヨハネス・ケプラーといえば歴史上の偉大な天文学者である。彼は当時の宇宙観に大きな変革をもたらし、惑星はすべて不変の速度で円軌道をまわるという古代のモデルを今日考えられるようなダイナミックな宇宙へと切りかえる橋渡しをした。彼の惑星運動の三法則は、ニュートンの万有引力の法則が生まれる素地となり、以後現在にいたるまでの物理学的発見に道を開いたのである。アイザック・ニュートンは「私に遠くが見えたのだとしたら、それは巨人の肩に乗っていたからだ」と述べているが、その巨人の一人がヨハネス・ケプラーだった。

しかし、一方でティコ・ブラーエが存在しなかったら、ケプラーの名前は今日の科学書の脚注に載る程度にすぎなかったろう。当時著名な天文学者だったブラーエは、組織的に天空を観測した最初の経験主義的科学者であり、近代科学の手法を打ちたてた創始者ともいえる。デンマーク、ヴェーン島の彼の城であるウラニボルクで、後にはプラハの神聖ローマ帝国宮廷数学官として、ブラーエは自分で発明したすぐれた観測装置を使って惑星や恒星の肉眼観測を四〇年間にわたって行なった。その観測記録の正確さは、望遠鏡がそれをしのぐのに一〇〇年以上も要したほどである。一〇〇〇年におよぶプトレマイオスの宇宙像をくつがえし、惑星を固定していた観念上のガラスの天球をこなごなに打ち砕いたのは、この比類ない観測データにほかならない。そして、この宝物があったからこそ、ケプラーは天空の神秘の扉を開くことができたのである。

一七世紀が明けたばかりの一八ヵ月間に、二人の男はプラハでともに住んで研究に励み、科学を中世から近代へと移行させる働きをしたが、その協力関係は科学史上まれに見る不穏な感情と不和をはらんだものであった。まったく、二人のたぐいまれな才能と天文学への情熱をのぞけば、彼らほど共通点のない組み合わせというのも珍しい。

ブラーエはデンマークの上流貴族の出身だったが、ケプラーは貧乏育ちで、ドイツの落ちぶれた商人の、虐げられ見捨てられた息子だった。ケプラーにずば抜けた才能がなければ彼が極貧の人生から救われることはなかったろう。ブラーエは頑健で、総じて食欲旺盛、酒好き、そして精力的で尊大な外交家であった。ヨーロッパ中の国王、王妃、貴族、学者がヴェーン島を訪れ、彼の建てた天文観測所に驚愕の目を見張った。一方、ケプラーは痩せて虚弱体質で、生涯ありとあらゆる病気に悩まされ、にぎやかな集まりを嫌って孤独を愛した。

ブラーエは天界を作図する仕事に生涯情熱を傾けた経験主義的思考の持ち主だったが、ケプラーは強い近視のために自分で観測することができなかった。そのかわり理論と着想にかけてはつきない泉であり、その多くは神秘主義的で誤謬の多いものだったが、中には息をのむほど才気にあふれたものがあった。

しかしケプラーのこの天賦の才に恵まれた精神には、ティコ・ブラーエの膨大な惑星観測記録を自分のものにしたいという執念に取りつかれた、怒りと恐れと妬みの渦巻く暗黒の部分があった。ケプラーが名声への道を力強く上りはじめたのはブラーエの死後まもなくである。

四〇〇年というもの、ティコ・ブラーエの死は自然死と考えられてきた。ところが最近行なわれた毛髪の法医学分析は計画的な毒殺を示している。そして、犯行の動機、手口、機会に関する答えはすべて一人の容疑者をさしていた。ヨハネス・ケプラーである。

第1章　葬送

　プラハ市民が通りに群がり人垣をつくる中を、葬儀[1]の列はしずしずと進んでいく。黒いビロードの布に包まれた棺は、ブラーエ家の紋章を金糸でたっぷり縫い取りした外套に覆われて、一二人の貴族の宮廷士官に担がれていく。棺の中には、騎士の礼装に身を包み剣を脇に置いたブラーエの遺体が横たわっている。

　三人の男が葬列を先導する。二人はキャンドルを高々とかかげ、一人は黒いダマスク織りの旗をたなびかせて進む。後ろには、頭から尾まで金の紋章入りの黒い掛け布をかけたブラーエの愛馬が従い、さらにもう一人の旗手、次に黒い掛け布をまとった二頭目の葬送馬、金張りの拍車をもつ男、羽飾りのあるブラーエの兜を捧げもつ男、ブラーエの紋章入りの盾をもつ男とつづいていく。棺の後ろはブラーエの末息子が歩き、その両脇に故人と親しかった従兄弟のイリク・ブラーエと、故人が病に倒れた晩、会食に同席した友人のエルンフリート・フォン・ミンコヴィッツ男爵が長い喪服を身にまとって同行する。皇帝の顧問とボヘミア貴族たちがその後に連なり、さらにブラーエの助手と召使の集団がつき従う。

　夫人のキステンには二人の高名な王室判事がつき添い、三人の娘にはそれぞれ二人の高貴な紳士が随伴する。そして葬列の最後には、多数の「品位ある婦人たち」と、その後ろにプラハの上流社会で身分の高い人々が従っていく。

一六〇一年一一月四日、葬列はテイン教会の重厚な黒い尖塔の下を通り、教会に詰めかけた見物人の中を進んでいった。貴族も平民も同じように、彼らの前に置かれた棺の中の、ほとんど神話になった人物を一目見て弔意を表そうとひしめきあった。親族は黒いイギリス製の布に覆われた椅子に着席し、ブラーエの親友であるイェッセンのヨハネス・イェセニウスが壇上に上がり、おもむろに哀悼の辞を述べた。

「皆さんの前には、天文学を再建された偉大な方が、運命のいたずらによって命を絶たれ横たわっておられます(2)」。イェセニウスはブラーエの勇猛な祖先や高貴な家柄、デンマークにおける輝かしい研究や生活、デンマーク王フレデリックⅡ世の比類ない愛顧について語った。さらに、故人の科学的業績を褒めたたえ、弔辞にはよくあるように、その好ましい性格にも言及した。来訪者には親切で、貧しい人たちを快く受けいれ、信仰心に篤い。イェセニウスは自分の経験から、友人は「怒りを持ちこさず」「いつでも他人を許せる」「気さくな人物」だったと述懐した。

一方で、当時の何事もあけすけに述べる風潮にならって、現在の弔辞でならいいかねるような出来事にも言及した。青年期の決闘で顔の形を損なったこと、デンマークから追放されたこと、ティコの惑星体系がウルサスと自称する男に剽窃されたことなど。さらに、ブラーエの「突然の不慮の」死を知って駆けつけたとき、彼が目にした悲しみに暮れる遺族の様子を詳述し、プラハの居並ぶ貴族や上流階級の人々を前にして、この機会を利用し、ブラーエの貴重な天文観測記録がだれのものであるかを明らかにした。それは故人が「最期の息を引きとるときに相続人に譲ったものです」とイェセニウスは強調し、「それがいまだにヨハネス・ケプラー先生の手元にあり、これまでのところ彼の所有になっているのです」とつけ加えた。ブラーエが息を引きとるとすぐに、ケプラーはこの著名な天文学者の助手として一八ヵ月間働いた家を去った。その手荷物には、師の四〇年間におよぶ辛苦の結晶である観測日誌が入っていたのである。

イェセニウスはブラーエを死にいたらしめた病気についても詳しく語った。一六〇一年一〇月一三日の夜、ブラーエはある晩餐会に出席して発病した。それまでに何ひとつ兆候がなかったにもかかわらず、その病は一晩のうちに急激に悪化した。彼は家に到着するとひどい高熱でベッドに倒れこみ、激痛に打ちのめされて、約一週間というもの恐ろしい痛みにもだえ苦しんだ。意識が混濁するときだけ苦しみから解放されるという状態がつづいたのである。ところが一週間もすると、彼は持ち前の伝説的な頑健さによって最悪の状態を脱し、快方に向かっているかのように見えた。彼が観測記録を家族に託すと遺言したのはこのときである。そして翌日の一六〇一年一〇月二四日の朝、ブラーエは息を引きとっていた。

ブラーエの死後まもなく、毒殺の噂がヨーロッパ中に流れた。五四歳のブラーエはまだ強健であり、事前に病気の兆候はなかった。その死はあまりにも突然すぎる。噂はドイツをでてノルウェーに伝わり、ベルゲンのアンドレアス・ホス司教はブラーエのかつての助手で信頼の篤い共同研究者であったロンゴモンタヌスに次のような手紙を書いている。「ティコ・ブラーエについてあなたが特別なことをご存知かどうか知りたいのです。というのは、最近、彼の死は普通ではなかったという不愉快な噂が流れているからです……ああ、その噂が間違いでありますように。神よ哀れみたまえ」(3)。同様の調子で、有名な占星術師ゲオルク・ローレンハーゲンもドイツから帰るとすぐに、ブラーエは毒殺されたと書いている。というのは「[ブラーエのように]強靭な肉体が、厄年を迎えるまえに、排尿の停止によってあれほど急激な変化を起こすはずはない」[4]からだ。ローレンハーゲンがそう確信する根拠には占星術的な色合いが濃く、それ自体あまり信頼できるものでないが、イェセニウスも弔辞で「引き締まった剛健な肉体」と述べているように、彼のたくましい体はだれもがよく知るところだった。どちらかといえば年齢が若く、きわめて健康な人間がささいに見える病気のために急逝したという事実は、暗殺されたという憶測を生むものである。一六、七世紀の平均寿命は比較的短かったが、それは乳幼児の死亡率がきわめて高かったせいである。したがって、成人するまで生きられた人間が老齢に達するまで生存する確率はかなり高かったのだ。

しかしながら噂はやがて下火になった。その主な理由は犯人を断定できないことだろうが、当時の医学の知識では、ブラーエが晩餐会で長時間尿意を堪えていたために膀胱の機能が失われて排尿できなくなったという診断がもっともらしく聞こえたからでもある。それから四〇〇年のあいだに種々の仮説が提唱された。まずは死因を膀胱の破裂とする説が現れたが、医学の知識が進歩すると、前立腺肥大か、またはその他の尿路通過障害に起因する急性尿毒症ではないかといういかにも妥当な診断も下された。これは腎臓が障害をきたして、血中に自然に生じる毒素を濾過できなくなる病気である。

ところが一九九一年、墓から掘り出されたブラーエの遺物である毛髪が法医学分析にかけられると、驚くべき事実が判明した。問題の晩餐会が行なわれたちょうど同じ時刻に、ブラーエはメニューにないものを摂取していた。彼の毛髪には、平常の一〇〇倍という高濃度の水銀が蓄積していたのだ。これは強健な成人を、たとえ死の淵までとはいわないまでもその手前まで連れていかれる量である。さらにこの毛髪分析から五年後にも、第二の分析が行なわれたが、それによるとティコの死の一三時間前、すなわち前日の夜九時頃にも水銀値が突出していることがわかった。

この二つの分析から一つの結論が導きだされる。ティコ・ブラーエは水銀中毒で死亡した。彼の死は偶然ではなく、殺人だったのである。

第2章　ケプラーの惨めな生い立ち

「母が私を懐妊したのは一五七一年五月一六日午後四時三七分であることが判明した」[1]。二六歳のヨハネス・ケプラーは占星術日誌にこう記している。

彼がどんな計算を使ってこれほどまでに正確な受胎時刻を割りだしたのか、それについては一言も述べられていないが、重要なのはその日付である。両親の結婚が前日の五月一五日であることを考えると、彼はこれによって婚前に宿された子という疑念を晴らしたかったのだろう。両親の結婚から七ヵ月余り後の一五七一年一二月二七日に誕生したケプラーは、当時の惑星の相対的位置に基づいて自分は二二四日と一〇時間をきっかり胎内で過ごした後に未熟児として生まれたと結論した。「太陽と月がふたご座にあり、東方の五惑星は男子を意味していた」が、水星のために、少年の「出生はもろく、早すぎるもの[2]」になった。

このような予言の詳細は一年間の黄道十二宮図つまりホロスコープの中に読みとれるのだが、ケプラーの占星術は二六歳のときに自分の運勢を占いはじめた一五九七年から始まり、死ぬ二年前の一六二八年までつづいた。当時、占星術を信じるのは珍しいことではなかった。多くの大学が、教養課程である自由七科の一つとして、文法、論理学、修辞学、幾何学、算術、音楽のほかに、天文学と占星学を一つにした科目を教えていた。ケプラーは、天文学者として生涯多くの公人のためにホロスコー

1620年に描かれた宮廷数学官ヨハネス・ケプラーの肖像。作者不明。

プを作成し、気象から戦闘結果にいたるまでの諸事を占って収入の足しにしていた。晩年には神聖ローマ帝国の皇帝ルドルフⅡ世のためにも予言している。彼は、細事を具体的に予言することには懐疑的だったが、惑星の「アスペクト」、つまり背景の星座に対して惑星同士がどのような位置関係にあるかという事実には、個人の性格を形成し、懐妊、出生、結婚といった人生の重大な出来事を決定し、死期さえ定めるほどの力があると信じて疑わなかった。

ケプラーは二〇歳半ばで、自分や近親者の出生に関するホロスコープを作成し、自己の人格形成に必然性を見いだそうと過去を振りかえる作業を始めた。その神秘的な記録にはそれぞれの親族の性格や環境、そして彼らのほとんどが不幸な結末を迎えたことなどがごく簡単に書きこまれているが、それが彼の少年時代を知る情報のすべてである。ケプラーが見た親族の系譜には、心身両面における暴力と非社会的行為が世代を越えて脈々と流れていた。

ケプラー（前頁の図）は、帝国の都市ヴァイル・デル・シュタット（「ヴァイルという町」の意味）にある祖父の家で生まれた。ヴァイルの住民は一〇〇〇人ほどで、ほとんどが農民か職人である。この都市は現在のドイツ南西部にある「黒い森」の北端にあり、自由都市や公国、公爵領の寄せ集めで構成される神聖ローマ帝国の一部だった。ケプラー家は遠い過去には貴族の特権をもっていたようだが、ヨハネスが生まれる数世代も前から零落の道をたどっていた。

一族の長であった祖父ゼバルドは、ケプラーの記憶によると「傲慢で、服装のきらびやかな鼻持ちならない人物だった。……短気で頑固でみだらな性格が顔つきに表れており、肥えた毛むくじゃらの顔にたくわえたひげが、彼をいっそう尊大に見せた。無学にしては雄弁だった……その名声は八七歳を過ぎると、富とともに消え失せていった(3)」。

ゼバルドは家族に対して暴力をふるったが、町の人々からはヴァイルの長年の市長として一目置かれていた。町では居酒屋を経営し、宿屋の主人で、紙や布地などの売買も行なっていた。二九歳で妻を娶ったが、伴侶のカタリーナは、ケプラーの記憶によると、性格の悪いところが良いところよりもはるかにまさる女性だった。「祖母は落ち着きがなく、利口でうそがうまく、それでいて信仰心に篤く、品があり、気性は激しかった」。つねにごたごたを引きおこす張本人で「しっと深く、激しい憎しみや怒りにかられやすく、他人の無礼を根にもつ」人間だった(4)。

夫婦には一一人の子供が生まれたが、三番目までは誕生から数年以内で死んでしまった。無事に成人した最初の子供は第四子のハインリッヒ、つまりヨハネスの父である。ケプラーはほかの叔父や叔母についても、その運命を順番に述べている。第五子のクニグンデは「月の位置が最悪だった。彼女はたくさんの子供を生んで死んだが、毒殺されたといわれている」[5]。六番目の叔母に関しては、出生日と幼少時に死んだらしいとだけ記している。

第七子のゼバルダスはつねに恐るべき問題を起こす張本人で、ケプラーは彼を黒魔術を行なう「魔術師」と呼んだ。この叔父は状況に応じてカトリックにもプロテスタントにもなるという、不謹慎きわまりない人生を送った。梅毒ともいえる「フランス病」に感染しながら、多数の子持ちの裕福で身分のある女性と結婚した。「町の人々に嫌われ憎まれていたので、最後は無一文でフランスやイタリアを放浪するはめになった」。八番目は、母親と同名のカタリーナと名づけられ、玉の輿に乗るような結婚をしたが、「贅沢三昧の暮らしで金銭を遣い果たし」最終的には貧困に突き落とされた。最後の三人のうち二人は幼少時に死亡したようである。フリードリッヒ叔父に関しては、「ドイツのエッセンに去った」とだけ述べている。

ケプラーの記憶によると、これらの兄弟の中で最も残忍なのは彼の父であった。「土星が火星と三分一対座にあった……これは意地悪で無愛想でけんか好きな男をもたらし、非業の死を約束する。金星と水星が彼の邪悪な意思を助長した。木星が太陽に近い最低星位にあったためにハインリッヒは貧乏になったが、金持ちの妻を娶ることを約束された」。土星が第七宮に位置していたので、彼は砲術を学ぶことになった。ケプラーにいわせると、父は「多くの敵をもち、争いの絶えない結婚をした。太陽との位置関係の悪い木星がもたらしたものは、虚偽、空しい名誉欲、むだな期待、放浪……彼は危なく首吊りに処せられそうになり……ひびの入った火薬壺の爆発で顔をめちゃくちゃにされた」。

妻に「暴力をふるい、晩年は流浪者となって死亡した」[6]。

　ケプラーの母親を乱暴に扱ったのはハインリッヒだけではない。夫婦はハインリッヒの両親と同居していた。ケプラーが思うには、母が義理の両親の「残酷さ」[7]に耐えられたのは強情であったからにすぎない。彼女は最後の子供のクリストファを妊娠しているとき義理の親にひどく殴られてほとんど死ぬところだった。

　ケプラーが二歳の一五七四年に、ハインリッヒは妻と二人の子を残して（二人目の息子は父親の名をとってハインリッヒと名づけられた）、オランダで蜂起したカルヴァン派との戦争に、ケプラー一族がプロテスタントのルター派であったにもかかわらずカトリック側の傭兵として参加した。ケプラーの母も、伝染病を生きのびると一年後に夫の後を追い、かんしゃく持ちの義父と激しやすい義母に息子たちを預けて傭兵軍に加わった。

　ヨハネスが三歳半で天然痘にかかると、祖母は患部を掻かせまいとして子供の手を包帯できつく縛り、そのために彼の両手の機能は損なわれてしまったようだ。彼は天然痘で「すんでのところで死にそうになり」、「手荒く扱われたために不具同然の手になってしまった」[8]。後に彼は自分の筆跡を「判じ物」とか「もつれた字」[9]といって自嘲している。発疹は両眼に広がり痘痕として残ったために、片方の目では物が二重に見えるようになり、視力は両方とも極端に弱くなった。ケプラーはこれを「ばかげた見え方」[10]と称している。後に宇宙の理解に大変革をもたらす将来の天文学者にとって、目に見える天空は、ぼやけた星のもうろうとした固まりと、それを背景に複数の月が不明瞭な輪郭を描いてふらふらと動きまわる世界になってしまった。

　天然痘の影響か、体質の弱さか、または少年時代の精神的トラウマのせいかはわからないが、ケプラーは半生を異常なほど多くの病気に苦しめられた。熱病や頭痛の発作は日常茶飯事で、目はつねに充血し、吹き出物や寄生性の皮膚病に悩まされた。再発する胃潰瘍や慢性の肝臓病のために厳しい食事制限を強いられ、普段は酒を飲むことができなかった。彼の消化器系の病気は、酒の代わりに飲む水がバクテリアやウィルスに汚染されていたせいでもある。ケプラーは、後に自分の容貌を「弱々しくて陰気で貧弱[11]」と描写している。

両親がオランダから帰ると、一家はヴァイルを去って近くのレオンベルクに移住しなければならなかった。ヴァイル市のプロテスタント教徒がカトリック側について戦ったハインリッヒを快く思わなかったからである。父親のハインリッヒはそこに落ちつくことなくまたオランダに発ってしまった。彼が危うく絞首刑に処せられそうになったのも、火薬を入れた壺の爆発で顔面を引き裂かれたのも、おそらくこのときだったのだろう。彼は家に舞いもどると妻の相続財産を売って農場を手に入れたが、家族を養うだけの収入は得られなかった。そこで宿屋の経営にも手を出したが、家族の暮らしは一向によくならなかった。荒れ狂うハインリッヒをそれとなく描写したある記述によると、彼はうさを晴らそうといつものように妻を猛烈に殴打し、そのために自分まで怪我をしてしまったそうだ。家族を捨てたのはその後のことで、ナポリ艦隊の傭兵になったといわれている。そして戦争は生きのびたが原因不明の「非業の死[12]」をとげ、二度と家族の前に姿を現すことはなかった。

ケプラーが六歳になる一五七七年、彼にとって忘れられない出来事が二つあった。「この年の誕生日に、抜けかけた歯に糸を巻いて自分の手で抜いてしまった[13]」ことと、もう一つは、彼が生涯探求することになる宇宙に衝撃的な出会いをしたことである。母に連れられて丘に登り、夜空に繰りひろげられた驚くべきショーを目のあたりにしたのだ。金星のように明るい頭の彗星がまばゆい尾を天空に角距離で二〇度におよぶほど長く伸ばしていた（左図）。伝記作家は、この経験は彼の悲惨な幼年時代における唯一幸せな瞬間だったにちがいないというが、この光景は小さな少年の心を、まったくの恐怖とはいわないまでも相当の不安で満たしたことだろう。当時は知識人の中にさえ彗星を凶兆と考える者が多かった時代である。レオンベルクの住民はこのような迷信を信じていたはずだ。彗星が出現すると、人類の罪に恐ろしい天罰が下るだろうというチラシがヨーロッパ中でばらまかれた（次頁の図）。

ピーター・コディシルス（Peter Cdicillus）の描いた1577年の彗星。表題は「当年1577年のマルティヌス祭後の火曜日、天上に出現した恐ろしくも見事な彗星について」。

　幼いケプラーを夜外に連れだした母親が、息子を怖がらせないようにしたとはとうてい考えられない。ケプラーの記述によると、母親カタリーナは旧姓をグルデンマンといい「背は低く、痩せていて、肌は浅黒く、おしゃべりで、けんか好きで、性格はよくなかった」[14]。彼女の父親は知事で裕福な酒場の主人だったが、妻が早死にしたために娘の養育はほとんど妹の手にゆだねた。このカタリーナの叔母レナーテ・シュトライカは魔女と呼ばれて火刑に処された女性である。ケプラーの母親が

1577年の彗星と２回の月食をトルコ人の侵略に結びつけた木版図マクデブルクのアンドレアス・セリチウス（Andreas Celichius）による1578年の小冊子から。

薬草を調合して薬をつくる方法を学んだのはレナーテからであり、その技術が夫に捨てられた後の一家を支える資金源になった。

　後にカタリーナは、薬の調合やおせっかいな性格が災いして魔女のそしりを受け、危なく火炙りにされそうになる。そのときは、成長して名声を得ていた息子の口利きによって刑を免れるのだが、これは先の話である。不吉な彗星の出現した一五七七年当時の一家はまさに社会の末端でどん底の暮らしをしていた。

　秋になるとケプラーの学校教育が始まった。彼の伸びはじめた才能はそのときから教師の目に明らかだったようだ。というのは宗教改革以後、プロテスタントの有能な牧師や行政官を育てるためにプロテスタント諸侯によって設立されたラテン語学校に、すぐに移籍させられたからである。彼の初等教育は普通より一年多くかかった。病弱であったにもかかわらず両親に農作業を強いられ、学校にはしばらく行けなかったからだ。一五八三年、ヨハネスはシュトットガルトに行き、そこで神学校に進学するむずかしい試験に合格した。翌年の一〇月、一二歳でアーデルベルクの「下級」神学校の奨学生として出発することになる。彼は苦しいことばかりの家庭からようやく逃げ出せると考えてうきうきしていたにちがいない。

しかし、実際はもう一つの地獄に移るだけのことだった。

神学校での生活[15]はスパルタ式で厳しい規律に縛られていた。授業は基本的にラテン語でなされ、読み書きも会話もラテン語でしなければならない。日課は夏で朝の四時、冬で五時から始まり、どの時間もすべて勉強か宗教儀式に当てられた。食事は午前一〇時と午後五時の二回だけで、「満腹は学習意欲をそぐ」という上層部の考えに基づいて少量しか与えられなかった。学生は校内の使役人に話しかけることを禁じられ、修道服のような頭巾つきマントを制服としてお仕着せられた。それは身長が伸びても間にあうように長くてだぶだぶにつくられていた。ズボン一着、腰までの上着一着、靴三足、シーツと枕カバー、ラテン語の聖書、インク、用紙は支給された。

厳しい懲罰は日常的なことで、みだりに神の名を呼ぶ罪を犯すと修道院の地下牢に押しこめられ、開放されるまでパンと水しか与えられなかった。さらに悪質で継続的な規則違反に対しては、教師がむやみに使用したがる樺の枝ムチがうなりをあげた。告げ口は奨励されるだけでなく規則でもあった。友人の違反行為を知りながら報告しない者は、違反者と同じ罰をうけなければならない。生徒の能力を定期的にランク付けするリストは競争意識や妬みを助長し、かげ口の多い環境をつくりだした。

ケプラーはひどくみじめだった。彼は一四歳の一五八五年〜八六年について自分のホロスコープに次のように記している。「この二年間、私はずっと皮膚病を患っていた。治療はおそまつで患部はしばしばひどくただれ、両足のがんこな膿瘍は何度も崩れて口をひらいた。右手の中指には白癬ができ、左手には大きな潰瘍ができた」。一一月にマウルブロンにある上級神学校に移ったが、状況はさらに悪くなっただけである。「一五八六年一、二月のころの私は、苦しい状況と心配事のためにほとんど死にそうだった。原因は、私の悪い評判と、私が怖気づいて［学校側に］告げ口した仲間たちからの憎悪である(16)」。

このようなくだりはホロスコープの後半に目立っており、その後『自己分析』として知られる記録において磨きがかかりますます克明になっていく。その記録はチュービンゲン神学校における生活と卒業後の数年間を語る自叙伝ともいえる。『自己分析』も、ホロスコープと同様、惑星の位置関係が個人の性格形成におよぼす影響を理解しようとするものだが、鋭く研ぎ澄まされた分析精神は自分自身だけに焦点を絞り、しばしば厳しい判断を下している。その容赦のない自己反省には、まるでドストエフスキーを読むようなところがある。しかし、それはあくまでも個人的なもので、公にしたり、他人に見せたりする性格のものではない。自分の長所と短所の個人的な評価であり、短所ばかりが強調されてはいるが、ケプラーの少年時代というより思春期の時代を垣間見せてくれるものである。

ケプラーは学業において優秀で、クラスではほとんどトップに数えられていた。にもかかわらず、学生時代の記録は、ストレス時に発生すると思われる多様な病気やもつれて破綻した友情関係とその結果生じる敵意の記述で満ちている。ケプラーがよくするように自分を三人称で述べたある長いくだりは次のように始まる。「その男には、人生の最初から敵が多かった。まず思い出すのがホルプだ」。「敵対関係がもっとも長くつづいた者」だけをあげても二三名になる。

「ホルプと私のあいだには目に見えない競争心があった……彼は私をあからさまに嫌い、一度はレオンベルクで、もう一度はマウルブロンで殴りあいのけんかになった……モウリトーも同じ理由で私を憎んでいたが、彼は合法的に見える卑怯な手を使った。彼とヴィーラントのことは一度告げ口をしてやった……友人であったブラウンバウムは私の愚かな習性や遊び好きのために敵になってしまった。私もブラウンバウムもその習性にはうんざりしていたのだ……フルデンライッヒが最初仲間はずれだったのは、信用がなかったことと私がつまらない非難をしたからでもある。ザイファートはみんなに嫌われていたから、私が彼を嫌うのも当然だ。彼に不当な扱いをされたわけでもないのに、挑発して怒らせてやった……自分の落度のためにまわりの人たちを怒らせたことは度々である。アーデルベルクでは裏切りをした……ぶしつけな文書を書いてレンドリンをのけ者にし、教師であったスパンゲンブルクに対しては、生意気にもその誤りを正してやった。クレーバルは、以前は私をかなり好いてくれたのに、私を信じられなくなりライバルとして嫌うようになった。私はますます厚かましくなり、彼は不機嫌になった。そのせいで私によく突っかかってきては殴ろうとした。レープシュトックは私の才能が褒められるのに我慢ならなかったらしい……私の父親の悪口までいった。年長の生徒に仕返しをしようとしたら殴られた。フゼルは私の進歩を邪魔しようとする。彼らに対して私がなにか悪いことをしたわけではないのだ。ダウベルとはお互いに嫉妬心に燃えるライバル意識をもっていたが、彼のほうが攻撃的になるきらいがあった。ローハルトとはほとんど口をきいたことがなかった。私は密かに彼の品行を真似ようとしたが、本人を含めてだれもそれには気づかなかった。彼は私よりもダウベルに好意をよせていて、ダウベルの成績順位が私の次にくると、私を嫌って暴力をふるうようになった」[17]。

ケプラーの敵対者はこれだけではない。神学校のクラスの生徒数は少なく、たとえばアーデルベルクでは二五名にすぎないのだから、ケプラーの学校生活を通して大半の生徒が彼に反目していたことになる。これはケプラーの優秀な成績に対する妬みのせいもあるが、彼自身が認めているように他人を怒らせやすい性癖にもケプラーの原因があったようだ。ケプラーは敵対者をあげ連ねて次のように述べている。「このために彼は敵をやりこめる策略を練りつづける。［この敵意は］どこからくるのか……私に関していえば、それは怒りであり、嫌なやつには我慢ならないという性癖であり、人を困らせたりからかったりするのがたまらなく好きで、私が非難しない者など一人もいないほど告発の行為が好きなことである」[18]。彼が仲間の密告に熱心であったのは明らかだが、そのために多くの仲間たちが地下牢やムチ打ちの罰をうけるはめになったにちがいない。

ほかにも、とくに二人の生徒との関係には、根底に流れる深い感情がうかがわれる。少なくともそのうちの一人とはある意味できわめて親密だったようだ。一五九一年について、ケプラーは次のような謎めいた記録を残している。「風邪のために湿疹ができた。金星が第七室を通過するとき、私はオルトルフに口説かれた。金星が戻ったとき、自分の気持ちをはっきり告げた……愛に苦悶する。四月二六日、愛の始まり」。その後、オルトルフについては「恐ろしいいさかいがあった……彼は私と別れようとしたが、私が帰るころにはよりを戻そうとした」と記し、その後すぐに「オルトルフは、私がカーリンを嫌うように私を嫌っている[19]」と述べている。

カーリンは「最初から私に関係を求めつづけてきた。彼に対して悪意はないのだが、親密なつきあいをするのは嫌だった。なぜなら恋愛感情を越えた愛であれば、それは恥辱のない純粋なものだからだ[20]」。ケプラーはこうつづけている。彼はカーリンの申し出は拒んだが、オルトルフとの仲たがいについては長く悔やんでいたようだ。というのは、ホロスコープと『自己分析』の両方に彼の名前が二度も述べられているからである。

ケプラーとオルトルフが性交にまでおよんだかどうかはわからない。上記の叙述に使われているラテン語の amacitia には「友情」と「恋愛」の両義がある。しかし、ケプラーが二人の関係とその破綻を語る言葉には、友人同士の仲たがいではなく、それ以上の恋人同士のけんかを思わせるものがある。思春期の男ばかりの寮生活で性行為が行なわれるのは珍しいことではない。ただ哀れなのは、この記録を見るかぎり、説明は短いがオルトルフとの関係だけがケプラーの学生時代の交友関係で唯一前向きなものだったということだ。

『自己分析』は破綻した友情を列挙するだけでなく、長続きする交友関係をもてないケプラー自身の性格をもつきつめていく。ここではあまり引用していないが、彼自身はそこに占星学的な力を多分に信じていた。しかし、他にも彼の人格に影響をおよぼしたものがある。ホロスコープの記録にあるように幼年時代に親から見捨てられ暴力をうけた経験が内面的な形で表れて彼のような性格をつくりだしたのだろう。

長い一節の中で、三人称を使ってみじめに描きだされた自画像が強い自己嫌悪に貫かれていることには驚かざるをえない。彼は自分をイヌにたとえて語っているが、これこそ彼が生涯を通じて演じたテーマだった。

その男はあらゆる面でイヌのような性質をもっていた。まるで甘やかされた小さな愛玩犬のようだ。一、痩せているが強靭で均整のとれた体をもち敏捷に動きまわる。食べ物の好みまで似ていて、骨をしゃぶり、パン皮をかじるのが好きだ。なんでもかまわずむさぼり食い、目にとまるものにはすぐ飛びつく。酒はほとんど飲まず、ごく粗末な［食事で］満足する。二、品行においてもイヌにそっくりだ。飼い主に従順なペットのように、目上の者には取りいろうとする。他人に身をまかせ、彼らに仕え、たとえしかられても怒るどころかあの手この手で寵愛をとり戻そうとする。学問、公事や私事、それに低俗なことにいたるまですべてに興味をもち、探ろうとする……会話というものにうんざりし、訪問客にはイヌのように尻尾をふる。ちっぽけなものでも取り上げられそうになると、猛りたってうなり声をあげる。執拗な性格で自分に悪いことをする者にはしつこくつきまとって吠えるのだ。彼は嘲笑の言葉で人に咬みつく。多くの人々を憎悪し、皆から避けられているが、主人たちからは飼い主が愛犬をかわいがるように愛されている。風呂や薬用液や洗い薬を身震いするほど嫌っているのも、まさにイヌそっくりだ。彼のうちには制御できない恐るべき無謀さが存在する[21]。これはまさしく、火星が水星に対して矩《く》の位置にあり、月と三分一対座にあったためである。

当然のことだろうが、ケプラーの憎悪は自制しようのない怒りとなってつねに煮えたぎり、外にも向けられた。「火星は物事を執拗に突きとおして持続させる力……怒りを挑発する力を意味する……私のケースのように火星が水星に影響する場合はほとんど自制心がなくなる。そのために性格が刺激されて怒りっぽくなり、他人を否定し、猛烈に攻撃し、あらゆる権威に逆らい、つねに他人を非難する。したがってどんな学業をするにしても、その人の人間関係には他人の悪癖を責めたて、あざけり、なじるという傾向がある[22]」。

ケプラーの人格は、極端な自己卑下とそれを埋めあわせる怒りとのあいだを絶え間なく揺れ動いていた。これほどまでに情緒的に不安定でありながら、この若い学生の知性がいずれは開花するチャンスに恵まれ、実際には十分すぎるほど開花したというのは驚きである。

ケプラーはマウルブロンからチュービンゲンの神学校に移り、そこでルター派の牧師を養成する教育をうけることになった。しかし、神学の勉強が始まるまえに、教養課程で倫理、弁証法、修辞学、ギリシャ語、ヘブライ語、物理、占星学を含む天文学などを二年間勉強しなければならない。ケプラーは成績優秀な生徒で、通常の奨学金の二倍に当たる一二ギルダーも支給され、進学試験では二位の成績をとって三年間の神学課程に進んだ。大学の管理部であるチュービンゲン評議員会は、ケプラーの特別奨学金を更新するために「前途を嘱望されるすばらしく優秀な学生[23]」と評している。

ケプラーがとくに傾倒したのは、教師では当時名の知れた天文学者のミカエル・メストリンとこの教師が教えてくれたコペルニクス理論だった。「先生が授業中にしばしば述べるコペルニクスが非常におもしろかったので、学生討論会ではコペルニクスの見解をたびたび擁護し、さらに［恒星を固定した天球の公転である］第一運動は地球の自転の結果であるという理論について用心深く論じた。そして、コペルニクスがそれを数学的に説明したように、太陽の運動は地球の自転の結果であるという理論を物理学的に、またお望みならば形而上学的に説明しようとした[24]」。ケプラーは自分が著した最初の天文学書『宇宙の神秘』にこう書いている。

並みはずれた想像力をもつケプラーは、月面から見える天体の運動についても議論したと書いている。その天文学的考察を論証するために「新しい」数学公理をたびたび考案したが、それらが学校では教えられなくてもすでに発見されていたことを知ってはいらだった。

彼の精神には想像力がみなぎり、種々のアイデアの探求と分析および検証があくことなく行なわれていたようである。知的探求を述べる文章にだけは、『自己分析』にまったく見られない自信と、さらにある種の快感さえも読みとれる。彼は多数の事柄に心を奪われたと記述している。

少年時代は早熟にも作詩法を習得しようとし、喜劇にも挑戦した。一番長い詩篇をわざわざ選んで暗唱したりもした……最初は文字遊びやなぞなぞ、それに言葉のつづり換え遊びなどに熱中したが、分別がつくとそれらを軽蔑するようになり、とくにむずかしいさまざまな形式の抒情詩に取りくむようになった……謎かけが好きで、辛らつなしゃれをとばして喜んだ。遊び心で微にいり細をうがった寓話をつくる……書くことに関しては、彼はパラドックスを好んだ……学科においては、なによりも数学を愛した。哲学では、アリストテレスの著作を原書で読み……歴史ではダニエル書の一部に別の解釈を与えた。アッシリア帝国の歴史について新しく書き、ローマ暦を研究した。(25)

ケプラーの知的探究心には一種の躁病的な傾向が見られる。「無数のアイデアが一挙に頭に浮かんでくる」、「十分に考えるひまがないほど速く入りこんでくる」と彼は書いている。とにかくこのような記述から推察すると、ケプラーは知的な世界にいるときだけは執拗な劣等感から抜けだして、波風の多い人生にはまれな平安と満足を見いだせたようである。

第3章　チュービンゲン大学からの放逐

ケプラーはチュービンゲン大学で教養課程にまさる熱意をもって神学の勉強に励んだようである。その過程で親しくなった一〇歳ほど年上の神学教授マティアス・ハッフェンレッファーは、ケプラーに生涯変わらぬ友情を示してくれることになる。さて、卒業を数ヵ月後にひかえて最高学年の神学生たちが牧師の任命を心待ちにしているときに、二二歳のケプラーは、オーストリア、スティリア地方の都グラーツに数学教授の職があるので荷物をまとめるようにと手短に伝えられた。「実際は、教授陣に追いだされたのだ[1]」と彼は書いている。

ケプラーがこれを放逐と見なしたのにはそれなりの理由があった。数学や天文学に興味はあっても、彼にいわせるとそれらは「必須科目にすぎず、天文学に深く傾倒して宇宙を論じるものではない[2]」からだ。しかも数学に関しては、勉強不足のために自分は教授の地位にふさわしくないと感じていた。大学での全教育は牧師養成という一点に絞られていたので、ケプラーはつねに牧師としての自分の姿を想像してきた。自分が本当に好きなのは神学である。それなのに今、現実的な報酬をともなう、地方数学官というどちらかといえば平凡な地位のために教会の黒い僧服をあきらめなければならないのだ。

大学の評議会がなぜケプラーのように優秀な生徒を遠方のスティリア地方に送り、才能があるとはいえ彼にとって準備不足だった数学を教えさせようとしたのか。これはケプラーの伝記作家が長いあいだ頭を悩ませてきたことである。チュービンゲン大学は、マルチン・ルターの右腕であるフィリップ・メランヒトンがルター派を広める高学歴の聖職者集団を養成する場として期待した大学である。ケプラーの成績からすれば、彼は大学の目玉商品のはずだ。しかも、なぜこうも性急に決定が下されたのか。グラーツで前任の数学教授ゲオルク・シュタディウスが死亡したために空席ができたことは確かだが、新任探しは当の大学側にとってそう急ぐ話ではなかったようだ。「彼には必要なことをすべて話し、故シュタディウス教授のあとを立派に引き継いでくれるよう心から願っていると伝えた。しかし、一、二ヵ月は正式に雇用するつもりはない」[3]。大学の評議会はケプラー到着後にこう書いている。

この疑問に対する答えは二つあるがどちらも根拠は薄弱である。ひとつは、ケプラーにルター派の教義を疑う側面があるとチュービンゲン大学が聞きつけたからといわれる。とくに聖餐式の精神面に関してはカルヴァン的な見解がうかがわれる。ルターがローマカトリック教会と潔く決別して半世紀も経過すると、プロテスタントの宗教改革は分立によって混乱状態におちいっていた。なかでもジュネーブのジャン・カルヴァンの後継者はルター派にとってもっとも危険な存在だった。そこでチュービンゲンの教授連が本当にケプラーに背信の芽を嗅ぎとったのだとしたら、彼の神学者としてのキャリアを他の安全そうな職業に切り替えたというのもたしかに納得のいく話である。しかし、彼らがそれを知っていたはずはない。『自己分析』にもあるように、ケプラー自身がこの問題に心を決めかねていたようであり、しかも、当時の彼は精神的な悩みをすべて自己の内部に用心深く閉じ込めていたからである。

したがって多くの伝記作家が頼みにする理由は、ケプラーがコペルニクスの太陽中心説を擁護していたので、ルター派の教授たちがこの若い生徒に幻滅したからというものだ。しかしながらここで注意してほしいのは、コペルニクス説に関わる神学論争[4]はよくいわれるような科学対宗教という単純な白黒の構図ではないという点である。ケプラーが当時のルター派の主要大学でコペルニクスを学んだのは決して偶然ではなかった。ルター派はコペルニクス説を広める前哨でもあったのだ。最近の研究によると、マルチン・ルターの言葉とされる反コペルニクス宣言は典拠の怪しいものであり、ルターの同胞であるメランヒトンも最初は批判していたが、本人の言葉を借りるとじきに「コペルニクスに傾倒するようになり」、最終的には天文学の計算にコペルニクス体系の数字を利用するようになったそうである。

一五四〇年にコペルニクス説を説明する最初の本を出版したのはヨアヒム・レイティクスという、メランヒトンが再建したルター派の主要大学ヴィッテンベルクの卒業生である。彼の著書は、コペルニクスの『天球の回転について』が一五四三年に出版されるまでの露払いをした。そして、その間にヨアヒムはヴィッテンベルク大学で教養学部の学部長に選出されている。また、ヴィッテンベルクの数学教授エラスムス・ラインホルトはコペルニクス体系に基づいて惑星運行表を作成した。これはプロイセン表と呼ばれている。

コペルニクス体系が真に宇宙の構造を表しているのか、それとも単に惑星運動の予測に役立つ道具にすぎないのかについてはたしかに種々の意見があった。とはいえ、ルター派の大学においてコペルニクス体系の探求が全面的に否定されたことはなかった。太陽中心の体系が数学上の仮定にすぎず、宗教上の問題に真っ向から対立しないかぎり、神学者たちがとやかくいう問題ではない。したがって、ケプラーがチュービンゲンを去って二年余り後に明らかにコペルニクス的な天文学書『宇宙の神秘』を執筆すると、出版を行なったのは卒業校のチュービンゲン大学であり、そのさい大学の評議会はケプラーに対して、コペルニクス体系と聖書は矛盾しないと論じる序章を削るようにと指示しただけである。

ケプラーと同年代でいくらか若いクリストフ・ベゾルトという学生は学問論争でコペルニクス説を熱心に擁護していたが、卒業後はチュービンゲン大学の法理学教授に任命されている。以上のような事実を考慮すると、ケプラーの『宇宙の神秘』を出版し、コペルニクス説をたびたび講義した数学および天文学の教授ミカエル・メストリンを問題視することもなく、もう一人の若き熱烈なコペルニクス擁護論者を後には大学側に取りこんだその組織が、ケプラーを若気のいたりでコペルニクスに傾倒したからといって放逐するというのは考えられないことだ。ましてやそのような危険人物を、大学側が重要視している数学や天文学の教師として上級神学校に送るだろうか。

それではなぜ？　考えられるのは、この若者を五年間注視してきた大学当局がケプラーの人づきあいの悪さに気づかないはずはなかったということだ。敵が多ければ、当然その人物の評判は悪くなる。悪口は真偽に関係なく評判を傷つけるものだ。または、常習的に繰りかえされる執拗な論争の回数そのものが、少なくとも他人とうまくやっていけないことを示している。ケプラーの教授たちは、いかに彼が秀才でも聖職者には適していないと判断したのだろう。

また、ケプラーの放逐があまりにも突然であり、それによって彼が予想以上に強いショックをうけたのは、その決定の裏になにか不祥事があったせいかもしれない。それは知るよしもないが、ケプラーが生涯を通じて何度もチュービンゲン大学に戻ろうとしたのは事実である。まず、グラーツでの任官を受諾する条件として、いつでもチュービンゲン大学に戻って神学の勉強ができることを主張した。後には、かつての教官に同大学の教職の口を探してくれるよう懇願している。しかし、この頭脳明晰な教え子に好意をもっていたメストリンやハッフェンレッファーでさえ、どんなに嘆願されてもどうすることもできなかった。ケプラーがなんの前触れもなく追いだされてからというもの、母校の扉は彼に対して永久に閉ざされたままだったのである。

第4章　ティコの天体観測

「ライプチッヒでは天文学にますます傾倒するようになった」と、ティコ・ブラーエは学生時代を振りかえって記している。「内緒で天文学の本を買い、監督どの［ブラーエの家庭教師］に気づかれないようにこっそりと読んだ。しばらくすると天上の星座をいつでも見分けられるようになった……そのためには天球儀を利用したのだが、それは拳ほどの大きさだったので夜だれにも断らずに持ちだすことができた[1]」。

ティコ・ブラーエが一五歳のとき天文学を隠れて勉強しなければならなかったのは、法律を学ぶために家庭教師付きでライプチッヒの学校に入れられたからである。法律学は貴族階級のブラーエ家にふさわしい教科であり、将来、宮廷政治においてこの特別な家柄に約束された高位についた場合に役立つものである。ブラーエ家はただのデンマーク貴族[2]ではなく、政治の頂点に立つ貴族集団のデンマーク国策会議、リグスラード[3]を構成する一握りの家柄だった。リグスラードの貴族は自分たちの権力を否定しようとする動きを抑えこんで、一五三六年にその地位と政治権力を正式に認めさせる憲章をつくり、クリスチャンⅢ世の署名を取りつけた。彼らはほとんどの要職を親族で占有し、宣戦の布告も講和条約の締結も行ない、君主を選出する権力さえ保有していた。といっても、実際はいつも国王の長男を選出していたが。

集団で権力を共有するこのようなやり方は長続きしないものだが、フレデリックⅡ世を国王とするティコ・ブラーエの時代は内輪もめの少ないとくに安定した時期だった。寡頭政治を行なうリグスラードの中でもブラーエ家ほど親族のつながりの強い一族はなく、ティコが六歳の一五五二年当時は、リグスラードを構成する二五人の議員のうち二四人はすべて親戚関係で結ばれていた。ティコの四人の曾祖父も二人の祖父もみな議員を経験し、父親のオットー・ブラーエもまもなくこの選りぬき集団に仲間入りすることになっていた。

1600年に描かれた宮廷数学官ティコ・ブラーエの肖像。作者不明。

そして、ティコ・ブラーエ（上図）自身は後に国王の格別な愛顧を享受するようになる。ティコは幼いころ（おそらく二歳頃）、父方の伯父によって父母の家から連れ去られた。一説によると、子供のなかった伯父のヨルゲンとティコの父親とのあいだで、二人目の息子が生まれたら長男を養子つまり相続人としてヨルゲンに譲るという約束がなされたからである。ティコの誕生から一年後に次男が生まれると、母親のベーテもオットーも長男を手放すのをいやがったが、ヨルゲンは自分の要求を約束どおりに断行した。いずれにしても両家はじきに仲直りし、ティコ・ブラーエは少年時代を伯父のもとで過ごし、伯母の愛情をうけて育つことになった。とはいえ、実の両親との親密な関係はもちろんのこと彼の財産相続権も失われることはなかった。ブラーエはその後どちらの両親についても、いつも深い愛情と賞賛を込めて語っている。

この「移籍」によって、ブラーエ家は、実質的にはデンマークのエリート貴族との親戚関係をいっそう強化することになった。とくに養母の兄ペーター・オクスは一時国王の不興を買って追放されていたが、ふたたび返り咲いて王室執事長となり、国王に次ぐ権力を有して政界を牛耳るようになった。しばらくすると養父ヨルゲンは、バルト海の覇権をめぐって当時進行中だったスウェーデンとの海戦で功名をたて、デンマーク艦隊の中将に任命された。海戦の合間にコペンハーゲン沖で艦隊の再編が行なわれたが、そのさいヨルゲンとフレデリック王はデンマークの風習にしたがって大酒を飲み、国王は誤って水中に落ち、助けようとしたヨルゲンも水中に落ちたか飛びこんだかした。国王は救助されたが、ヨルゲンはそれがもとでひどい肺炎になりまもなく息を引きとった。彼は養子のための財産相続権手続きをすませていなかったが、ブラーエが後に国王の変わらぬ寵愛をうけるようになるのは養父のおかげでもある。デンマーク王国における彼の将来にはどちらの要素も大きな意味をもっていた。

一六世紀後半のデンマークは北ヨーロッパにおける主導権を握っていた。当時のドイツは、弱体化した神聖ローマ帝国のもとで公爵領や公国その他の自治領がどうにか結束している寄せ集めにすぎなかった。このような時代にあってデンマークの貴族は相変わらずれっきとした武人階級を構成していた。ブラーエ家の住居であるクヌートストルプ城はコペンハーゲンから海を隔てたところに位置し、当時デンマークの支配下にあったスウェーデン南部のスカニア地方にあって、実質的にはスカンジナビア半島の二国間でつづいている戦争の前哨線を抑えていた。スカニア地方には土壌の肥えた農地だけでなくそれ以上の価値があった。スウェーデン半島の南端を支配すればバルト海に入る関門、すなわちヘルシンボリ城とエルシノア城のあいだを確実に支配できる。そして、ヨーロッパ西部と中部の貿易で潤沢な利益を得る商船から多額の通行税を徴収することができるのだ。

現在のクヌートストルプはのどかな田舎の土地のように見えるが、ゆるやかに傾斜した広大な芝生には堅固な要塞をとり巻く濠の跡、つまり実際には小さな湖が残っている。オットー・ブラーエは最高に名誉のある職を歴任したのちに、最終的にはヘルシンボリ城主という実入りの多い地位に落ちついた。商船が城の前に錨を下ろしてデンマーク国王に税金を支払っていったのである。

ブラーエ家にとって、当時自然哲学と呼ばれていた科学をティコが勉強することは、彼らの階級の誇り高い伝統を実質的に否定する行為であり、たんなる変人の趣味ではすまされないことだった。というのは、貴族の子弟は、そのほとんどが上級教育として戦争と宮廷政治に関する技術を学んだからである。ティコの父親は、養父のヨルゲンが息子に気晴らしとして法律を学ばせようとしたときでさえ最初は反対した。しかし法律なら、宮廷やリグスラードでつねに画策される陰謀に対して役に立つ。ところが自然哲学の勉強は、当時台頭しつつも社会的には身分の低い学者階級のものであって、堅固な階級制度が依然として存在する封建制末期のデンマークではそのような価値がなかったのである。

たしかにブラーエは、貴族階級の伝統を変わった方法で身につけていた。彼の飲みっぷりはだれにもひけをとらなかったが、あるクリスマスの祝祭で三番目の従兄弟のマンデルップ・パースベルク[4]と口論になり、戸外にくりだして剣で決着をつけることになった。決闘は武術の訓練をうけた貴族階級では当たり前の行為であり、下級の者との決闘は恥ずべきものとされていた。したがって、実際には貴族の総人数がわずか約二〇〇〇人にすぎないために同族の者同士の決闘は珍しくなかった。ティコの従兄弟は四人が決闘で命を落としたが、一人は伯父に一人は従兄に殺されている。このような状態があまりにも深刻化したために、ティコの決闘から一〇年もすると禁止令が採択され、兄弟を殺した貴族はその兄弟のいかなる財産も相続できないことになった。

武器には相変わらず広刃の剣が使用されたために、決闘はとりわけ致命的な結果になった。ブラーエの場合は、敵の剣が額を斜めにかすめて鼻柱をそぎ落とした。傷がもう数センチも深ければ人類の歴史は偉大な天文学者を一人失うことになったろう。ブラーエは幸い重い感染症になることもなく回復した。それ以後は、重要な席では金と銀の合金でできた豪華な義鼻(5)をつけ、普段は銅製のいくらか軽いピースを着用するようになった。変形した鼻部を効果的に隠したいのなら、蝋でかたどった肉色の義鼻を使ったはずである。そうしなかったところに、彼の豪胆な性格が表れている。

これもブラーエの性格だが、彼は決闘にはしるほどの敵意でもすぐに忘れることができた。ブラーエとパースベルクはじきに生涯の友(6)となり、後に国王の秘書になったパースベルクは宮廷でブラーエの忠実な味方として働いた。ブラーエの短気は初期の伝記にいくぶん正当化して述べられているように特筆すべき性質である。ほかに彼の生涯に繰りかえし見られる特質でありながら忘れられがちなのは、その寛容さと、自分を傷つけた者に対して怒るのも許すのも速いことであり、さらに人生のあらゆる場面において永続する深い友情を築きあげる才能を有していたことである。とくに宇宙の神秘に挑む哲学的情熱を共有する人々とはそうであった。

この情熱はブラーエが成人するとこれまでになく費用のかかるものになった。法律を学ぶはずの学生の熱意が、小さな天球儀を卒業して天界を測定する他の道具に移っていったのである。彼が後に発明する多くの観測機器を解説する書物の『メカニカ』には、次のように書かれている。「ところが、監督どの［家庭教師］は観測器をもつことを許してくれなかったので、私には自由に使える道具がなかった。そこで、最初は一対の大きなコンパスをできるだけうまく利用し、その頂点を目に近づけて固定し、一方の脚で観測する惑星を指し、他方の脚で近辺の恒星を指した。同様の方法で惑星間の距離も測定し、簡単な計算によって円周と角距離の比を算出した。この観測方法は決して正確とはいえなかったが、コンパスのおかげで観測術はかなり向上し、二つの表［アルフォンソ表とプロイセン表］のどちらにも許容しがたい誤りのあることが判明したのである(7)」。

ブラーエが大きな不備を発見した表とは、惑星運行の観測と理論に基づいて計算された天文暦つまり天体暦であり、未来の特定日における惑星配列を予測するための表である。このような表にとくに関心を示したのは、それを航海に利用する船乗りや、天体の運行が気象に影響すると考えられていた当時の農夫たち、それに占星術のホロスコープをつくろうとする人々であった。この最後のグループには、ケプラーのように自己の本質や運勢を占いたい平民だけでなく、戦争の遂行や講和条約の調印、その他の国事の遂行にもっとも運のよいときを知りたい王や公爵それに名士たちもいた。

どちらの表にも致命的な欠陥があった。一三世紀、カスティリア国王アルフォンソX世の命令によってスペインで作成されたアルフォンソ表(8)は、二世紀のアレクサンドリアの天文学者クラウディウス・プトレマイオスの観測に大きく依存していた。アルフォンソ表は一六世紀においても基本的な天体暦として利用されていたが、時として予測値に不満足な点があり、とりわけ実用上の正確さを必要とする者にとってはそうであった。聞くところによると、ヘンリー航海王に同行した艦長の一人は次のようにいったそうだ。「かの高名なプトレマイオスに敬意を表したとしても、彼のいったことはすべて反対だった」。

一六世紀の天文学者は、コペルニクスの太陽中心説を実際の宇宙構造を説明するものとは考えていなかったが、ブラーエを含めて多くの人々が惑星運動の予測にはコペルニクスモデルを利用するとよい結果が得られると信じていた。皮肉なことに、ハーバード大学のオーウェン・ギンガーリッチが最近行なったコンピュータ分析によると、コペルニクス・プロイセン表[9]（プロイセンの公爵に献上されたためにこう呼ばれた）の方が正確さにおいて優れているとはとてもいえないことがわかった。これはひとつには、コペルニクスが、自分でもどちらかといえば未熟な観測をしていたが、大部分はプトレマイオスの古色蒼然とした観測に基づいて体系をつくりあげたからである。

結局のところ、ブラーエがこれらの表に「許容しがたい誤り」を発見して感じたフラストレーションは、古代の自然哲学が廃れて近代科学の手法が発展する歴史の転換点となる。天界に取りつかれた一六歳の少年は、家庭教師が隣室で眠っているあいだに天窓からこっそりと惑星を観察して夜を過ごし、心には近代科学の手法を芽生えさせていたのである。

これが「出発点だった」と、ブラーエは後に書いている。というのは、彼が土星と木星が二〇年周期で直線上に整列する合を観測したとき、「その食い違いはアルフォンソ表の数字に比べるとまる一ヵ月もあり、コペルニクス表とのあいだには少ないとはいえ数日もあった[10]」からである。めったに起こらない土星と木星の合は占星学的にきわめて重要な現象だった。にもかかわらず二つの表に間違いがあるというのは、そのようなデータに基づく予測はどんなものも信用できないということだ。事実、このような不正確さのために天文学や占星学の全体的な価値は低下し、ブラーエにいわせると補助的な科学になっている。彼は、それまでにほとんどだれも気づかなかったこと、つまり、どんな宇宙モデルを構築しようと信頼できるデータの裏づけがないかぎり、そのような推測に意味はないと悟ったのである。理論は事実という堅固な基礎、この場合は周到で正確な観測の上に築かれなければならない。

ブラーエは新しいラディウスを購入した。これは恒星と惑星の角距離を測定する大型のコンパスのようなもので、彼は観測したことを小さなノートに記して夜を過ごした。こうして、かつてない正確さで天界を作図するというライフワークが始まったのである。

現代人にとって、科学理論は経験主義的な堅固な基礎の上に築かれねばならないという考え方はあまりにも当然なので、それが当時いかに革新的であったかを理解するのはむずかしい。たしかに古代人も自然界を観察して、観察した結果を多少は哲学に組み入れていた。医者もまた詳細に観察し、実験すら行なった。何世紀にもおよぶ錬金術の歴史が近代化学の誕生に果たした重要な役割が現在見直されようとしている。ところが哲学者が周囲の世界を説明しようとすると、多くの場合直感や既成の理論の方が先に立ち、事実は二の次に置かれてしまうのだ。

よくいわれるように、近代科学が二本の脚、つまり理論や直感が一方で経験主義的観測が他方という二本脚で前進しているのだとしたら、ティコ・ブラーエが現れるまでの科学は一本の脚でほとんどよろめきながら進んでいたことになる。彼ほど組織的にデータを収集し、それらを統合して正確さのレベルを高めた科学者はそれまでにいなかったのだ。

ブラーエはわずか一六歳で当時の偉大なる科学的権威に進んで疑問を投げかけた。これは、彼が何者にも依存しない精神の持ち主であることを示している。彼は死去するまでに二〇〇〇年におよぶ占星学的な推測の歴史をくつがえし、惑星を載せて回転すると考えられていた目に見えない天球を粉々に打ち砕き、ブラーエが後に語るように「天文学復活の基礎を築いた(11)」のである。

一五六五年の夏にヨルゲン伯父が死去するとブラーエはデンマークの家族のもとに帰ったが、この一八歳の青年が以前にもまして熱心に追求している非貴族的な学問のことで実の父親との関係はますます気まずいものになった。対スウェーデン戦争は激化していた。ティコ・ブラーエは武術の訓練をうけていなかったが、養母の兄ペータ・オクスが政界を牛耳っていたおかげで宮廷の名誉ある地位を約束された。しかしブラーエは、家族の願いを振りきって研究のためにふたたび国外に去ってしまう。二度目の短い帰郷の後で、彼は友人のハンス・オールボーグに冬季はドイツの海岸都市、ロストクに逗留することにしたと書き送り、次のように伝えた。「出発の理由についてあなたに打ち明けたことはだれにもいわないでください。私が不満に思っているのを知られたくないのです……故郷の家族や友人たちからうけた好意は身にあまるものです。ただひとつ物足りないのは私の研究をみんなで喜んでくれなかったことですが、それをとやかくいうことはできません(12)」。

一族に約束された高貴な職業も名誉や富も捨てるとは、なんと偏屈な男だろうと思われたにちがいない。学究者の地位はこの青年の階級に比べるとはるかに低いものだった。だが、ブラーエの決心はかたく、道をそれることもなく、ヴィッテンベルクとお気に入りのバーゼルで大学教育の仕上げをうけ、その間も天界を観測しつづけて観測日誌を増やしていった。

二三歳のとき、ドイツのアウグスブルクで、天文学を大きく変える最初の大型観測装置を設計し製作した。それはオーク材の巨大な四分儀、つまり円の四分の一片で、半径は五・五メートルもあり、持ち運びに四〇人の手を必要とする代物だった。彼はそれをクワドランス・マキシムス、すなわち大四分儀と呼んだ（左図）。装置は、基部付近にある十文字棒で全体を水平方向に回転させると、頂点Aの接合部に吊るされたパイ型の四分儀が旋回しながら垂直方向に移動して高さを変えるようになっている。観測者は、図の右側の半径線上にある点DとEに目的の天体を合わせ、頂点から吊るされた錘（最初は点Bの位置に置かれる）の糸が指し示す目盛を見て天体の高度を読みとる。目盛は、四分儀の湾曲した底辺にあたる角材に貼られた真ちゅう板に刻まれている。

ブラーエは、当時のすぐれた熟練職人の手になる観測装置でさえ測定値に相当の誤りがあることにフラストレーションを募らせた。理論よりも観測の価値がはるかに劣ったブラーエ以前の時代には、両者に目立つ違いがあってもあまり気にする天文学者はいなかった。チュービンゲン大学のケプラーの恩師であるミカエル・メストリンは空に糸をかざすだけで天体現象の位置を概算したそうである。

肉眼観測に使用する装置はとにかく大きいほうがいい、とブラーエはすぐに理解した。これは銃身の長いライフルのほうがピストルより正確に照準を合わせられるのと同じ原理である。ガリレオの望遠鏡は次世紀の夜明けを待たなければ登場しない。装置が大きければ、たとえば上記の

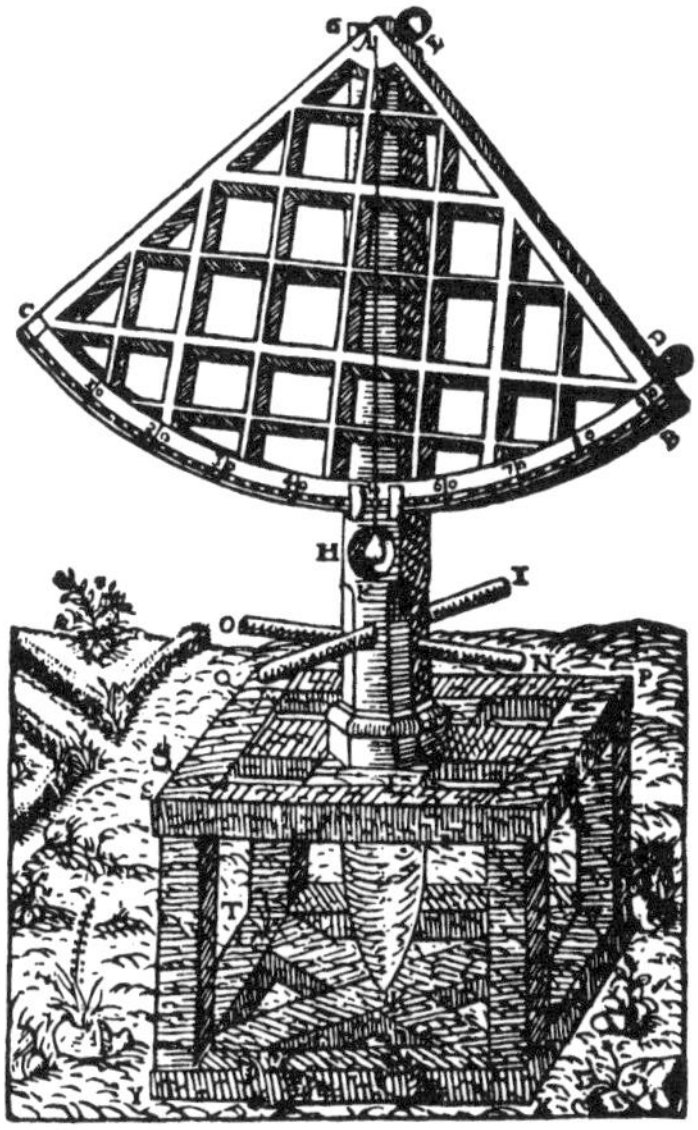

ティコ・ブラーエの最初の大型観測装置「大四分儀」。ティコ・ブラーエ『メカニカ』1598年。

四分儀の点BC間に刻める目盛の数は多くなり測定できる値も小さくなる。この事実は決定的なものだった。

ブラーエは『メカニカ』の中で、大四分儀の精度は「周到に観測すれば、六分の一分角の範囲内[13]」であると述べている。これは過剰な評価かもしれない。一分角までの測定でさえ恐ろしく大変なことだったのだ。夜空を見たとき、星をちりばめた巨大な球が地球をとり巻いていると想像してみよう。都会の「光害」のない場所で雲ひとつない夜に空を見上げればまさにそのように見えるだろう。これはブラーエの時代のほとんどの天文学者が信じていた宇宙である。そこで、この天球にそって地球の中心を中心点とする円を描いてみよう。この場合どんな向きに描いてもかまわない。円は三六〇度であり、一度は六〇個の分という弧に、一分は六〇個の秒という弧に分割される。したがって円周には一分の弧が二万一六〇〇個(三六〇度×六〇分)あり、一秒の弧には一二九万六〇〇〇個(二万一六〇〇分×六〇秒)あることになる。ブラーエは、大四分儀が一〇秒の長さの弧まで識別できると豪語していた[14]〔二九七頁訳注参照〕。

ところで、大きければより正確に目標を定めることができ、細かい目盛打ちに必要な物理的空間も与えられてブラーエの追求する精度は高められたが、一方では問題もあった。まず、大きいと扱いにくい。そのうえ材料も、たとえば木はたわむし金属は温度によって伸縮するなど信頼性に乏しい。大四分儀の製作には、オーク材がたわまないように「何年にもわたって乾燥させた」重い角材が使用された。多数の角材が交差して「装置をしっかりと支え、適切な形と面を維持する[15]」ように設計されたのである。

ブラーエは大四分儀に完全には満足しなかったのだろう。この装置はこれ一つだけである。とはいえ、ブラーエの要求する精密度のレベルは一六世紀の職人芸を極限まで、いやそれ以上に押し上げたにちがいない。つづく三〇年間、ブラーエは肉眼観測による天文学の可能性を広げるために多数の天才的な発明をし、その仕事にとりわけ誇りをもっていた。観測家としてのブラーエと発明家としてのブラーエを切り離すことはできない。というのは、彼は、正確で経験主義的な最初の宇宙モデルを開発しようとして、必然的に、それに必要な精密な技術を計画的に進歩させた最初の科学者になったからである（左図）。

　これはまた一つの分岐点でもある。過去には偉大な発明家や技術者がいた。アルキメデスはてこの原理を利用して破壊力のある兵器をつくりだした。そのなかには襲ってくる船をかぎ爪でつかんで握りつぶす巨大なクレーンもあった。戦争はしばしば発明の才を生み、ルネッサンス時代には、すぐれた武器の開発に才を競う発明家が後を断たなかった。たとえばレオナルド・ダビンチの奇想天外な発明がある。しかし、それらは物理学という主役を実用のために働かせる応用科学の例である。ブラーエの場合はその反対で、技術を発見の道具にするという発明であった。

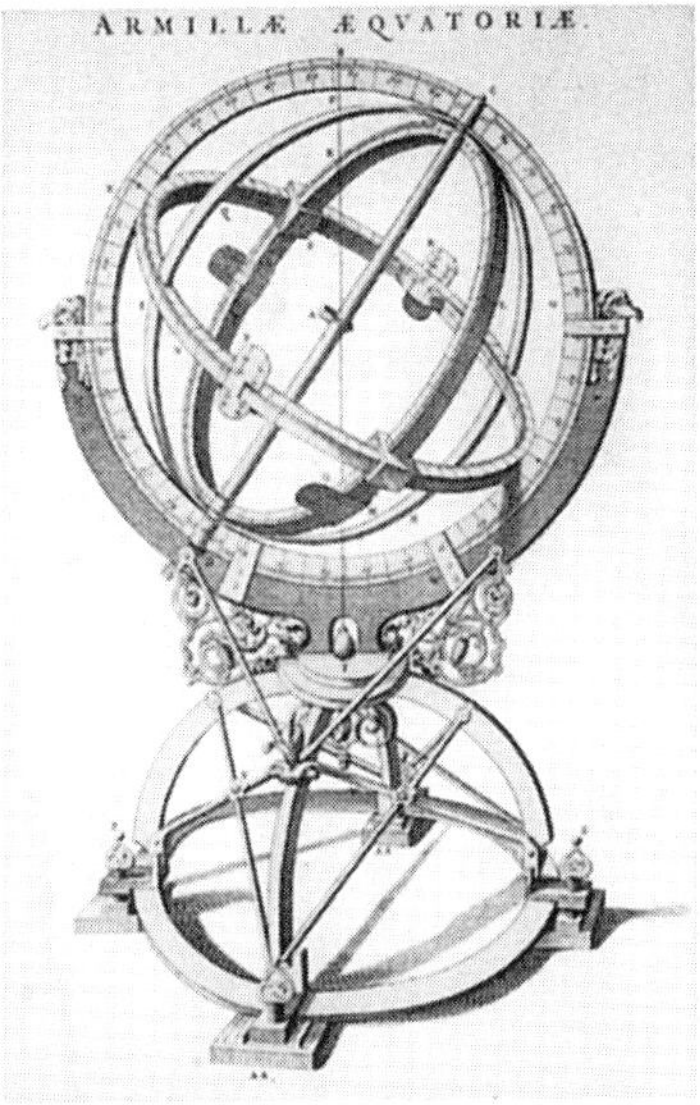

ティコの渾天儀。地球の経度緯度に相当する「赤経」と「赤緯」の輪によって天体の位置を測定した。Joan Blaeus, *Atlas Maior*, 1653.

　科学と技術は並行して進歩するという認識は、今日では当たり前のようになっている。高速化しつづけるコンピュータは途方もなく複雑なヒト・ゲノムの解読を可能にし、一方で、おもしろいことにこれはブラーエのケースによく似ているが、巨大化しつづける加速器が原子をますます微小な粒子に分解する。しかし、このような進歩はすべて四〇〇年以上前に科学のどんぶり勘定に不満をもつ一人の男から始まったのだ。天界を探求するこの若き賢人は理論に奉仕するデータのいい加減さにうんざりし、現実的な証明、つまり観測の繰りかえしによってのみ決定できるたしかな事実こそ重要であると本能的に信じて疑わなかったのである。

大四分儀を完成するとまもなく、ブラーエは父親の病気のために家に呼びもどされた。翌年の春、オットー・ブラーエは莫大な財産を遺して他界したが、相続人もまた、妻、ブラーエと六人の兄弟姉妹、それに一人の孫というように多数遺していった。一五七一年のデンマークは長子相続制ではなかったので、所有地の大半は現金化して子供全員に分配しなければならなかった。そのさいの持分は男子が二で女子は一である。オットーの財産の多くは他の親族との共有であり、土地に関する妻の権利や収入はまた別であったために、相続問題の処理は複雑で時間のかかるものとなった。決着を見るまでに三年半の歳月を要し、外国に住みたいというブラーエの希望は延期せざるをえなくなった。

第5章　錬金術

ブラーエが生涯の伴侶となる女性に出会ったのは、デンマークの故郷にいるときである。彼女はキステン・イェルゲンスダッターといい、クヌートストルプ城の近くにある教区教会の牧師の娘だったようだ。記述によると、ブラーエ一族はこのような身分の低い女性との結婚に強く反対したが、ブラーエ自身は、進路の選択のさいに自分の意思を優先させたようにこの場合も自分の気持ちにしたがって行動した。

貴族が妾を囲うのは珍しくない時代だったので、彼もそうしたければできたことである。平民の娘を正妻に迎えるのは妾を囲うのとちがって明らかに不利である。にもかかわらず、ブラーエは妾の選択肢など考えもしなかった。ヴァイキング時代から伝わるジュート族の古い風習によれば、公の夫婦として三年間同棲した男女はコモンローによって正式に婚姻を承認される。しかし、このような結婚は教会では絶対に認められないために、たとえ法的には正当であっても、法律上平民である妻や嫡子に貴族の特権を譲ることは許されなかった(1)。

もちろんブラーエはこのことを百も承知していた。彼が後年、婚姻と妻子の財産相続権を正式に承認してもらうために奔走したのは、自分の死後に妻子の地位が保証されないことをひどく憂慮したからだろう。養父のヨルゲン伯父はティコに相続をすませるまえに死んでしまったので、その方面から得られるものは何もなかった。分割されて減少した実父の相続財産は彼の研究生活をまかなうには十分であったが、その大部分が貴族階級に限られていて平民の妻や子供に相続されるものではなかった。

ブラーエが平民を妻に選んだのはある意味で貴族階級に対する反抗だったとする伝記作家もいるが、そのような見方は彼の階級に対する姿勢や立場を正しく理解しているとはいえない。彼は社会変革を望んでいたわけではなく、生涯その高貴な家柄を誇りとしていた。ただ多くの貴族のくだらない生活に嫌気がさして(これについてはたびたび強い口調で非難している)高い理想にささげる生活を選んだだけである。したがって、星の探求に燃えて富も権力も投げだした男が恋愛以外の理由で妻を娶るとは考えられない。

＊　＊　＊

ブラーエの人生の選択は一族の不興を買ったが、近しい親族でなければ彼に理解を示す者もないではなかった。彼がもっとも共感したと思われる人物は、母親の兄にあたるステイン・ビーラである。ステインも一族の例にもれず政治家になるための勉強をした。五年間大法院に勤めた後に退職して、かつてはシトー修道会のものであったヘレヴァド大修道院を国王から授かり、それに付随する相当額の小作料と教区税の恩恵にも浴して、そこで人文主義の学者として余生を送った。宗教改革を奉じるうまみの一つは、カトリック教会に所属していた広大な土地が国王や上級貴族の手中に落ちることである。これが宗教改革の最大の誘引だったとする者さえいる。

ヘレヴァド大修道院の美しい土地はクヌートストルプから馬で一時間ほど行ったところにある。ブラーエはその後の二年間、ますます長い時間をそこで過ごすようになっていった。気の合う伯父と哲学について論じあい、彼自身の言葉によると、後の人生を天文学と同じくらいに大きく左右する研究に興味を引かれていったのである。ステインがヘレヴァドでもっとも熱心に研究していたのは錬金術、つまり化学である。ブラーエはいまやこの不可解な研究にひたむきな熱意をもって没頭し、ライプチッヒの少年時代以来はじめて天体観測を忘れそうになったほどである。

ブラーエをはじめとする当時の人々にとって、天文学と錬金術は使用する道具が違っても異なる科学ではなかった。たとえば、前者は目盛の精密な観測装置を使うのに対して後者はオーブンや蒸留フラスコを利用したが、どちらも神の創造物である天地の統合や相互関係を研究する学問の一分野だった。ブラーエは錬金術を「地球の天文学」[2]と呼び、Despiciendo suspicio, suspiciendo despicio というラテン語の格言を好んで使った。これは「下を見下ろせば上が見え、上を見上げれば下が見える」という意味である。

天と地の深いつながりについては、ブラーエとほぼ同時代の人物バシリウス・ヴァレンティヌス[3]が優雅な言葉で語っている。

汝は理解するだろう。天は地に働きかけ、地は天に和しつづけることを。地は霊の刻印と流入によってのみ胎内に七つの惑星［既知の七種類の金属のこと］を宿し、それらは誕生すると七つの惑星の影響をうける。このようにしてすべての金属が星の影響をうける……なぜなら小さな世界は大きな世界から出で、地が目に見えない霊的欲望を通して天の愛を惹きつけるとき、そこに結合が生じる……地は優越者の天からの流入によって懐妊し、子を産む……子種が子宮に落ちるように地球のメンストラム〔錬金術の用語で、子宮の中で卵子を変質させる月経の溶解力にたとえたもの」に触れる……かくして汝はまた理解するだろう。金属の霊［の誕生］を。[4]

今日ではまるで詩のように聞こえるこの叙述を、たんなる比喩的な物語と見なすのは間違っている。天が地を懐妊させるメカニズムは、ヴァレンティヌスがいうように「目に見えず、理解できず、気づくこともできない、深遠で超自然的な[5]」ものであるが、だからといって現実性や具体性に欠けるとはいえない。これは夢物語ではない。ヴァレンティヌスは物理学的な事実を当時なら通用する言葉で自分が理解したように説明したのである。したがってその説明は同時代の人々にひろく受けいれられたことだろう。

今日、錬金術というとまず思い出されるのは「賢者の石」だ。これは卑金属を黄金に変えるという人類のあこがれの物質で、錬金術の世界では無視できないほどひろくいい継がれてきたものだ。星から流出した金属が地球の胎内に入ると、子宮内の胎児のようにそこに宿り、時間をかけて基本的な形質（たとえば鉛）から完成した形質の金へと変質していく。錬金術では賢者の石を探しあててこのプロセスを促進しようというのであり、それを化学的な操作と多くはわけのわからない手法で実現しようとした。

この試みは真面目に受けとめられ、一三世紀の科学者で哲学者であるロジャー・ベーコンは、卑金属を黄金に変える試みは世界を貧困から救うだろうと期待している。また、一四世紀の教皇ヨハネＸＸⅡ世や一五世紀のイギリス王ヘンリーⅣ世は、そのために通貨の価値が下がるのではないか、錬金術師が黄金を貯めこんで彼らの政権を脅かすのではないかと恐れて錬金術を禁止する勅令を出したほどである。

錬金に成功しない理由として錬金術師がよく使う言葉は「道は長く、命は短い」というものだった。それでも希望をもたせるうわさは多く、可能性がありそうに見えたので、賢者の石にのめりこむ錬金術師は相当数にのぼった。ブラーエの友人であり後に義弟となるイリク・ランゲもその一人である。彼はそのために財産を使い果たし、多額の借金を背負いこみ、逃亡せざるをえなくなった。ブラーエが驚いたことに、彼があれほど説得したにもかかわらず、ランゲは「世俗的な」間違った執着（と、ブラーエは称した）にとりつかれて、可能な資金源をあさりまわり貧困のどん底に落ちこんでしまったのである。

ブラーエ自身はそんな執着心に捕らわれることなく、黄金への変質はほとんど不可能と考えていたようである。といっても、賢者の石が妄想にすぎないと見なしていたわけではない。当時鉛を金に変えるという理論的な可能性を否定する者はなかった。それはブラーエ自身の世界観にもきわめてよく合致していたのである。ただ、以前にプロイセン表とアルフォンソ表を否認したことでもわかるように、彼にとって重要なのは現実に達成された結果であった。近年の宇宙論において、もう一つの宇宙の存在は可能だが検証は不可能とする科学者がいるように、ブラーエも、当時の知識や技術では錬金を実現できないと考えていたのだろう。

実際は、実験室で金の生成に励んだ錬金術師は一部にすぎない。大半はより正確にはイアトロ化学者といわれる人々で、おもに化学を医療に応用する研究をしていた。イアトロはギリシャ語で医師を意味する iatros からきた言葉である。ブラーエはこのイアトロ化学者つまり医療化学者の部類に入る。彼の研究は薬を精製して病気を治療するという実践的な目的に向けられていた。この点で彼の先達となるのは、一六世紀のもっとも非凡で偉大、そして物議をかもした男の一人、すなわちパラケルススとしてその名を知られるフィリプス・テアフラストゥス・オリオウルス・ボンバストゥス・フォン・ホーヘンハイムである。

パラケルススが問題の多い人物だったのにはいくつかの理由がある。一つはその口調であり、一説によると「大げさな」という意味の英語、bombastic は彼の長たらしい本名の一部であるボンバストゥスからきたそうだ。当時の医師たちに向けられた彼特有の嘲笑的な声明文に次のようなものがある。「私はテアフラストゥス、あなた方が私になぞらえるどんな人物よりも偉大な者である……私の薬は薬屋にはない。薬屋は、腐った煮汁しかない汚い流し場にすぎない。あなた方はというと、平身低頭しておべっかを使いながら自分たちの王国を守ろうとしている。そんなものがどれくらい長く続くと思うのか……いわせてもらうなら、私の頭のどんなに小さな毛髪もあなた方やその処方箋より多くのことを知っている。私の靴の留め金は、あなた方が奉じるガレノスやアヴィケンナよりも多くのことを学び、私のあごひげはあなた方の最高の同僚より深い経験を積んでいる[6]」。

その口調もさることながら、パラケルススの教えに対してすさまじい抵抗を喚起したのは、彼がたった独りで一四〇〇年におよぶガレノス医術の教理をひっくり返そうとしたからである。そして、その教理は五〇〇年前の紀元前四世紀に大成されたアリストテレスの哲学体系に基づいていた。アリストテレス-ガレノス哲学によると、病気とは四つの体液、すなわち、血液、黄胆汁、黒胆汁、粘液が相互のバランスを崩した状態である。体液は蒸気を発し、蒸気は脳に送られて個人に肉体的、精神的、倫理的な特質を与える。まず血液は思いやりがあって恋しやすくおおらかな気質を与えてくれる。黄胆汁は怒りや暴力を引きおこし、黒胆汁、つまりメランコリーは人を貪欲にし、怠惰にし、感傷的にする。粘液は鈍感で生気のない臆病な気質を生みだす。このような言葉は、時代を経ていくらか意味は変わっているが今でも使用されている。たとえば、おおらかな気質を英語で sanguine nature というが、血液を意味するラテン語は sanguis である。怒りっぽいは英語で choleric といい、choler は黄胆汁のことだ。ふさぎこむ傾向があればメランコリックな性格といい、メランコリーは黒胆汁である。感情の鈍い人は phlegmatic というが phlegm は粘液である。

ガレノス主義者にいわせると、これらの体液は順に述べると熱、乾、冷、湿の性質にそれぞれ関係している。病気は体液の不均衡によって生じるのだから、そのバランスをとり戻せば治癒する。それには放血、利尿剤、下剤の適用だけでなくその反対の方法もあり、冷温湿布や種々の薬草なども使用された。このような治療に効果があるとしたら、それはほとんどが人体にそなわる治癒力によるものといえるだろう。

ところで、中世やルネッサンス時代に新型の恐ろしい病気がヨーロッパに蔓延しなければ、ガレノス学説は相変わらず主流を占めていたかもしれない。とくに恐れられていたのが梅毒[7]である。この病気がどこから持ちこまれたかについてはいまだに種々の意見があり、コロンブス探検隊の船員が新世界から持ち帰ったとする者もいれば、十字軍が中東から持ちこんだとする者もいる。当時のヨーロッパ人は、この病気をそれぞれフランス病、スペイン病、ナポリ病と称してお互いにその責任をなすりあった。

梅毒はどちらかといえば不活発な状態で各地に潜在していたようである。それがいくつかの要因によってヨーロッパ中に流行することになった。その要因はいまだに解明されていないが、都市の人口増加や交通の発達、社会の道徳観の変化などがあげられる。梅毒は疫病に次いで当時の公衆衛生上深刻な問題となり、疫病とはちがって新種の病気であった（次頁の図）。これほどまでに破滅的で先例

ハンス・ボク（Hans Bock the Elder）によって描かれた代表的な公共浴場（1597年）。このような浴場は梅毒や淋病の流行のために最終的には閉鎖された。*Das Bad zu Leuk?*, Öffentliche Kunstsammlung Basel, Kunstmuseum. Photographer: Martin Bühler, Öffentliche Kunstsammlung Basel.

のない病気を体液の不均衡で説明しようとしても、もはや限界がある。病気の新しい解釈が必要だ。そして、それを提唱したのがパラケルススである。

パラケルススの著書はいんちきとも天才的とも評されて、彼に心酔した後継者でさえときには理解できないところがあった。それらには神秘主義的な難解さがあり、矛盾もあり、大げさな表現にあふれていたが、その奥には革新的なアイデアが潜んでいた。その一つは、医師はいわゆる医学の聖典といわれるガレノスに頼るのではなく、実際の診察から学ぶべきだというものである。ガレノスの書には絶大な権威があったために、動物解剖をもとにしてつくられた解剖図が人体の主要器官の形や位置を間違えていたにもかかわらず、一四〇〇年間だれも気づかなかったほどだった。二つ目は、パラケルススが新薬の精製に化学を重要視したことである。彼は「新しい病気には新しい治療法が必要である」と述べ、化学に無知な学説は不毛であるとしてアリストテレスとガレノスを批判した。

パラケルススの学説はどちらかといえば、世界はイデアの不完全な反映にすぎないとするプラトンの観念論に通ずるものがあった。パラケルススにとっては、土からつくられた人間は大宇宙のエレメントをすべて内蔵する小宇宙である。「人間の内に天空が存在することを理解せよ[8]」と彼は書いている。「惑星や恒星が運行する天空」のすべてが、「肉体の天空」に存在するのである。

パラケルススの一世代後に現れるブラーエは、天界の大宇宙と地球に属する人間の小宇宙との関係を次のように説明した。「天には七つの惑星があり、地には七種の金属があり、人間には七つの基本要素［六つの主要器官と血液］が惑星や金属のそれぞれのイデアに従って形成されている。このために人間は正しくは小宇宙と呼ばれる。これらはどれも非常にすぐれていて、好ましい類似性によって関係づけられ、その役割も性質もほとんど等しいといえる[9]」。

太陽の片割れが地上の黄金や人体の心臓にあるといっても驚くことではない。月は銀や脳の仲間である。七つの要素の関係図は左記のようになる。

太陽——金——心臓
月——銀——脳
木星——錫——血液
金星——銅——腎臓

土星——鉛——脾臓
火星——鉄——胆嚢
水星——水銀—肺臓

ブラーエの説明によると、金属だけでなくその他の鉱物、さらには薬草や植物までが星すなわち「惑星の力を内包し、対応する［天体の］性質に可能なかぎり似たものになっている」[10]。

ガレノス派が「対立療法」を信奉したのに対して、パラケルスス派は「似たもの同士による治療」という考えを推し進めた。かくして病気の治療には、その臓器に対応する「惑星の力」を利用することができる。その力とは星から流出し地上の具体物に宿されたものであり、おそらくヴァレンティヌスの叙述するある種の宇宙的結合によって実現したものである。

現代人の目には、大宇宙と小宇宙の関連性を説く新プラトン主義のパラケルスス説は、アリストテレス‐ガレノス説と進歩において大差はないように見えるだろう。パラケルスス派の反対論者が、治療薬として推奨される薬品の多くが、なかでも水銀、鉛、アンチモンはとくにそうだが、まったくの毒薬であるとするのはたしかに本当のことだ。しかしパラケルスス派は、このような金属の毒性は地上の堕落した特質に起因すると考えた。彼らの主張によると、万物には生命があり、金属は地球の胎内で成長する。したがって堕落によって生じる腐敗にもあずかることになる。医療化学者の仕事は、腐敗のない純粋な金属の形態、すなわちパラケルススの言葉を借りれば、「クィンテセンス」を抽出することだ。「クィンテセンスとは、自然の産するあらゆる物質、形あるものの中に命を有するあらゆる物質から抽出されるある種の物質で、隅々まで洗い清められて一点の汚れも死もない物質である……

クィンテセンスとはいうなれば自然、力、徳、そして薬である」。薬としての効果があるのは「それがきわめて清潔で純粋だからであり、それによってみごとに人体を浄化し、完全に変化させる[11]」のである。

執拗に薬効を疑うガレノス派に対してパラケルススが述べた有名な言葉に次のようなものがある。「物質はすべて有毒なものだ。それが有害になるか有益になるかは」服用量によって決まる[12]。とはいえ、パラケルススの後継者が全員、師と同様に慎重であったわけでなく、治療によって病気が極度に悪化し、ときには死にいたることさえあったのはたしかである。

ブラーエの時代になると、数多くの実験が行なわれた結果イアトロ化学は大きく進歩し、薬物として危険な物質の一部から毒性を消し去ることもできるようになった。もちろん一六世紀に原子理論の知識など存在しなかったが、パラケルススの主張する緻密な観察というものは、ブラーエの天文観測ほどには組織的で不偏的でないにしても、一六世紀後半から一七世紀における実験化学の進歩を促進するという重要な役割を果たした。

ブラーエは化学的探求について「二三歳から始まった天体探求と同じくらい夢中になった[13]」と述べている。事実、彼が実験室で生成した錬金薬は有名で、国王や皇帝に所望され、ヨーロッパ中からはるばると旅をしてブラーエを訪ねてくる病人には、身分の差別なく無料で分配されたのである。

こうして何ヵ月間というもの、この天文学者は天空の動きよりも地上の研究にすっかり心を奪われていた。ところが一五七二年一一月一一日、錬金術工房から馬で家路についたとき、彼は天空に出現した驚くべき異変に衝撃をうけ、それによってその後の人生を大きく変えられたのである。

第6章　爆発する星

「驚きのあまり茫然と立ちつくし、空を見つめていた」。ブラーエは、自分の心が天空に引きもどされた瞬間についてこう書いている。「その星が以前そこになかったことは確かである。私は信じられない光景に当惑し、自分の目を疑いはじめた(1)」。それはカシオペア座の近くに現れた爆発する星、超新星である。この新しい星は突如として現れ、最初は金星に匹敵する明るさで輝き、晴れた日には日中でも見えるほどだった。この時代に超新星に関する知識などなかったのはいうまでもない。何もなかったところに突然新しい星が誕生したのである。このような現象は当時としてはありえないことだった。

古代ローマの歴史家プリニウスはヒッパルコスが新星を観測したと記述しているが、それは古代のことであり、しかも伝え聞いた話であるために後の天文学者によって典拠の疑わしい間違った記述と見なされた。明るい彗星か、あるいは恒星を見間違えたのだろうと。彼らがそう考えた理由や、ブラーエが新星の出現に驚愕した理由はまたもやアリストテレスにさかのぼる。彼の哲学的および科学的な見解は、およそ二〇〇〇年が経過した後もヨーロッパのもっとも偉大な知性でさえ畏怖するような議論の余地のない権威だった。

アリストテレスによると自然界には五つの元素が存在する。地、水、気、火という地上界の四大元素と天上界を構成する第五の元素、エーテル（aether）である。「永遠の」という意味の英語eternalはこのギリシャ語からきた。重い元素の地や水はその本質にしたがって地球の中心、つまり宇宙の中心に向かって落ちていく傾向があるが、軽い元素の気や火は反対に上昇する。絶えざる変化、生成と腐敗、生と死の存在する地上界では、あらゆる事象がこれらの諸元素の入り混じった容器内で発生し、太陽の力をうけて永遠に運動しつづける。ところが天上界のエーテルは生成されることがなく、不朽、不変、永遠のものである。したがってアリストテレスの定義によれば、新星という現象は存在しえなくなる。

この二つの世界を区切るのは月を抱えて回転する透明の天球であり、それは大気の果てに存在する。この天球の下では、嵐、雲、稲妻、種々の気象といったあらゆる種類の揺れが生じる。彗星でさえ地球の呼気によって発生する大気中の現象と考えられ、流星（meteor）も大気中の生成物と見なされた。気象を研究する学問が今日英語でmeteorologyと呼ばれるのはこのためである。ブラーエの時代の人々はほとんどがアリストテレスの宇宙論を奉じていたために、以上のような理由から天空に現れた新星を月下の大気中に存在する彗星と見なしたのである。

問題はそれが彗星に似ていないことだった。まず尾がない。そのうえ天空を移動しているようには見えない。ブラーエは、自分で考案した改良型の新しい六分儀（次頁の図）を使用して何度も注意深く観測し、問題の天体が完全に静止していると確信した。他の天文学者たちはこのような変則性を説明するためにいろいろな理屈を持ちだした。問題の「彗星」に尾があるのだが、地球とは正反対の方向に流れているために隠れて見えないのだろう。彗星が静止して見えるのは、尾と同じ方向に移動しているからであり、地球上の観測者から真正面の方向にまっすぐ離れていくからだろうと。ブラーエにとって、どちらの説明も打ち消すのは簡単だった。周知のことだが、彗星の尾は地球ではなく太陽に対して反対の方向に流れるのであり、また、彗星がいきなり最高の明るさで輝きはじめるはずはないからである。

さらに驚くのは、ブラーエがそれを月の天球以遠の現象と結論したことである。その判断の基準と

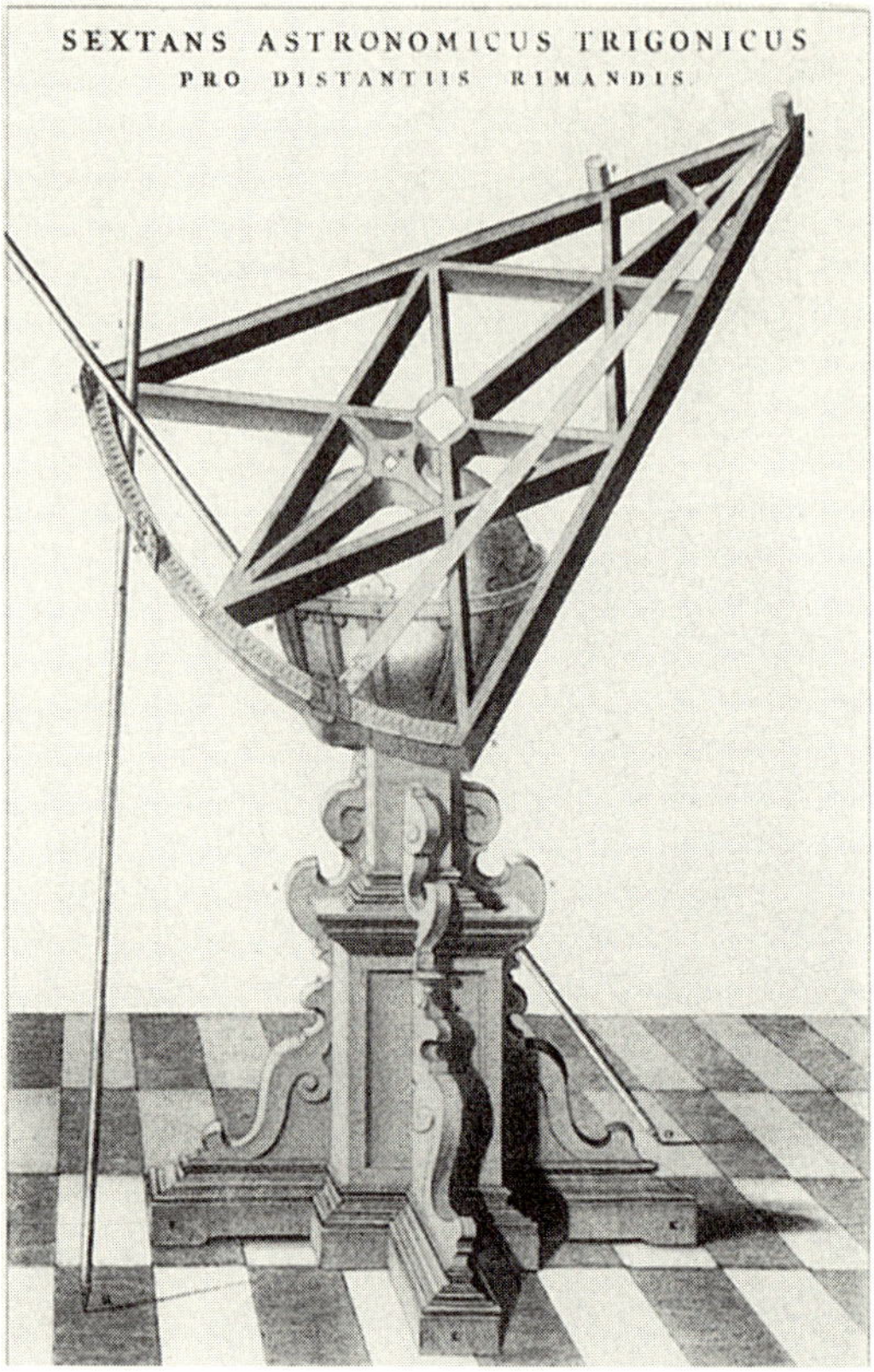

天文観測用六分儀。ブラーエはこれで恒星と惑星のあいだの角距離を測定した。Joan Blaeus, *Atlas Maior*, 1653.

して、実施はむずかしいが理論上はよく理解されている方法が利用された。つまり天体の視差を測定したのであり、この場合はゼロに等しかった。

天体の視差とは、それを二つの離れた場所から観察した場合に、背景の星に対する位置が変化して見えることである。実際に視差を試すには鼻のすぐ先に指を立てて見る簡単な方法がある。[2] 片目をつむって、まず左目だけで対象物を見て、次は右目だけで見てみよう。すると、見る目を替えるたびに指の位置が移動して見えるはずだ。眼科医はこれを両眼視差という。そこで今度は指を遠ざけてみよう。遠ざかるにしたがって移動して見える度合いが小さくなる。道路の向こう側にある電柱を片目で交互に見ても、それはほとんど移動して見えない。実際には視差はあるのだが、小さすぎて知覚できないのだ。しかし、一〇メートルも歩いて近づけば視差に気づくはずである。

月は地球に近いために、二人の天文学者が遠く離れた二つの場所から同時に観測すると背景の星に対する位置は確実に移動して見える。ブラーエは、新しく輝きだした星が月より遠いのかそれとも近いのかを確かめるために視差を決定しようとした。視差が月よりも大きければ月より近くにあり、小さければ遠くにある。緻密な観測と計算の結果、視差は小さいどころかまったくないことがわかったのである。したがって、その天体が月以遠に存在することは明らかだった。実際は恒星にも視差はあるのだが、あまりにも遠方で視差が小さすぎるために、「恒星視差[3]」を発見できるのは二世紀半後の一八三八年を待たねばならない。

問題の天体は恒星のように瞬き、惑星の天球の動きにしたがって移動しないために、「新星（とブラーエが命名）」は第八の天球上[4]にある恒星のあいだに位置する」と結論された。この第八の天球に対しても、ブラーエは後に疑問を投げかけることになる。その星は数ヵ月をかけて徐々に暗くなり、明るさを失うにしたがって白色から黄色、赤みを帯びた色、そして灰色へと変化し、最終的には消えてしまった。新しい星が誕生し、ゆっくりと崩壊していったのである。エーテルの世界は月下の世界で作用する力の影響をまったくうけないというのは間違っていた。

ブラーエは最初この発見を公表するのをためらった。貴族たるものは研究活動におおっぴらに携わるべきではないという体面がいくらか残っていたせいかもしれない。または、貴族に富と権力を与える一方で各階級を仕切る壁を重視する封建社会の風習にとらわれていたせいかもしれない。ブラーエにとって、自分の発見を出版物にするのは、本来は学識者のものである学究的な領域を侵害するように思えたのだろう。結局、彼の気持ちを変えさせたのは、コペンハーゲン大学の医学教授であるヨハネス・プラテンシスやかつての家庭教師アンデルス・ソーレンセン・ヴェデルをはじめとする親しい学究仲間だった。

一五七三年、ブラーエは『新星について』を出版し、彼の天文学的計算や新星に関する占星学的解釈を詳述した。しかし、新星が最初に現れた時期を正確に決定することはできないので、戦争、疫病、反乱、王国の陥落といった諸事象の予知には明言を避けている。当時二六歳だったブラーエはデンマークを去ってスイス、バーゼルの社会的にも知的にもより好ましい環境に移り住む決心をしていたので、本の出版によってわずらわしい貴族社会との決別を宣言したようでもある。「ウラニアに捧げる哀歌」と題する詩的なエピローグで、彼は同胞の貴族を厳しくこき下ろした。「怠け者の嘲笑も任務による脅しも、もはや私の天体観測をやめさせることはできない」とエピローグは始まる。「高貴な生まれや祖先の業績を誇り、国王や公爵の寵愛を求めたいならそれもよい……カードやサイコロで時間や金を浪費し、狩猟やウサギ狩りを楽しみたいなら勝手にするがいい……私にそれをうらやむ気持ちはさらさらない……私が担っているブラーエ家とビーラ家の名高い家名は私にとって何の意味もない。祖先から引き継いだだけで自分の業績ではないものを自分のものとはいえないからだ。私は高みにあこがれる。地上にいて地上より高く天上を評価する人はこのうえなく幸せだ。牝牛のように地上のものしか理解できず天上の生活を見くびる者は、滅びに生きていることを知らず、モグラの目でしか物事が見えない。神によって高みを見ることを許された者はじつに少ない[5]」。

ブラーエが以前から胸中にこのような感情を醸していたことはたしかだが、伯父や父親の存命中は子としての立場から、それを心中に封印していた。そのくびきが解かれた今、高貴な生まれの同郷人に最後の別れを告げるチャンスが訪れたのである。

しかし実際には決別しなかった。エピローグの反響が何であれ、『新星について』はブラーエを当時の大天文学者の地位に押し上げた。彼に出版を勧めた友人の多くが、コペンハーゲン大学の天文学講義に講師として彼を推薦してくれたのである。封建制に対する彼の複雑な感情も国王の勅書によってやわらげられ、一五七四年の秋、ブラーエは講義を開始した。

ブラーエは、占星術が実際にはおそろしく不確実であったにもかかわらず相変わらず占星学を信じていたので、講義の入門部の大部分を占星学の擁護にあてた。彼が正確な天界図を作成しようとした最初の動機は、占星学的な予言に確実な基礎を提供することだったのだ。それについては『メカニカ』に説明されている。「占星学の分野においても、私は、星の影響を研究する者がおろそかにすべきでない研究を行なう。その目的はこの分野から間違いや迷信を取りのぞき、占星学の基礎となる経験にもっともよく一致しそうなものを得ることである。なぜならこの分野にも、数学的天文学的真理に匹敵するきわめて厳正な理論を発見できると考えるからである……この科学は……予想以上に信頼できることがわかった。天体現象の影響や気象だけでなく出生に関しても正確に予測できるというのは真実である」⑹。

占星学はあらゆる社会でもてはやされ、大部分の大学において相変わらず天文学に並ぶ地位を与えられていたが議論の多い教科でもあった。占星学の価値を疑う理由の一つは、当時でさえ予知の成功率が低いと見なされていたことだが、さらに大きな理由は、とくにコペンハーゲン大学においてそうだが、星が運命を決定するのは人間の自由意志を信じるキリスト教の教理に違反するという厳しい反対論があるからだった。ブラーエはこの異論に対して、臆するどころか講義の場で真っ向から立ち向かった。

彼はまず、天体の影響を示す現実的な証拠を数えあげた。たとえば、太陽が一年をかけて天空を移動するにしたがって生じる季節変化、月の軌道によって満ち干する潮汐、新月や満月に太陽と月が一直線に並ぶときに生じる大潮などがある。たしかに、重力の知識がなければ、このような関連性は占星学的影響の有力な証拠と見なされるだろう。したがって、前章で述べたような、全被造物を一つの統一体と見なして人間界の小宇宙は天上の大宇宙に共鳴するとするパラケルススの理論は、当然のことながらブラーエの講義に組み入れられた。しかし最後に、人間の運命は星によって決定されるものではないとして聴衆を安心させた。星は個人が遭遇するはずの環境をつくりだすだけである。「人間の自由意志は星に服従しない。人はその気にさえなれば、理性に導かれた意思によって星の影響を乗りこえ、多くのことができるのだ……占星学は、どんな星にもまさる人間の自由意志を拘束する学問ではない。このような理由から、真理を求める超世俗的な人生を志向する人間は星によっていかなる不幸を約束されようとそれを克服することができる。しかし、獣欲や情交に支配されて人非人の生活をする者に関しては、その誤りを神の御業と見なすことはできない。人間は自己の意思によって星の悪意ある影響を克服できるように創造されたのだから[7]」。

一八世紀に啓蒙運動が起こると、占星術や錬金術が近代科学の形成期に果たした役割は歴史書から抹消されてしまった。科学史家は「オカルト科学」をまるで屋根裏部屋の狂人のように隠しとおした。その役割を見くびり、ヨーロッパの啓蒙運動以前の偉大な人々が、ケプラーやブラーエだけでなくそれ以前のロジャー・ベーコンや以後のアイザック・ニュートンも含めて、物質と精神の神秘的な関係を見きわめることによって開眼しようとした努力さえ軽視してしまった。

科学とオカルトの人目をはばかる関係がわずかながらも意識されはじめたのは、一八世紀の啓蒙運動に対する反動としてロマン主義が台頭したころである。とはいっても、大半の科学史家は屋根裏部屋の扉に錠をおろして厳重に監視していた。近代科学誕生のいきさつを公平にもれなく記録する研究が学者たちのあいだで始まったのはこの数十年のことである。

その最初の種をまいたのがティコ・ブラーエだった。彼がオカルト科学を理解し実践しようとした取り組みには、個人レベルで繰りひろげられた普遍的な科学史を見ることができる。まず、神の創造された世界において大宇宙と小宇宙の関係を追求することが彼の研究の原動力となった。惑星の運行など生のデータが数日どころか数週間も間違っていたら、それに基づく占星学的予知は信頼性を失い、現実に役立てることができなくなる。他方で、ブラーエはこの学問にしだいに興味を失い、少なくとも没頭することはなくなった。占星学の研究は、経験主義的なゆるぎない基礎がないかぎり無意味に思われたからである。「若いころは天文学の予言的な側面に強く惹かれていた。それは推測を基にする予言という分野である。後に、この分野の基礎になる星の運行について知識が不十分であることを知り、その不足を埋めつくすまでは予言を二の次にすることにした」。ブラーエはこう説明している。彼が星の予言を「信頼に足るもの」として価値を認めるのは、「期間が正確に決定され、星が天空の特定の位置に入るときやその運行コースが実際の天体の動きと一致し、星の運行方向や回転が正確に算出できる(8)」ときだけであった。

パトロンである王族のホロスコープをつくるのはブラーエの務めだったが、時がたつにつれてこのような活動に時間を費やすのは彼の天職である天文学の再建を妨げる足かせになった。コペンハーゲン大学で一五七四年に行なわれた入門講座は「格調高い講演」として知られているが、それが占星学に関して行なわれた彼の最後の公開講演だったようだ。化学実験はその後もつづけられたが、それは病人を治療するというきわめて実用的な目的のためである。ブラーエはまさに時代を生きた人間だったが、天体現象を未曾有の周到さで観測することによってさらに先を見とおし、そうすることによって未来に通じる道を示した科学者でもあった。

第7章　ティコ・ブラーエの島

デンマークを去るというブラーエの決心は変わらなかった。一連の講義が終わるとまもなく、彼は新しい居住地を探すためにドイツを渡りバーゼルをぬけて、イタリアのベニスまで旅をした。最終的にはバーゼルに居を構える決心をし、家族そろって移住の準備をしていると、それを聞きつけたデンマーク国王フレデリックII世が彼のもとに使者を送ってきた。ブラーエの記述によると、彼がデンマークに留まって研究をつづけるなら望みのものは何でも与えようというのである。「すぐさま拝謁を賜ると、賞賛してもしつくせない英邁な国王は仁慈深いご意思によってデンマークのかの有名な海峡に浮かぶ島、同郷人がヴェーンと呼ぶ島を下賜しようと御自らご提案くださった……この島に私の館を建て、天文学だけでなく化学の研究に必要な装置をつくらせ、さらに、もったいなくもその費用は惜しみなく支出しようと約束された[1]」のである。

国王の決定にはある程度国家のプライドも影響していた。このプライドはブラーエの養母の兄で王室執事長であったペーター・オクスが国王の心中に長年をかけて吹き込んできた意識である。彼は、北ヨーロッパで最強の軍事力を誇る国家は南のドイツをはじめとする隣国と知的にも文化的にも対等でなければならないとフレデリック王につねづね進言してきた。いまやブラーエは有名人である。その彼を他の地で、どちらかといえば小国の公国で輝かせることはない。なぜドイツに行くのか。国王はブラーエに引見すると、彼が選んだ居住地のことで不平を述べた。「ドイツや他の国の者がそれを知りたければこの国に来るよう取りはからえばよい[2]」。

現在ではあまり考えられないことだが、もう一つの理由として現実的な判断もあったようだ。フレデリック国王は一五七二年にブラーエを宮廷に召喚して新星の出現によって派生する政治問題について論じさせたことがある。おそらく国王は、彼のように有能で信頼できる占星学者は国家の重大時にそなえて顧問として抱えておくべきだと考えたのだろう。他にも、国王が命の恩人であるブラーエの養父に恩義を感じていたことや、ブラーエの養母インガー・オクスがソフィー王妃の宮廷を取り仕切る王室女官長（この地位はインガーの死後、ブラーエの生母であるベーテに引き継がれた）であったこと、おまけに王妃が錬金術に強く惹かれていたことなどの理由もある。力関係がブラーエに有利なことは明らかだった。

このように多くの理由があるにしても、ブラーエにヨーロッパで最初の大規模な科学研究施設を設立させるという国王の配慮は前代未聞であった。これ以上に寛大な庇護者は望むべくもないだろう。なにしろブラーエは国王から五〇〇ターレルの年金を与えられ、先祖伝来の領地から得られる六五〇ターレルの収入を倍増したのである。まもなく国王はヴェーン島の権利をブラーエに譲渡した。「クヌートストルプのオットーの息子、朕の国民にして愛する臣下であるティゲ・ブラーエに……島に居住する全臣民と、そこから生じる、王家および国家に献じられる地代および税金のすべてを含めてヴェーン島を賜与する。彼が生きているかぎり、数学の研究を続けたいと欲するかぎり、生涯を通じて地代を納めることなく島を所有し、利用し、維持し、意のままに使用できることを保証する[3]」。

さらに、ブラーエの階級にふさわしい領主邸の建造に四〇〇ターレルが授与され、その後の三年間も、収入を生む資産が次々と下賜された。[4] ノルウェーやスカニア地方の封土、ロスキレの五三世帯の小作農と教区税を含めたきわめて儲けの大きい教会領もそうである。ある計算によると、このように多様な資産から得られる年収[5]は二四〇〇ターレルに上り、デンマーク国王の歳入の約一パーセントに等しい額になった。

ヴェーン島には現在もゆるやかに傾斜した農地や牧草地が広がり、海側には数百メートルの白亜の断崖が切り立って、その外観はブラーエが四〇〇年前に支配していたころとほとんど変わっていない。高台に建設された領主邸のウラニボルクからは、かつてブラーエの父親が治めていたヘルシンボリの城がよく見渡せた。城を隔てる海峡には、帆をふくらませた商船がデンマーク国王に税金を納めるためにあちこちで錨を下ろす準備をしていた。

長さ約五キロメートル、幅約二・五キロメートル、面積約一〇平方キロメートルのヴェーン島にはチューナという村に約五五世帯が居住して、共同井戸から水を引き、農地を共同で耕していた。ブラーエがこの島に船で二時間かけて渡ったとき最初に目にした高い建造物は、セント・イブス教会の尖塔と村の近くにある唯一の風車だったろう。ヴェーン島は他のブラーエ一族に賞与された巨大な資産や城に比べたら中程度の賜物にすぎない。しかし、彼が異国に求めてまわった「静かで住みよい[6]」という条件は十分に満たしてくれたのである。

天界の女神ウラニアにちなんで命名されたウラニボルク城（次頁の図）も、他の貴族の邸宅に比べたらとくに大きいものではなかった。ブラーエの妹ソフィーはブラーエ家やオクス家に比肩する社会的地位にあったオットー・トットに嫁ぐことになるが、彼女の居城のエリクショルムはウラニボルクの数倍も大きい。ブラーエが求めたのは大きさではなく、技術の粋をいく美しさだった。ウラニボル

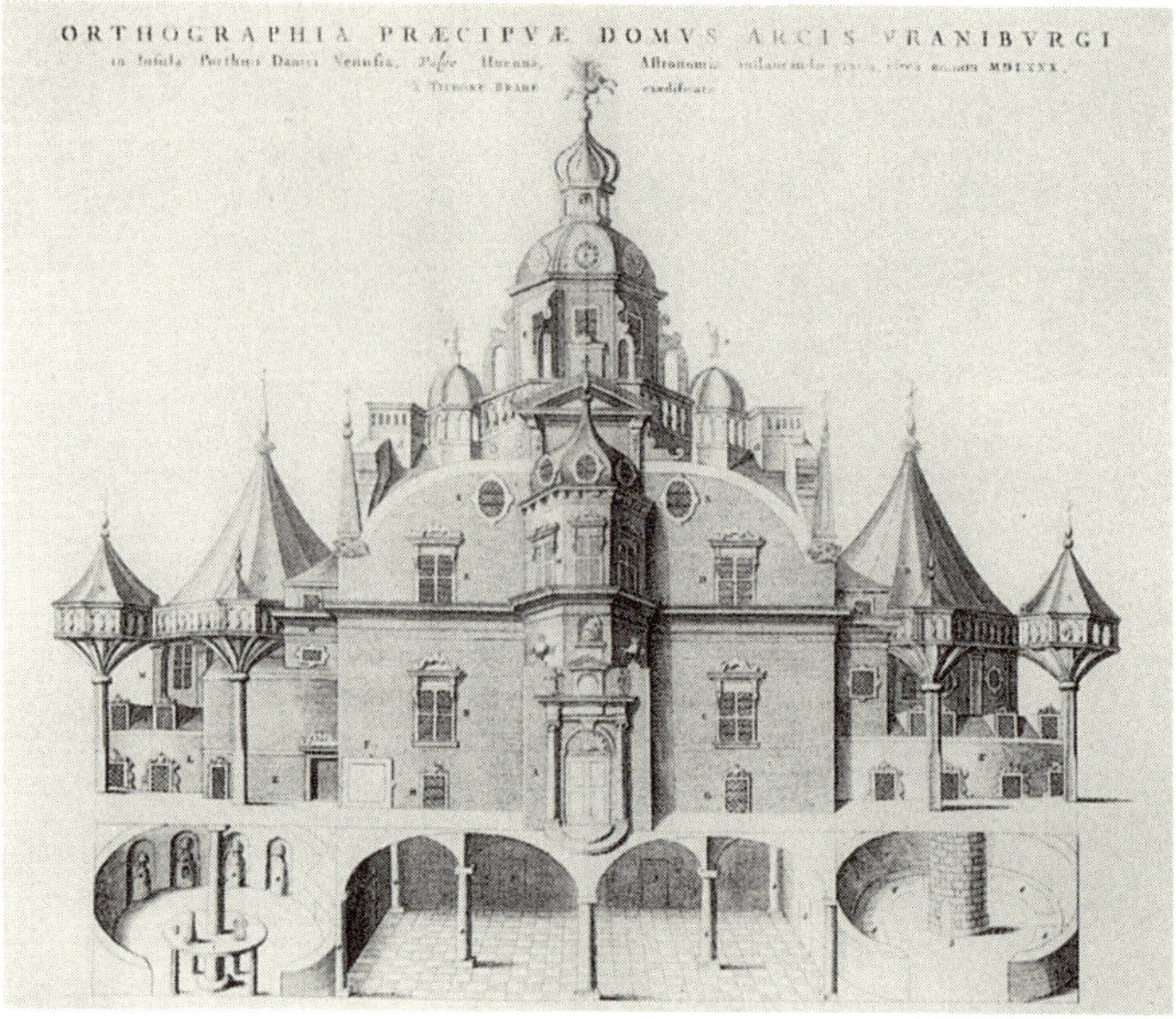

ティコ・ブラーエのウラニボルク城。Joan Blaeus, *Atlas Maior*, 1653.

クは、彼がイタリア旅行中に目にしたパラディオ式建築の調和ある相称的な形式を真似て造られていた。

七八メートル四方の敷地は高さ五・五メートルの石張りの土塀に囲われている。敷地内の庭園（次頁の図）は、果物や木の実の樹木をはじめ美しい木々が立ち並ぶ外苑と、種々の植物を幾何学模様に植え込んだ内苑からなり、ブラーエはこの内苑の薬草木を使って錬金薬を調合した。敷地内の設計はすべて天文学を意識していた。主要な出入口の通路は、一つは東西に、もう一つは南北に走り、二本の通路が交わる中央ホールには地下水を利用した噴水がつねに水を噴き上げていた。

ウラニボルクの正面は石灰岩で縁取りをした赤レンガ造りである。彫像や中央の時計台が正面を飾り、丸屋根の上にはペガサスをかたどった風向計がある。南側と北側に建つ円錐形の塔がブラーエの観測装置を設置した天文台だ。どちらの塔にも木製の屋根があり、夜空を二つの視点から観測するために、それぞれの屋根の一部が個々に、または連動して取りはずせるようになっていた。

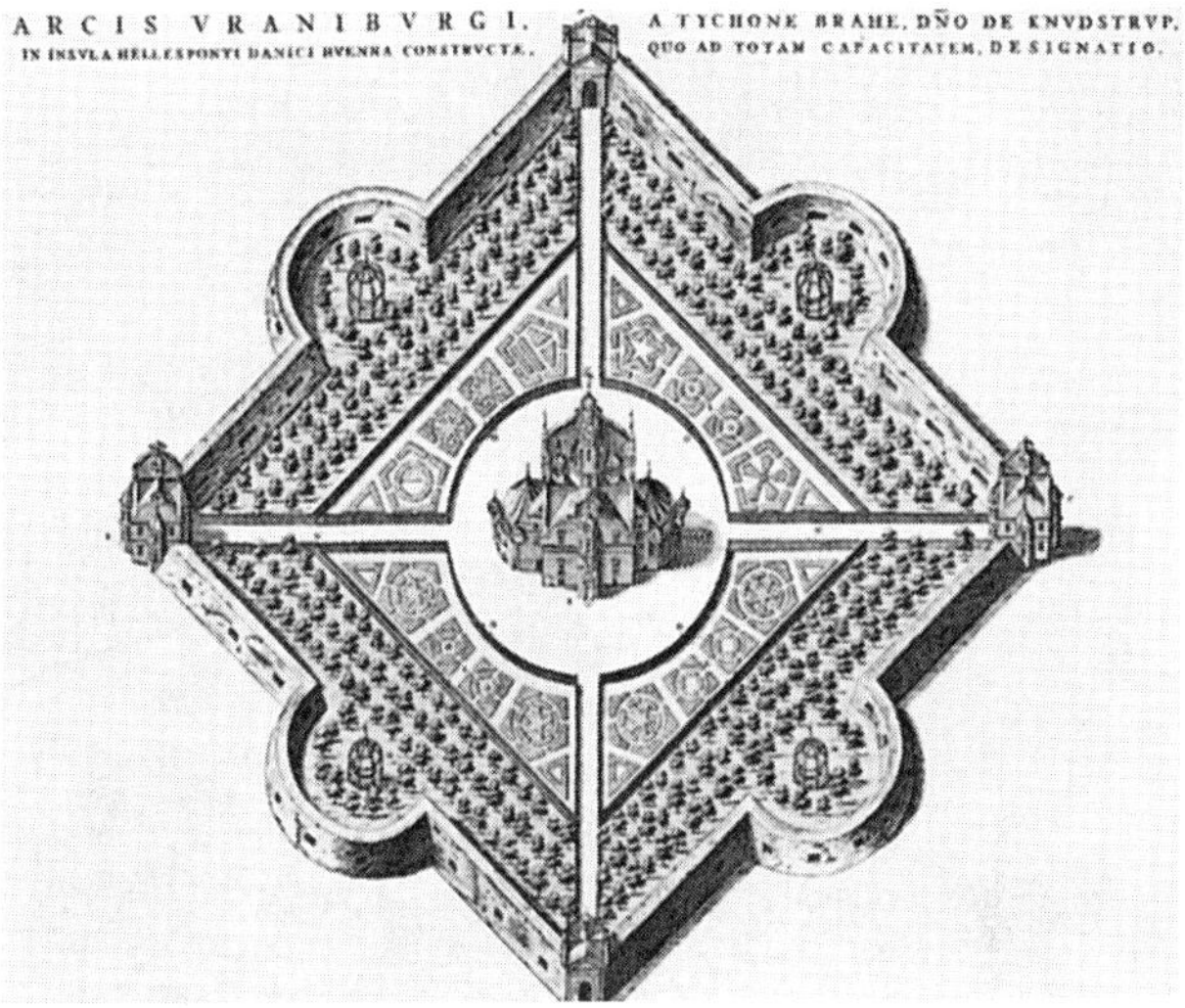
ARCIS VRANIBVRGI.
IN INSVLA HELLESPONTI DANICI HVENNA CONSTRVCTÆ,
A TYCHONE BRAHE, DÑO DE KNVDSTRVP.
QVO AD TOTAM CAPACITATEM, DESIGNATIO.

庭園に囲まれたウラニボルク城の鳥瞰図。Joan Blaeus, *Atlas Maior*, 1653.

建物の南翼の地下がブラーエの錬金工房である。各種の炉が一六基も据えられた地下室には、換気と照明をよくするための低い窓が取りつけられている。実験室の上が図書室で、円形の部屋の壁には無数の本が並べられ、そのあいだに直径約二メートルの真鍮の天球儀が置かれていた。ブラーエはその天球儀に千個の星の位置を記すことになる。反対側には地下水の井戸があり、水は上の各階や厨房に[7]も引かれていたようだがそのメカニズムを知る者はいない。

高緯度では一年の大半が寒い季節だが、そういう季節の活動はウィンタールームと呼ばれる部屋にかぎられていた。ブラーエはそこで封建制末期の時代の習慣にしたがって晩餐会を開き、門弟や訪問客をもてなして過ごした。また、その一角には彼と妻のキステンが就寝する四面をカーテンで覆ったベッドが置かれていた。他の部屋は客室であり、二階には王族のための特別室があった。また二階に夏の食堂があり、そこからは土塀越しに遠方の海峡を見渡すことができた。三階には多数の門弟や助手が寝泊りする。彼らはヨーロッパで一挙に名をはせた天文学者を慕って訪ねてきた研究者である。

ヴェーン島にはヨーロッパ中から王侯貴族が訪れたが、その中にはスコットランドのジェームズⅣ世、つまり後のイギリス国王ジェームズⅠ世もいた。彼らは珍しいウラニボルクを一目見ようと、そして、デンマークで「ティコ・ブラーエくらい賢い[8]」という言葉が流行するほど有名になった人物に会いたいとやってきた。「デンマークにきてブラーエを訪れないのは、ローマに行って教皇に会わないのと同じだ」とさえいわれたほどである。ところがこのような社会的圧力の真っただ中にいても、ブラーエは熱心に研究をつづけていた。

観測の精度を上げるにはより精巧な装置が必要である。ブラーエがヴェーン島の観測所で開発した革新的な装置は彼のもっとも誇るべき業績の一つだった。なかには五、六名の職人が三年がかりで完成した装置もある。修正や改良はたえず繰りかえされ、装置を取りはずしてすべてを再調整しふたたび組み立てることもたびたびだった。しばらくすると、測定値の精度はバルコニーからの観測に限界を生じるほど高いものになった。バルコニーは強風で揺れ動くうえに、材料の木材は季節変化にともなって伸縮する。これは測定値を狂わす要因になる。しかも観測装置は大きくなる一方である。そこで、それらを固定するためにさらに頑丈な基礎が必要になった。

解決策として建物の外に新設された施設はステルネボルク（次頁の図）、すなわち「星の城」と命名された。地面を円形競技場のように掘って基礎をつくり、観測者が上段に立つと目の高さが巨大な

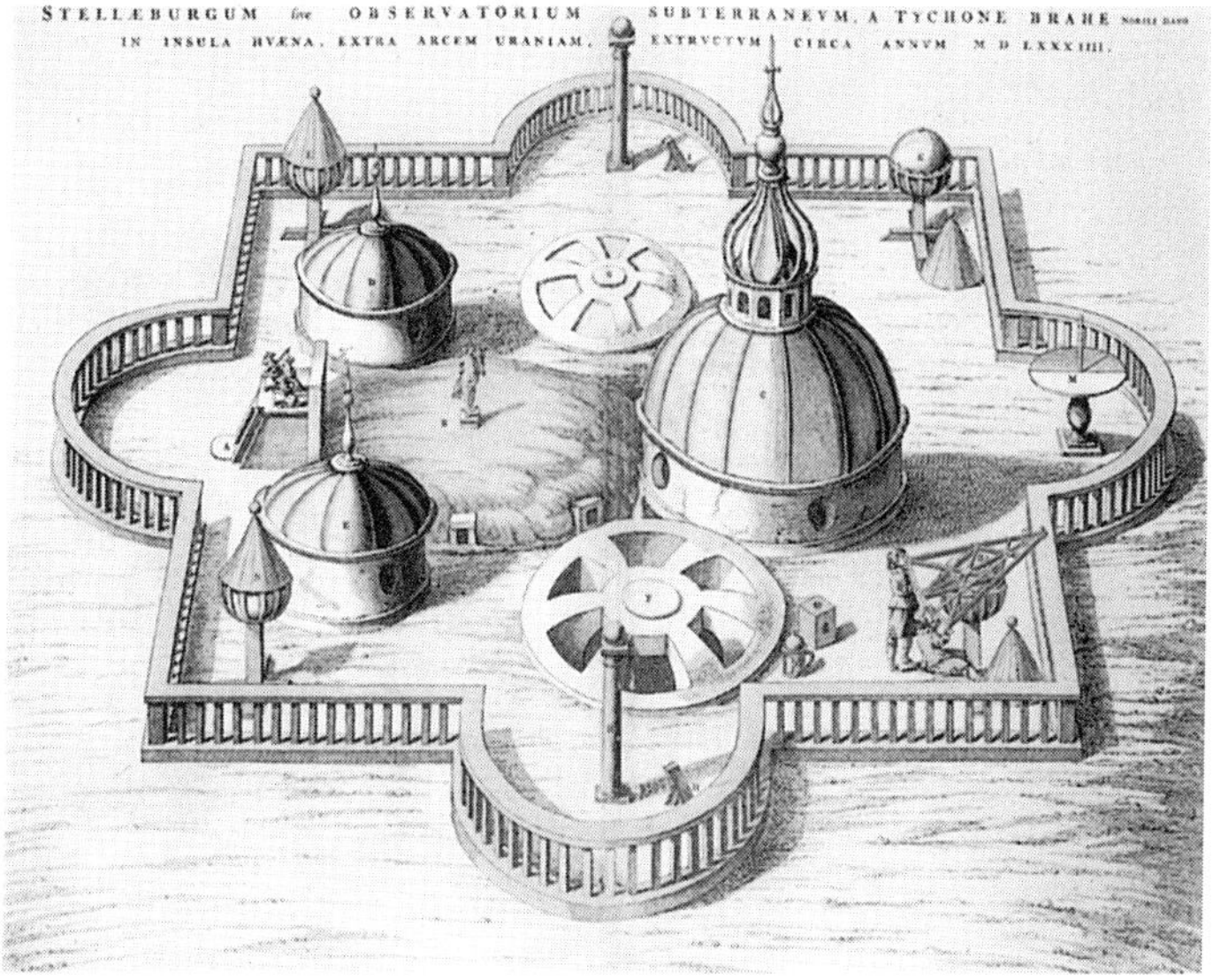

ブラーエの地下天文台、ステルネボルク（星の城）。Joan Blaeus, *Atlas Maior*, 1653.

観測装置の指標の位置に届くようにした。ステルネボルクにもバルコニー同様に天蓋をつけたが、それには滑車やてこが取りつけられていて、観測用の小さな窓を観測したい方向に向けられるようになっていた。入口には「富や力ではなく、知恵のみが不滅である[9]」というブラーエのモットーがラテン語で刻まれていた。

　彼の最大の装置は、大きくなればなるほど測定値は正確になるが融通は利かなくなるという事実をよく表していた。その代表選手がウラニボルクの南‐北の壁に取りつけられた有名な壁面四分儀である。この装置の下部は当然のことながら完全に固定されているために、天界がゆっくりと回転して目的の星が小窓からのぞく位置にくるまで観測者は待たなければならなかった。しかし上部は頑丈で巨大にできているために、小窓に現れる天体

（おもに太陽と恒星）に関してはどんな装置よりも精密な値を得ることができた。

ブラーエの『メカニカ』の記述によると、四分儀の湾曲部は「硬い真鍮で鋳造し、表面を丹念に磨きあげた……周囲の長さはきわめて長く、半径がほぼ五腕尺〔一九四センチ〕の円に相当する。したがって角度の幅が非常に大きくなるために一分を六等分することもできる。つまり一〇秒角を識別するのは簡単であり、その半分の五秒角でも難なく読みとることができる[10]」のだ。

これほど精密な値が可能になったのは、「ダイヤゴナル目盛」〔二九七頁訳注参照〕という天才的な発明のおかげである。この知識は以前からあったが、それを組織的に応用したのはブラーエが初めてだった。ダイヤゴナル目盛というのは、湾曲部に引かれた上下に斜行する線と弧との交点であり（次頁の図、壁面四分儀に引かれたダイヤゴナル目盛を参照）、これによって一分角を、当時の道具で真鍮の弧に実際に刻みこめる数よりも多く分割できるようになった。ダイヤゴナル目盛は湾曲部の弧にわずかなゆがみがあるために完全とはいえなかったが、それはブラーエも承知していた。しかし、それによって著しく増えた目盛はその欠陥を埋めあわせるのに十分であった[11]。

発明品に負けず劣らず画期的であったのが、過剰なまでのデータを収集するという彼の新しい研究方法である。ブラーエは一つの現象を多くは異なる道具を使って繰りかえし観測したために、道具の性能を効果的に検査することもできた。概算値をつねにはずれる装置があれば、それは職人の手に戻して再調整させる時期がきたということだ。これによって明らかな誤りを取りのぞくことができ、また「大量の」データを収集してそこに意味を読みとることができたのである。

このような研究方法は近代実験科学ではあまりにも一般的になっているために現在では当たり前のように考えられている。それは誤りを「平均化」して真実の値に少しでも近づけるという手法である。

ティコの壁面四分儀。ウラニボルクの南-北の壁に取りつけられたもっとも精密な最大の測定器。弧の内側に描かれただまし絵は、忠犬を足元に従えたブラーエが隣接する壁に開けられた太陽や恒星がのぞく本物の小窓を指差している。ブラーエの背景には地下の錬金術工房、1階の宴会場、2階の種々の測定器が描かれている。弧の外側にいる3人の男——これはだまし絵ではない——は、右側の2人が助手で、左側のテーブルに座って観測を記録しているのがブラーエ。Joan Blaeus, *Atlas Maior*, 1653.

ブラーエ以前の天文学者は一般に一つか二つの測定値で満足していた。しかも多くの場合、同じ道具を使って測定していたので、道具につきまとう誤差も同じだった。ブラーエはときには何百という測定値を得ることもあり、それらをたえず比較検討して正確なものにし、彼の最高の装置でさえ一回の測定では達成しえない値をだすこともできたのである。

一九〇〇年にブラーエの測定値の分析が行なわれたが、それによると彼が目標とした精度を上回る値が達成されていた。基準星の位置の誤差はプラスマイナス二五秒であった。子午線上の太陽観測の精度は大幅に向上し、装置と技術の改良によって一五八二年には四七秒だった平均誤差が一五八七年には二一秒にまで縮小された。これらの数字がいかに並みはずれた業績を示しているかは、ブラーエの死後まもなくガリレオが使いはじめて観測用具として一般的になった望遠鏡が測定値の精度を大きく改善するまでに一五〇年も要したことを考えれば、容易に理解できるだろう。

＊　＊　＊

一五七七年一一月一三日の夕方、夕食用の魚釣りをしていたブラーエは沈む太陽の近くで明るく輝く新しい天体を発見した。空が暗くなると、その天体は頭を金星のように明るく燃えあがらせ、当時の人々にとって恐ろしいことに、長さ二〇度の輝く尾を長々と伸ばしていた。これは五歳のケプラーが遠いヴァイル市の丘から母親と一緒に見たあの彗星であり、ブラーエにとっては長年見たいと念じながら今はじめて目にする彗星だった。彗星は二ヵ月半天空に見えていたので、ブラーエはその動きや視差を種々の方法で測定することができた。ところが視差は発見できなかったのである。その後も何年間もかけて、他の天文学者が別の場所で行なった観測と自分のそれを比較してみたが、どの位置からどの角度で観測しようと彗星は背景の恒星に対してつねに同じ時刻に同じ位置にあった。これは認識できる視差がないということ、したがって月より遠い現象であるという決定的な証拠である。

ブラーエの『新星について』はアリストテレスの「不変の」宇宙という概念に強力な一撃を喰らわせたが、一回限りの現象というものはとかく例外として、たとえばベツレヘムの星のような奇跡の前兆として見過ごされがちである。しかし、彗星のデータを見ればもはやそれは不可能だ。ブラーエは翌年、その発見を『エーテル界におけるごく最近の現象を考察する』という論文で発表した。それには二つの見事な図表が載せられた。一つは金星と月のあいだを移動していった彗星の軌道を示す図であり、もう一つは初めて紹介される「ティコの」惑星体系の図である。前者は地球と天界の分離と再結合というアリストテレスの宇宙観を否定するものであり、後者は天体をあるべき位置に保持しているとされるメカニカルな目に見えない天球を解体し、宇宙の構造と原動力を根本的に考え直させるものであった。

第8章　ティコの宇宙体系

地球が動いていると考えたのはコペルニクスが最初ではなかった。紀元前六世紀のピタゴラス学派は、地球が他の天体とともに中央の火のまわりを周回していると考えた。紀元前三世紀のアリスタルコスは、不動の太陽を中心に地球がその周囲をまわっているという仮説をたてた。ただ残念なことに、このような結論に達した根拠については記録が残っていない。地球中心説を詳細に論じた偉大なプトレマイオスでさえ、天体の運動だけを考えるなら地球を中心に全天体が周回するとするよりも地球が一日のサイクルで自転しているとするほうがはるかにわかりやすいと書いている。[1]

ニュートン以前の物理学からすると、地球がコマのように回転しながら猛スピードで天空を周遊していると考えるのはあきらかに道理に反していた。地球が空間を移動しているのだとしたら「動物も他の物体も空中にとり残されて、たちまち天空から脱落してしまうだろう」とプトレマイオスは述べている。そして、足下の世界が本当に回転しているのだとしたら、雲や鳥をはじめとするすべての空中の物体は「大地より後ろに残されて西方に移動するように見えるだろう」。[2]

一七世紀後半にニュートンが重力と慣性に関する概念を公式化するまでは、このような理屈に誤りを発見するのはむずかしいことだった。それはたんなる「常識」ではなくアリストテレスの物理に基づいていた。それによると、地上界の物体はすべて「もともとそこにあるのが当然とされる場所」を目指して「自然的な運動」をする。そして、その運動は干渉されないかぎり直線である。地上界の重い物体は最短距離を移動して宇宙の中心に向かい、中心のまわりに融合して球体をつくる。「どの部分も中心に到達するまでは重さをもち、部分同士が押したり引いたりすることによって……互いに圧縮しあいながら中心に到達し、一点に集中する……各方面から中心に向かう運動がすべてこのように一様である場合は、その結果として中心のまわりの質量はどの側面においても同じになり……中心までの距離も等しくなる。すなわち球体になるのである(3)」。

要するに、地球は宇宙の中心であるからといってその位置を誇ることはできない。地球は宇宙の中心をとり巻いている物質にすぎず、すべての土くれはその中心に向かって自然に落下していく。この区別は重要であった。というのは、「場所の潜在力」が重い物体を自然に引きつけるというアリストテレスの考えは、大地はいかなる部分も外力つまり「不自然な」力によって動かされないかぎり中心から離れる運動はしないという結論を引きだすからである。

コペルニクスは、一五四三年に著した『天球の回転について』の中で、エーテル界における天体の「自然運動」というアリストテレスの見解を取りいれて問題を回避しようとした。天体は「上昇」や「落下」をするのではなく、幾何学的に完全な形である円を描いて一様な運動をするというものだ。地球を太陽をまわる軌道上に置くことによって、実質的には天上界の仲間入りをさせ、天体の「自然運動」にあずからせたのである。したがって、地球の軌道運動も自転も「自然的」であり不都合を生じるものではなかった。ところが、べつに驚くことではないだろうが、彼の理論はアリストテレスの物理をきわめて巧みに取りいれているにもかかわらず、当時の人々にはほとんど認められなかったようである。

ブラーエは、アリストテレス理論が彼の経験主義的証拠に矛盾するために躊躇なくそれを廃棄しようとしたが、一方では、彼の観測結果がコペルニクス理論をも決定的に反証するように思われた。地球が太陽をまわるというコペルニクス理論が正しければ、軌道上の正反対の二つの位置、すなわち半周した軌道をはさむ二つの位置は恒星視差を発見する最高の機会になる。二点間の距離は地球の直径の何倍もあるのだからはっきりした視差が確認できるはずである。しかし、周知のようにそれは発見できなかった。

コペルニクスもこの問題には気づいていた。恒星をちりばめた第八の天球[4]は視差を識別できないほど遠くにあるというのがその答えである。ところが、この答えはもう一つの手ごわい問題を引きおこした。明るい星は見かけの直径が一、二分角はあると考えられる。このような星がコペルニクスのいう距離にあるとすれば、太陽の二〇〇倍ともいえる異常な大きさになってしまう。これは当時ではとうてい支持しえない理論であった。

もちろん、コペルニクスの考えは正しかった。後年ガリレオが望遠鏡を恒星に向けたとき、それらを肉眼で見た場合の直径が光のいたずらによる幻影にすぎないとわかったからである。しかし当時においては、観測できる視差がないという事実は、太陽を中心に地球が軌道周回するというコペルニクスの宇宙像を反証する決定的な証拠と思われたのである。ブラーエはコペルニクス体系について次のように述べている。「この新しい体系は、プトレマイオス体系に見られる余分で目障りな部分をすべて見事に回避している。どの点においても数学的原理に反するものではない。しかしながらそれによると、運動するはずのないのろまな大天体の地球がエーテルの火［恒星］のように速く、いやそれよりも三倍も速く運動することになる[5]」。この批判はコペルニクス体系のすべてを否定するものではない。知ってのとおり、プトレマイオス以降の天文学者は、彼らの宇宙像が宇宙の現実つまり物理的事実をどの程度映しだせるかについてはあいまいだった。いずれにしても完全に知ることはできないのだから、少なくとも天体運動を正確に予測する数学的体系を構築することで「体面を保とう」としたのである。ブラーエをはじめとする一六世紀の多くの天文学者はコペルニクスの太陽中心説を認めなかったが、一方では、予測に関してはプトレマイオス体系をはるかにしのぐといって賞賛していた。もっとも現代の分析によると両者の予測値にほとんど差はなかったが。

コペルニクス理論でとくにすぐれているのは、惑星の逆行運動の説明である。天空を東方に運行していく惑星を追っていくと、それはある点で減速し、背景の恒星に対して停止しているように見え、それから反対の方向に「逆行」するように見えるときがある。それはしばらく西方に移動するとふたたび停止し、方向を転換して東方への運行を再開する。

コペルニクス以前は、この奇妙な惑星の振るまいを説明する基本的な道具は周転円であった。周転円とは大円の円周に中心点をもつ小円である。これを視覚化するのによく利用される比喩はメリーゴーラウンド[6]だ。メリーゴーラウンドの回転台を大円と考えてみよう。回転台の端の木馬に子供がまたがり、紐の先にボールをつけて頭上で大きくまわしているとする。ボールと紐の円運動が周転円であり、紐の先のボールが惑星である。これが夜のことで、メリーゴーラウンドには照明がなく、ボールには夜光塗料がぬってあるとしたら、見えるのは遊園地の遠方の明かりを背景に移動するボールだけである。この場合の遠方の明かりは背景の恒星に相当する。メリーゴーラウンドの中心（これがプトレマイオス体系における地球の位置になる）から見ると、惑星のボールは円を描いてまわりながら時々逆行するように見えるだろう。

周転円による説明は実際に観測される惑星運動に多少なりとも近づいたが、決して完全ではなかった。現実の惑星運動を説明する真のモデルとして二重の運動を持ちだすのは多くの天文学者にとって納得しがたいものである。コペルニクスが真実の宇宙モデルと信じていた体系は、惑星の逆行運動を一つの調和した統一運動の一部であるとして、じつに美しく簡素な方法で説明した。

コペルニクスモデルにおける逆行運動は二つの同心円上を走る電車の比喩で説明できる。内側の軌道を走る電車（地球）が外側を走る電車（たとえば火星）に追いついていくと外側の電車は次第に減速し、追いぬくと後退していくように見えるはずである。したがって周転円も二重運動も持ちだす必要はない。ブラーエが、コペルニクスはプトレマイオス体系に見られる「余分で目障りな」[7]部分をみごとに回避したと評したのは少なくともこの点を意味していたのだろう。

ところでここで注意しておきたいのは、地球が静止している太陽をまわろうと、太陽が静止している地球をまわろうと、視覚的および数学的には両者に相異がないといえることだ。奇妙に思われるかもしれないが、これもメリーゴーラウンドの比喩を持ちだせば理解できるだろう。この場合も夜のことで照明は全部消えているとする。ただ、今回は回転台の中心に黄色い蛍光色のボールがあり、それが太陽である。観察者は回転台の縁に立つのだが、この場合は、回転台が回転しても観察者がつねに一定方向を向くように仕組まれた回転物の上に立つ。まず「太陽」に対面した状態から出発する。観察者が回転するにしたがい、太陽の明るいボールは横から後ろへと移動していくように見え、つぎに反対側の横に現れて真向かいの位置に戻ってくる。これが一回転である。実際には観察者が一回転したのだが、遊園地の明かりがあまりにも遠すぎて背景に何も見えるものが存在しなければ、観察者からは明るいボールが自分をまわっているように見えるだろう。

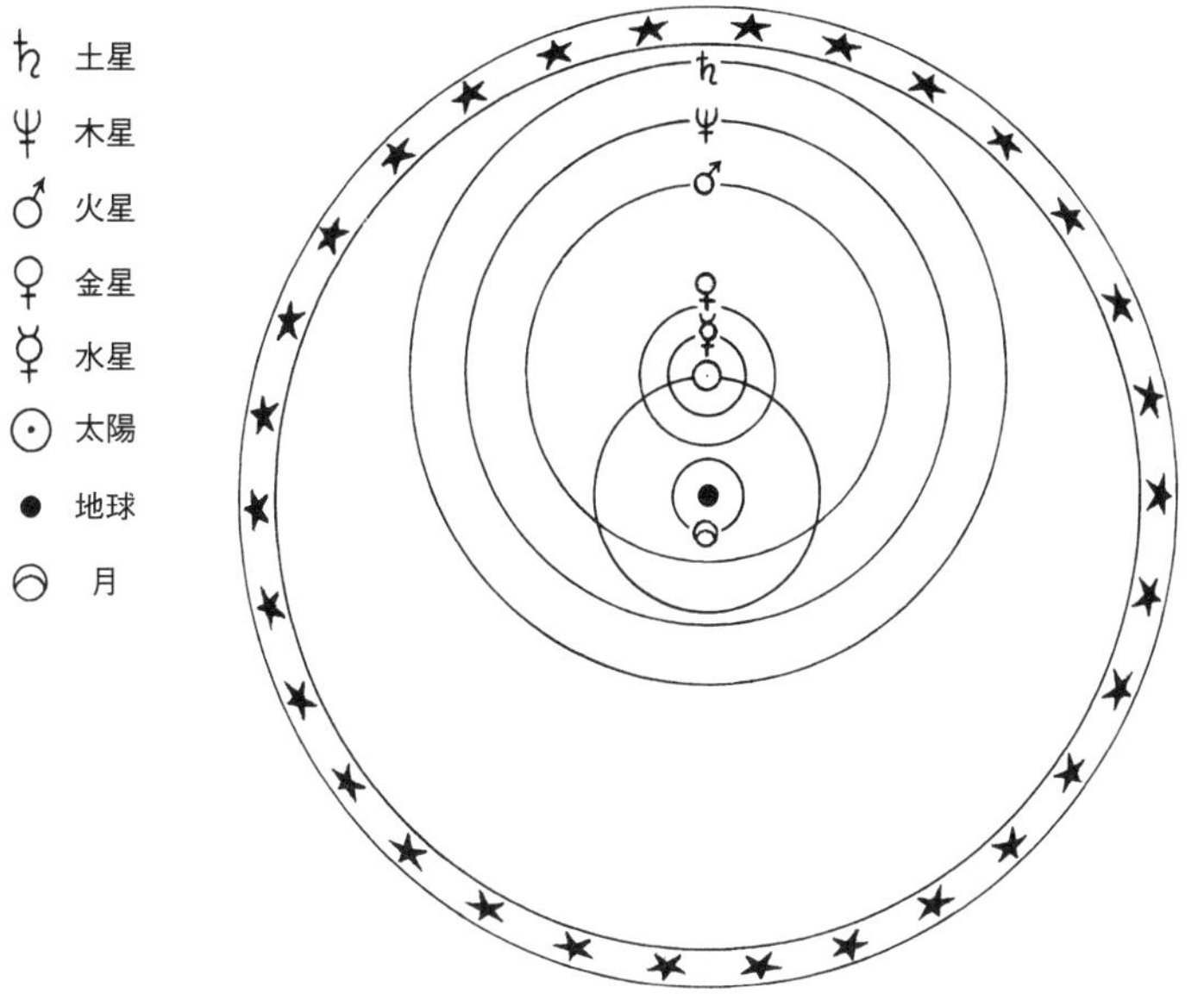

ティコの宇宙体系

　もっと簡単な例は、プラネタリウムやおもちゃ屋で売っている電動式の太陽系の模型である。太陽を中心に据えて静止させるなら惑星は予想通りに旋回するが、地球を中心にして静止させると、今度は太陽も含めて、惑星は前回とまったく同じ関係を保ちながら旋回する。

　したがってブラーエにとっても、問題はコペルニクスと同様に惑星の逆行運動を相対的な現象として説明することであったが、彼の場合は不動の地球という観念を捨てずに行なうことだった。それが当時の常識や彼の経験主義的観測にもっとも矛盾しないと考えられたからである。その結果として現れたのがティコの宇宙体系[8]として知られる宇宙像である。

　上の図に示す中央の黒い点は地球で

あり、そのまわりを月が軌道周回している。他の惑星はすべて太陽を中心にまわっているが、太陽は地球のまわりをまわっている。一番外側の円は恒星をちりばめた第八天球だ。ブラーエの考えた宇宙は実質的にはコペルニクスモデルと幾何学的に等しいものだったが、電動太陽系のたとえでいえば、地球を中心にして静止させていた。太陽の軌道は個々の惑星の恣意的ともいえる周転円に代わることができ、惑星の逆行運動を統合運動の一部として説明することができたのである。

この体系はブラーエが自負したように革新的なアイデアだったが、ひとつだけ困ったことがあった。惑星の軌道を太陽の軌道に合わせていくと、火星の軌道が太陽の軌道を突き抜けてしまうのだ。問題は、天体を支えて軌道運動をさせているガラスのような天球にある。一六世紀の一般的な概念によると、この天球はエーテルという天界の完全な物質でつくられていてまったくの透明で目には見えないが、なんと固体であった。中空のガラス球を思い浮かべて実際のメカニズムを考えてみよう。この球をもう一つのさらに大きなガラス球がとり巻いており、両者の間隔はガラスのビー玉をはさめる程度に空いている。ビー玉の上には惑星を表す点が描かれている。ビー玉が二つのガラス球によって両端を支えられ回転しながら軌道上を転がっていくと、ビー玉上に描かれた点も回転して周転円の効果をつくりだす。ビー玉は周転円の大きさによって大きいものもあれば小さいものもあるが、その原理はすべて同じである。

そこで一六世紀の天文学者が推測したようにガラス球、つまり天球が固体であるとしたら、軌道の交差は天球の恐るべき大崩壊をもたらすことになる。そもそもブラーエ自身が、この「天球のばかげた交差」を許しがたく、「ときには自分の発見を疑うことさえあった」(9)と書いている。

アリストテレスが宇宙には五五きっかりの透明な天球が存在すると断言してからというもの、天文学者たちは機械仕掛けの宇宙を信じるようになった。その宇宙を構成する天球は歯車の中の歯車のように相互に物理的な作用をおよぼしあって回転し、その最初の運動はキリスト教で神と呼ぶ神聖な力によって与えられる。その力は全装置を包みこむ第八の固体の天球、すなわち恒星をはめ込んだ天球の向こうに存在する。コペルニクスは天球には実体があると信じていた。一六世紀の第一級の天文学者であるミカエル・メストリンやジョヴァンニ・アントニオ・マジーニもそう信じていたので、交差する天球というアイデアには否定的であった。ブラーエも最初はそうだったが、彼の観測結果が天球の崩壊を必要としているようであった。

ブラーエの宇宙体系は概念の上で天球を粉砕し、宇宙の全メカニズムを分解して放棄することになった。そして新たに問いなおされる問いの答えは天文学や物理学にとって革新的な意味をもち、人々に宇宙をまったくちがった方法で考えさせるようになる。天球が存在しないとしたら何が惑星を軌道に保持しているのか、どんな力が惑星の運動を維持しているのだろうか。

第9章　国外追放

ウラニボルクはフレデリックⅡ世の庇護のもとに二一年間繁栄しつづけたが、ヴェーン島のブラーエの理想郷は永続する運命になかった。ブラーエは、一六世紀が終わろうとするときに祖国を離れざるをえなくなり、彼が権利を放棄していた宮廷政治は宗教的な不寛容さと卑劣なご都合主義に動かされて、デンマークでもっとも誇るべき創造物を打ち砕いてしまったのである。

最初の怪しげな風がヴェーン島をかすめたのは一五八〇年初期のことである。国王の名のもとに発布された法令が、ブラーエのようにコモンローによる結婚をして「情婦やみだらな女性と忌まわしい生活をし……恥も外聞もなく、ずうずうしくもそのような女があたかもよき妻であるかのように公然と振るまう[1]」ことを強く非難した。したがって聖職者たちは、離別に抵抗する夫婦に対して禁止令をだし、聖体拝領をはじめとするすべての秘蹟を拒否し、その霊魂を永遠の地獄（少なくとも教会から見て）に追放しなければならない。

このような法令がだされたいきさつを理解するには当時の宗教派閥[2]についてもう少し詳しく知る必要がある。宗教改革後に大きく分裂したのはカルヴァン派だけではない。しばらくするとルター派自体も真っ二つに分裂しはじめた。それまでの北ドイツの学園都市やデンマークでは「フィリピスト」と呼ばれるルター派が優勢だった。これはルターの右腕であり、ヴィッテンベルクやチュービンゲンの学問中心地を再建したフィリップ・メランヒトンにちなんで命名された宗派である。後にヨハネス・ケプラーがミカエル・メストリンから神学やコペルニクス天文学を学ぶのはチューービンゲン大学である。フィリピストの教義は個人の自由意志を強調し、理性を不完全ながらも神のイメージの反映として重要視する点において実質的にはカトリックの教えにきわめて近かった。これはブラーエがコペンハーゲンで行なった講義で、占星学は人間の自由意志に矛盾しないとして弁護したことからもわかる。フィリピストの信仰によれば、人間は自然という教科書を勉強することによって霊的にも知的にも創造主に近づくことができるのである。

こうしてメランヒトンは、古代の書籍を理解するためにギリシャ語やラテン語の授業を開始し、さらに数学、天文学、医学、その他の科学の必要性も強調した。ブラーエがこの流れを継ぐ典型的な識者であることは、彼が当時の哲学的教義をあえて解釈し直そうとしたことや、僧侶たちの分裂的な神学論争を軽蔑したことからもうかがわれる。彼は、僧侶たちが信徒に禁じる罪を彼ら自身も犯していると公言して、その偽善、詭弁、まぎれもない詐欺行為を非難した。

ブラーエの非難は、当時台頭しつつあったグネシオ・ルータランという一派の動きに向けられていたともいえる。グネシオ・ルータランは自由意志を格下げし、信仰を理性にまさるものとし、フィリピストの自然哲学者が神学者（すなわち彼ら）の手に委ねられるべき宗教の問題に口出しをするといって憤慨した。宗教的信念に一縷の迷いもないグネシオ・ルータランの強硬派は、フィリピスト派の教義に傾いていた貴族政治の権力を政治的に攻撃するという手段にでた。彼らは貴族に対抗するために、利己的な理由で貴族の特権を制限しようとする輩や王権神授説を主張しはじめた徒輩と結託したのである。

二年後にグネシオ・ルータランは貴族と平民の結婚を攻撃する第二の布令を発布させ、コモンローの結婚で出生した子供は「貴族でもなければ自由民でもなく……一族の紋章や名前を継ぐことはできず……父親やその親族から土地や財産を相続することもできない[3]」とした。いまや五人の子持ちであり、その子供に財産を譲りたいと願っているブラーエにとってこの新法は大きな痛手であった。フレデリック王から授与された封土や報酬は一代かぎりのもので次世代には譲れないというのに、新法のためにクヌートストルプ領地の自分の持分でさえ相続させられなくなったのだ。そこで急遽クヌートストルプの持分を現金化し、わずかとはいえ子供に譲れる程度の収入を得たが、それは他の親族の言い分も複雑にからんでいたためにきわめて面倒なプロセスだった。また、一方でブラーエはヴェーン島を子孫の恒久的な所有地にしようと計画的な運動を開始した。

この件は最初はうまくいった。彼に好意的なフレデリック王は、ヴェーン島で科学研究をつづけるかぎりブラーエの子供にも同島を授けようと一五八四年に認めたのである。不幸なことに、その四年後、国王はこの取り決めを文書にすることなく死去してしまった。しかし、フレデリックの後継者であるクリスチャン王子は若年であったために、一九歳で成人するまでは評議会が摂政政治を行なうことになった。この評議会はほとんどがリグスラードのブラーエ一族とその味方で構成されていたので、フレデリック王の承認は文書化され、ありがたいことに費用を埋めあわせる資金まで付与されることになった。ブラーエはあらゆる権利を得て安堵の胸をなでおろしたが、それも束の間、デンマークの政権が大きく揺らいで、彼に不利な状況が訪れるのである。

一五九六年、クリスチャンⅣ世の戴冠式でペーター・ヴィンストルプ司教が戴冠説教を行ない、歯に衣をきせない物言いで「国王は神である」と明言した。ブラーエの養母の兄ペーター・オクスが亡きあと数年間空席になっていた王室執事長の職には、王権神授の強硬な提唱者で、リグスラードにおけるブラーエ一族の貴族同盟に敵対する政治家のクリストファ・ヴォルケンドルフが任命された。そして、宮廷司法官に取りたてられたコペンハーゲン大学総長のクリスチャン・フリースはかつてのブラーエの友人だったが、その後の行動でもわかるように、自分の社会的経済的利益のために政治の動向を利用する卑怯な日和見主義者だったのである。

若い国王と側近はリグスラードの貴族の権力を殺ぐために国王の賞与である封土を取りあげて経済力を低下させ、彼らを政界から追いだす運動を開始した。真っ先にその槍玉にあげられたのがブラーエである。それまで宮廷政治から遠ざかっていたブラーエにとって、クリスチャン王に個人的に近づいて側近のくだらない入れ知恵に対抗し、彼らの陰謀を阻止するのはほとんど不可能だった。フレデリック先王の庇護のもとでは、コモンローの結婚に関する禁止令など恐れるに足りなかった。もっとも、教会のミサ中の聖体拝領は遠慮したかもしれないが。ところが今は、彼のいわゆる「邪悪な恥ずべき」生活が、国王の政治改革に神学的な理屈をつけようとしていたグネシオ・ルータランにとって格好の標的になってしまった。フレデリック先王からウラニボルクの研究に気前よく下賜された褒金や封土は多額にのぼり、先にも述べたように王室歳入の一パーセントに相当していた。このような財産はそろそろ没収してもよいころである。とくに国王の裁量だけで賞与された財産は簡単に無効にできる。例外はヴェーン島そのものだ。これは終身報酬として下賜されたもので、その約束は成文化されている。ただし、新王とその廷臣が成文法に拘束力を感じていればの話だが、そうではなかった。

一五九六年九月、ブラーエのノーフィヨルドの封土は国家による土地再編成の一環として他に譲渡されたという通達があった。一一月、新王には父王のようにウラニボルクを永久に付与するお気持ちはないという通知がフリースから届いた。その二ヵ月後、ブラーエの五〇〇ターレルの年金は減給を決定され、さらに彼に対する個人的な調査も始まった。

ブラーエは宮廷の調査団がヴェーン島にやってくると知らされた。彼に対する第一の罪状は農民の酷使である。彼が農民とうまくいっていなかったことは確かであり、彼らの第一の不平は「恩恵」労働を課されることであった。この労働は一般的な風習で、農民は領主の命じる労働に毎週一日か二日従事すれば国王に納める一部の税金を免除されるというものである。ところがヴェーン島に以前は領主が居住していなかったので、ごく自然のことだが、農民はブラーエの課す恩恵労働を不当な新しい賦役と考えたのである。彼らの不満はこうじてついにフレデリック王に正式な訴状が提出されるまでになったが、もちろん国王はブラーエを咎めなかった。その本質的に同じ不平が今になって蒸しかえされたという事実に、この「調査」のご都合主義的な性質がうかがわれる。

ブラーエにさらなる暗雲をもたらす罪状は、彼がヴェーン島の牧師に洗礼前の「悪魔祓い」の儀式を割愛してもよいと許可したことである。この儀式は軽視されがちな旧いしきたりだった。事実、クリスチャン王の戴冠式で「国王は神である」と宣言した当のヴィンストルプ司教でさえ、その数年後の王子の洗礼式に悪魔祓いの式を省いているのだ。これはこの罪状が神学上の問題ではなく政治的な方便にすぎないことを証明している。

一五九七年三月一五日、ブラーエはヴェーン島で最後の観測をした。そして、小型観測装置、実験用具、書籍、生活用品など移動可能なものはすべて荷造りしてコペンハーゲンに送った。そこで新王の目にとまることを期待しながら。調査団は四月九日に到着して翌日に帰っていった。ブラーエが家族を連れてヴェーン島から最後の船出をしたのは四月一一日のことである。そして二度と戻ることはなかった。

コペンハーゲンでは宮廷に召喚され、国王の面前で農民の苦情に関するフリースの尋問をうけるという屈辱を強いられた。この尋問に埒があかないのは当然だが、フリースの次なる攻撃はそうではなかった。ヴェーン島のブラーエの牧師であるイェンス・ヴェンソシルが、悪魔祓いの式を省略し、「一八年間も聖餐式にあずからず情婦とみだらな生活をしていた」[4]ブラーエを罰するどころか諭しさえしなかったというかどで罪に問われたのである。ヴェンソシルは有罪となり、地下牢に放りこまれ、断頭の刑の恐れさえあった。

政敵を屠るにはまず名誉を毀損せよというのは今日でも通用する政界の法則のようである。ブラーエは「邪悪」の烙印を押され、五人の子供の母親である夫人は「情婦」の身分に落とされた。彼は宮廷生活を軽蔑していたが政治に疎いわけではなかった。牧師の逮捕は次にくる彼の運命をはっきりと物語っている。六月二日、ブラーエは家族を連れてコペンハーゲンを出港しドイツに向かったが、これが彼にとって生まれ故郷の見納めになった。そしてその九日後、フリースはロスキレの教会領の権利を移行する手続きをそそくさとすませた。こうして教会領とそれにともなう潤沢な収入はもっとも忠実な廷臣であるクリスチャン・フリースに賞与されたのである。

外国の地に落ちつくと、ブラーエはクリスチャン王とのきずなを回復しようと精力的に働きかけ、卑下しすぎない適度の恭しさをもって書状をしたため、ヴェーン島は永久に下賜された財産であることを合法的に述べたてた。これに対してクリスチャン王は、おそらく側近のヴォルケンドルフやフリースの差し金だろうが、国王に向かって「王領に関する変更の理由を報告すべき」とでもいうようなブラーエの「厚かましさ」に怒りをあらわにした返書を送ってきた。クリスチャン王の親書は「朕に宛てた汝の書状を印刷物にする［つまり出版する］行為は有罪として処罰するにふさわしい[5]」という脅し文句でしめくくられていた。国王も側近も彼らの行為が不法であることを承知していたので、ブラーエに事実を吹聴してほしくなかったのだ。ブラーエの第二の書状は国王の祖父母であるメクランブルク公爵および公爵夫人を介して送られたが、ヴォルケンドルフとフリースに横取りされて同様の返答がもたらされただけである。

たとえ相手が国王であろうと臆することなく、ブラーエは自分の国外追放に関わる状況を文書にしたため、さらに同様の感情を表した「デンマークへの哀歌」という詩も添えて、それをドイツの親しい貴族や学識者のあいだに回送した。「たとえ祖国を追われても……我が心は自由。故郷を失いて広い世界を勝ちとる……さらば！　いまや我が祖国は星々の見えるところいずこにも存在する[6]」。このころ執筆出版された『メカニカ』はクリスチャン王とのいざこざを辛うじて隠しおおせているが、観測装置を分解して運搬できることの重要性を説明したあとで次のように述べている。天文学者は「自由な世界市民であるべきであり、一つの国に拘束されてはならない。なぜなら政治家なるものは科学に対して理解に乏しく、無知なるがゆえに相容れないことが多いからである[7]」。

クリスチャン王の取り巻き連中はばか者呼ばわりをされて反論したかもしれないが、ブラーエの追放を知ったヨーロッパの学識者たちはみなそう考えていた。ローマ文化を破壊したヴァンダル族のように、デンマークの新政権は自分に理解できないものを破壊してしまったと。デンマークのある貴族は、ヨーロッパの貴族たちが「デンマーク人は無知で粗野だと非難する」といって抗議し、「ティコはじつにつまらない男で役立たずだったという印刷物さえでていれば[8]」とこぼしている。

それから数年もしないうちに、ウラニボルクはブロックも石灰岩も解体されて地上から姿を消してしまった。クリスチャン王はヴェーン島を愛妾のカーレン・アンダースダッター・ヴィンケに封土として与え、彼女のために豪奢な館を建造したのである。ウラニボルクの彫像や装飾品はクリスチャン王の名を知らしめた壮大な建築物の飾り物になってしまったのだろう。

ブラーエはウラニボルクを失って深い悲しみに暮れたが、いつまでも過去にこだわりはしなかった。しばらくはハンブルク郊外にある友人のハインリッヒ・ランツァウの城に逗留し、王室の新しいパトロンを見つけて天体観測所を建設し生涯の仕事をつづけようと計画を練ったのである。『メカニカ』の最後に次のようなくだりがある。人生にどんな浮き沈みがあろうと「どこに行っても地は下に天は上に存在する。やる気のある人間はどこにいてもそこが自分の祖国になる[9]」。

第10章　『宇宙の神秘』

ブラーエがデンマークから追放される三年前に、二一歳のヨハネス・ケプラーも本人には追放としか思えない旅に出発した。彼は一五九四年三月一三日にチュービンゲンを後にしてババリア地方を通り、スティリア公国の最東端まで移動していった。目的地は、亀裂の入ったキリスト教世界のヨーロッパとそれを攻囲するトルコ軍とを隔てる境界にそう遠くない場所にあった。ケプラーは二〇日間の旅をして復活祭後の月曜日にグラーツの丘の町に到着した。そこでは前任者が死亡して以来空き部屋になっていたアパートに住んだが、まもなく恐ろしいハンガリア熱にかかって数週間も寝込んでしまった。

チュービンゲン大学の所在するヴィッテンベルクはプロテスタントの堅固な居城であったが、スティリア公国（現在のオーストリアはその一部）は二つの勢力に分裂していた。ルター派の新しい信教を快く受けいれた貴族たちが多くの市民と力をあわせて、カトリックの好戦的な支配者であるハプスブルク家に対抗していたのだ。そのために公国はいつ崩壊するかわからない不安定な均衡状態にあった。

宗教改革に対抗する布教軍団として発足したイエズス会は精力的な活動でカトリックへの改宗者を増やしていた。それまでの二〇年間でグラーツにカレッジと中等学校を設立し、さらにラテン語学校（または小学校）も設け、その後は哲学と神学を教える大学も創設した。これに対抗してプロテスタント教団が設立したのはケプラーの配属先であるシュティフチュール校である。そこはグラーツ市におけるプロテスタント活動の知的および政治的な拠点となっていた。二つの宗教団体の確執はイエズス会系とプロテスタント系の学生のあいだに喧嘩がたえないことにもよく表れていた。

イエズス会の教育機関はカール大公の資金援助をふんだんに受けていたが、シュティフチュール校は慢性の資金不足に悩まされ、それは教職者の俸給にも影響した。そのために教授たちは副収入を得ようと、生徒から宿舎の賃貸料をとって見返りにクラスで特別扱いをし、または賄賂を受けとって生徒の違反を見逃したりしていた。シュティフチュール校におけるこのような汚職の蔓延は校内の規律を乱し、道徳的および知的な水準を低下させることになった。グラーツ市のプロテスタント指導者はこのような事態に周期的に激怒したが、だからといって教師の報酬を上げて問題の元凶を断つ気にはならなかったようだ。

この点、ケプラーはいくらか恵まれていた。俸給は他の教授たちと同様に貧弱であったが、地方数学官として第二位に任命され、年間の暦、つまり占星暦を編纂する仕事も与えられたのである。これは天候をはじめとして種まきや収穫の最適期、さまざまな政務や政策の好機、さらには放血によい時期にいたるまでありとあらゆることを予言する暦である。この仕事に支払われる報酬は二〇グルデンであり、一五〇グルデンの給料にとってはよい副収入になる。彼の最初の予言は見事に的中した。厳冬とトルコ人の襲来を正確に予言したのである。後にケプラーがメストリンに宛てた書簡によると、その冬はアルプス地方の酪農場で働く男たちが凍死し「鼻をかんだところ鼻がもげてしまったという確かな筋の話もある」。また、トルコ人が襲来して「ウィーンの北八マイルに満たない地域を隈なく荒らしまわり……人々を奴隷として連れ去り、略奪を働いた[1]」ということである。

一方で、ケプラーの教職の仕事は端からふるわなかった。最初の年の数学講義に出席した生徒は一握りにすぎず、翌年は皆無だったのだ。これはケプラー自身が感じていたようにチュービンゲンで数学を十分に習得していなかったせいもあるだろう。しかし、ほどなくして書かれた『自己分析』を読むと、そこに描かれた講師としての自画像が不人気の理由を物語っている。「無数のアイデアが一挙に頭に浮かんでくる(2)」と彼は書いている。

話すべき事柄が次々と頭に浮かんでくるために考えるひまがなく、うまく話すことができない。そこで彼はいつもせっかちな話し方をし、あせってまともな手紙を書くことさえできない……急かされることなく事前に十分に考えていれば上手に話すことも書くこともできるのだ。ところが、講義中にたえず新しい考えが浮かんでくる。論点を説明したり証明したりする新しい言葉や方法、講義計画の変更、今話している事柄の撤回など次々と思いつくのである……こうして彼の話し方はつっけんどんになり、いつも込みいって不可解になる。一時に頭に浮かんできたことをすべて話そうとするが、記憶の中で種々のアイデアが錯綜し、講義はたびたび横道にそれる。このために彼の講義はつまらなくて複雑でますます難解になる。

ケプラーは自分の病的に高揚した思考プロセスや、その回転のあまりの速さに舌がもつれてうまく説明できないことにかなりのもどかしさを感じていたらしい。しかし、彼も気づいていたように、このように異常に活性化した頭脳にはプラスの面もあった。次々と現れて積み重なっていくひらめきから、彼は一見なんの脈絡もないアイデアを寄せ集めて、まったく新しい驚くべき関係をつくりだしたのだ。そのようなすべてが結合したかに見えた瞬間が訪れたのは、ケプラーがクラスで脱落しなかった数名の生徒を相手に講義をしていたときだった。散漫なアイデアが突然ひとつに融合して、彼の最初の天文学書『宇宙の神秘』の基礎となる着想が得られたのである。それは、ケプラーにいわせると、宇宙の神秘の扉をあけて神の計画を人間にあかす鍵になるものだった。現代から見ると、『宇宙の神秘』の主要テーゼは科学的に間違いであり、おもしろいが、宇宙に関するケプラーの神秘主義的な考えがつむぎだした思い違いの産物にすぎない。しかしケプラーにとっては、残りの半生をかけて追求する関心事となる直感だった。さらにこれは、後になって考えると、天文学的概念を変革して惑星運動の三法則を導きだす革新的なアイデアの種を宿していたのである。

ケプラーはクラスで土星と木星の「合」の位置を図に描いていた（次頁の図）。天空で木星が土星の前面を通過するという「合」は二〇年ごとに起こる現象である。一六歳のブラーエがプトレマイオスやコペルニクスの表と自分の観測値のあいだに大きな差があることを発見したのは一五六三年の合である。それ以後にふたたび訪れたのは一五八三年だった。

めったに起こらない合は天文学的に重要な現象であるために、何世紀もかけて緻密な追跡調査が行なわれ、その結果木星が土星を通過するときはほとんどいつも空の円周を三分した一点あたりにあることがわかっていた。天空を円と想定して合を表す三点を記すと、各点は円周を三等分した位置にあり、正三角形の頂点になる。実際の間隔は正確な三等分とはいえず、各合は三分の一にいくらか満たない場所で起きていたので、第四の合は第一の合に追いつかない位置で起こるようである。そこでケプラーが各点を結んでいくと、いくらか大まかな正三角形（彼はこれを「偽正三角形」と呼んだ）が出来上がった。さらにこのプロセスを遠い未来の合にまで続けていくと、中央に小さな円を抱えた三

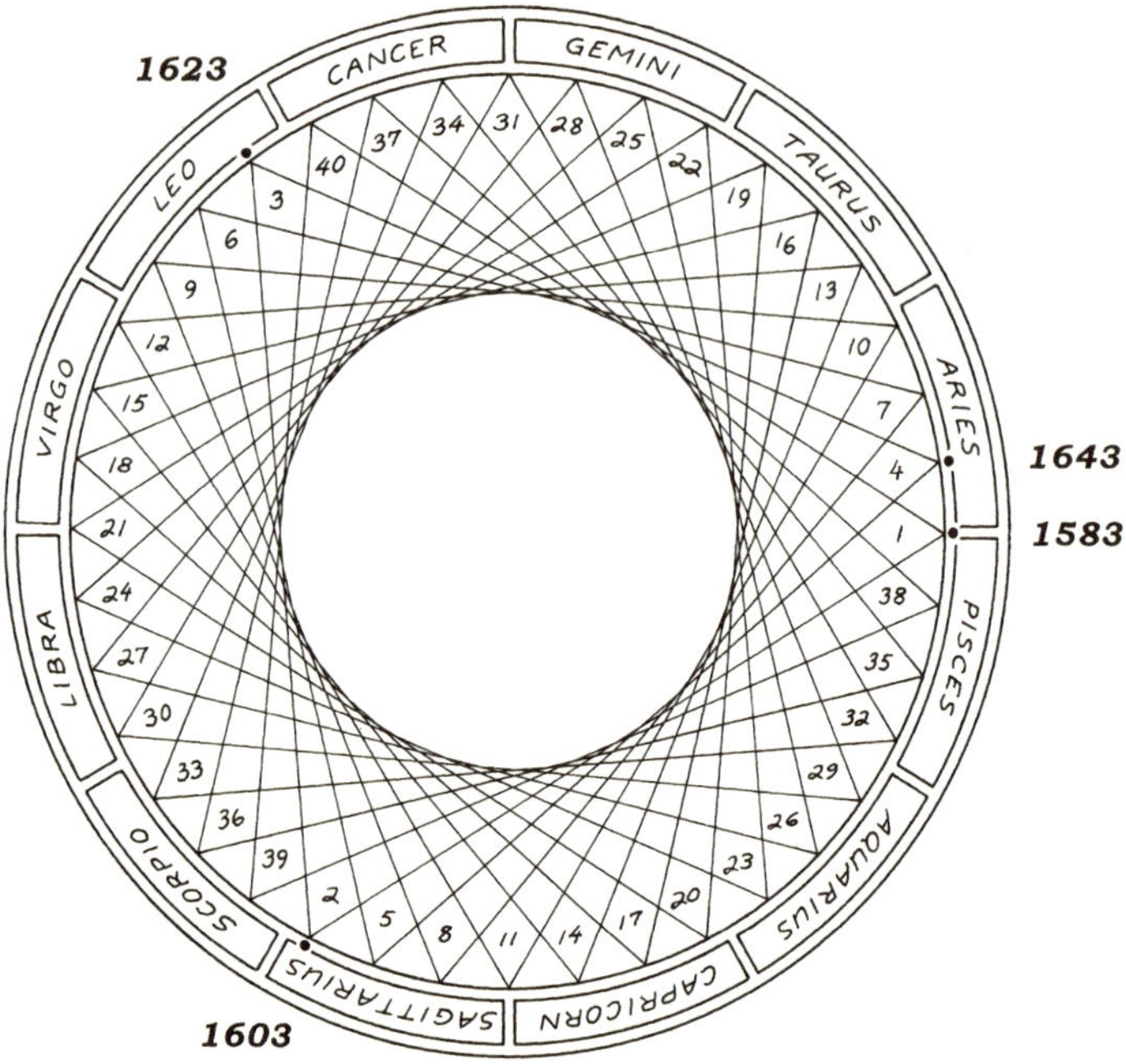

木星と土星の合。ケプラーの『宇宙の神秘』。

角形の回転図のようなものが現れた。小さい円の半径は大きい方のほぼ半分になる。

幾何学模様それ自体にどうということはなかった。円に内接する正三角形を描き、その正三角形に内接する円を描けば、内接円の半径が外接円の二分の一になることはケプラーもよく知っていた。彼が強烈なインスピレーションをうけたのは、二つの円の比が「土星と木星の［軌道の］比にほとんど等しく見えた[3]」ことである。これは偶然の一致ではすまされない。それはまるで、天地創造の原型の一つとして神の手によって宇宙に描かれた幾何学模様のように見える。

ケプラーはチュービンゲン大学

時代に当時流行していた新プラトン主義の考え方を多分に吸収していたので、真理の究極の本質は数学的なものだと考えていた。「量の観念は昔も今も永遠に神のうちにある」[4]と『宇宙の神秘』に記し、この図形こそ神が「人間の建築家と同様に秩序とパターンを使って宇宙を構築された」方法を知る最初の手がかりになると考えた。青写真そのものが眼前に繰りひろげられたように思えたのである。

二つの円が軌道の相対的大きさに重なるように見えただけでなく、この図形にはもう一つ重要な関連性があった。ケプラーが信奉するコペルニクス理論によると、水星、金星、地球、木星、土星の六つの惑星が太陽をまわっている。太陽系の最後の三惑星である海王星、天王星、冥王星は肉眼で観測できなかったために一六世紀にはまだ知られていなかった。そこでケプラーは、太陽系の一番外側をまわっている二つの天体である木星と土星を「第一惑星」[5]と考え、二つの惑星の軌道間の距離を決めるような正三角形を「第一図形」[5]とした。

これはケプラーによれば、あらゆる閉じた等辺図形でもっとも単純な形が三辺をもつ正三角形だからである。したがって、第二図形は四辺の正四角形、第三は五辺の正五角形、その次は六辺の正六角形というぐあいにつづいていく。もっとも単純な図形こそ神なる建築家が外縁の惑星軌道の関係を決めるさいに選ぶものであるという彼の発想は的中した。この発想に基づいて、他の等辺図形が他の惑星軌道間の関係を説明できるかどうかを確かめる必要がある。おそらく、正四角形が次の一組である木星と火星の軌道関係を決定し、正五角形が火星と地球の関係を決めるのだろう。ところがそうはいかなかった。

ケプラーは等辺図形の種々の組み合わせを試してみたが、じきにあきらめざるをえなかった。正多角形は四角形、五角形、六角形だけでなく無数に存在し、一〇〇角形も一〇〇万角形も存在するのである。試行錯誤の努力をつづけていればそのうちには軌道のどんな組み合わせにも適合する形が得られるかもしれないが、そのプロセスはあまりにも人為的すぎる。ケプラーが突きとめたいのは、惑星がなぜこのような位置に置かれたかだけでなく、神なる建築家がなぜ最初に惑星を六個だけ創造されたかという理由もある。二次元の正多角形は無数につくれるので惑星の数に必然的な制約を与えることはできない。六個であるべき、つまりたった六つの惑星であるべき幾何学的な関係がどこかにあるはずである。

ケプラーは、自分が三次元の構造物である宇宙を二次元の図形で解こうとしていたことに気づいた。なぜ「立体〔三次元〕の球のあいだに平面〔二次元〕図形を置こうとするのか。立体を置くほうが適当である」(6)。彼は、ブラーエの観測によって透明のクリスタル天球という概念が時代遅れになったことは知っていたが、彼が思索していたのは現実の宇宙構造ではなく、神が宇宙創造に利用した神聖な幾何学だった。

「見たまえ、これこそ私の発見であり、この小冊子を統べる主題である」(7)。彼は『宇宙の神秘』の巻頭で読者にこう呼びかける。ケプラーは、ピタゴラスが発見した「ピタゴラスの立体」とか「プラトンの立体」とか呼ばれる五つの正立体〔正多面体〕(次頁の図)を思いついたのだ。このような立体にはある共通の特徴がある。どれもまったく同じ正多角形で構成されている。もっとも単純な立体は四つの正三角形で構成される正四面体であり、次が六つの正方形からなる立方体だ。他に正八面体、正十二面体、正二十面体がある。ケプラーはこのような立体を球体にもっとも近いものと考えた。というのは、それらには完全な対称性があるために内部に球を入れると、その球は外側の立体の全面に接触するからである。同様に、この正立体の外側を球で包むと、その全頂点、つまりすべての角が球に接触する。さらに重要なのは、同様の立体を他に探そうと幾何学者がどんなに努力しても、これらの特徴をすべてそなえた立体は五つ、たった五つしか存在しないらしいということである。

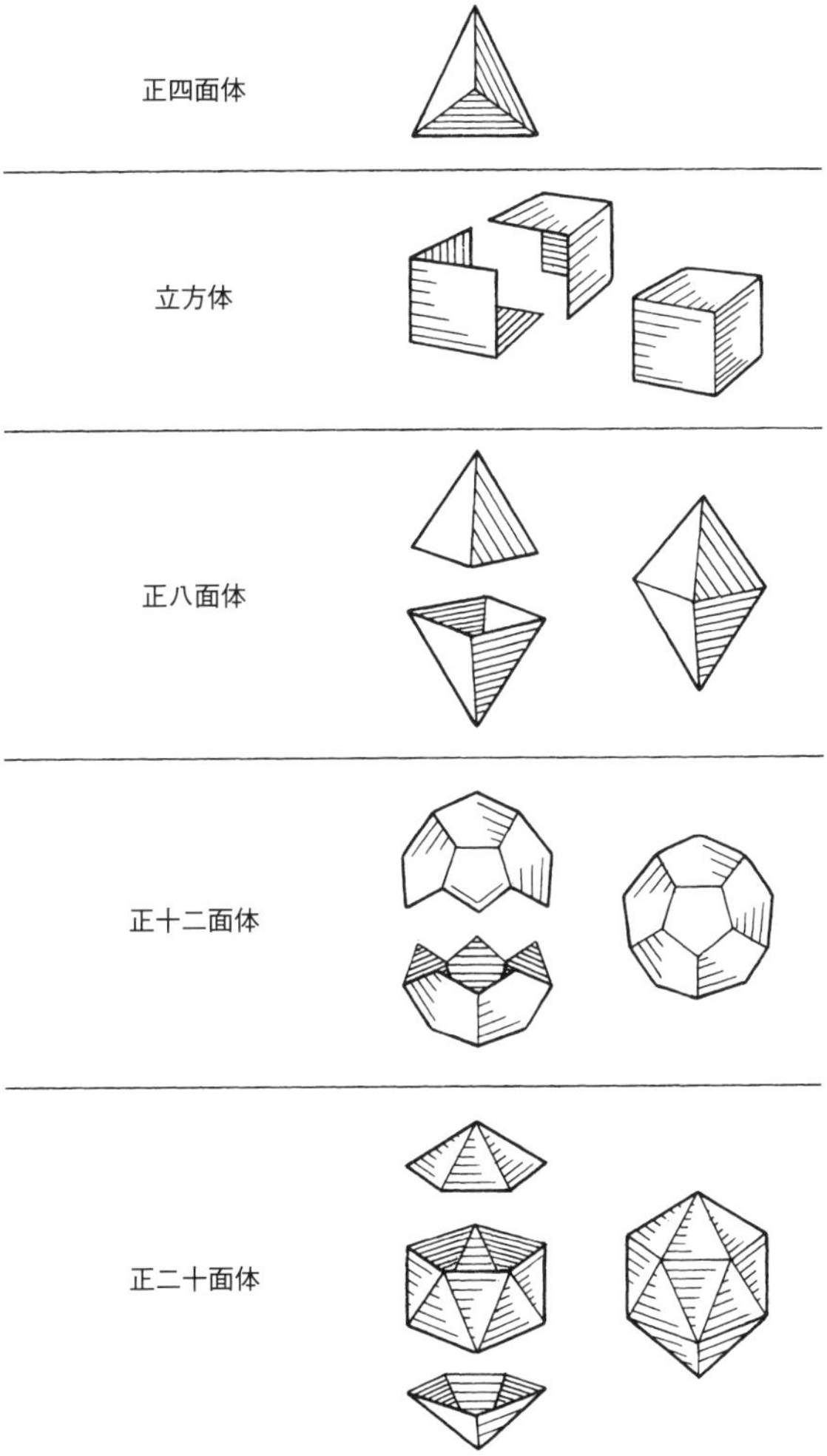

五つの「プラトンの立体」。

ここでふたたびケプラーにとって、偶然の一致とはいえないほどすっきりとすべてが合致してしまった。正立体は惑星を載せた天球のあいだに組まれた数学的な足場であり、天球の順番と間隔を決めるものだと彼は理論づけた。惑星が六個しか存在しない理由は明らかである。各天球のあいだにはさまる正立体が五つしか存在しないのだから。こうして数日後には、ケプラーは球体とプラトンの立体を入れ子状に組み合わせた宇宙モデルを考案した。

ロシアの民芸品におもしろい木製の人形がある。人形を二つに割ると中から人形が現れ、さらにそれを二つに割るとまた人形が現れる。ここでは人形の代わりに球体と正立体を用いる。最初の球は土星の天球だ。この球を半分に割れば、中にちんまりとおさまった立方体が見えるだろう。この立方体を開けば、中から木星の天球に相当するもう一つの球が現れる。この球を割ると正四面体が現れる。四面体の内部の球は火星天球である。こうしてすべての惑星の天球が現れ、最後に一番内側にあたる水星天球に到達することになる。

ケプラーはこの発見に感涙した。その一〇月にメストリンに宛てた手紙で次のように述べている。「私は神学者になりたくてしばらく悩みました。しかし今は、天文学においても研究を通して神を賛美できることがわかったのです(8)」。

ケプラーの宇宙体系を組み立てる理論は、当時でさえまったくの憶測にすぎないと受けとられることが多かった。名声のある天文学者、ヨハネス・プレトリウスはケプラーの正立体は詭弁であると非難した。ケプラーが主張する宇宙体系の基本的な概念にさえ、説明を要する問題が無数にある。彼の考え方は、その占星学的な論拠を別にしても、かなり主観的で審美的なものだった。

たとえばケプラーは、宇宙体系における正立体の順位を決めるにあたって、「崇高さ」においてそれらを「第一階位」と「第二階位」の二つのカテゴリーに分類した。より崇高な第一階位は、立方体のように一つの面をテーブルの面につけて直立することができ、その位置で対称に見えるものだ。このために第一階位の正立体は第二階位より上位にある。第二階位の正立体は頂点を支点にしてバランスをとるときだけが対称に見えるからである。「第一階位の正立体の特質は直立することであり、第二階位のそれは角でバランスをとることである。なぜなら、後者を傾けてその一つの面の上に立たせ、前者を一つの角によって立たせるとしたら、その醜さは見るに耐えないからだ[9]」。したがってケプラーは、より崇高な第一階位は地球軌道と外惑星軌道を包む正立体であり、第二階位は内惑星の水星と金星の軌道を包む正立体であると結論した(次頁の図)。現代の観点からするとおよそ受けいれがたい論理である。

ところがケプラーにとっては、このような審美的原理に基づく理由づけは理屈にかなっているだけでなく、現実の深遠な自然を理解するすぐれた方法でもあった。神の手になる宇宙の究極的な本質は数学的であるから(幾何学は永遠に神のうちにあるというケプラーの信念を思い出してほしい)、対称や調和といった美しさの概念は創造主の数学を知る手がかりになる。なぜなら完全なる建築家はもっとも美しいものしか創造できないからである。彼はプラトンを引用してこう説明した。

「幾何学は神の御心のうちにあって永遠に輝いている[10]」とケプラーは後に記述する。人間は神の似姿として創られたのだから、その幾何学的および数学的な御計画も人間の精神にそのままそっくり刻印され、発見されるのを待っている。「なぜなら、偉大なる創造主は必要であるからだけでなく美しくそして喜びを与えるものであるから天地に万物を創造された。そのような神が何の喜びもない……ただの精神だけを人間に残すだろうか[11]」。

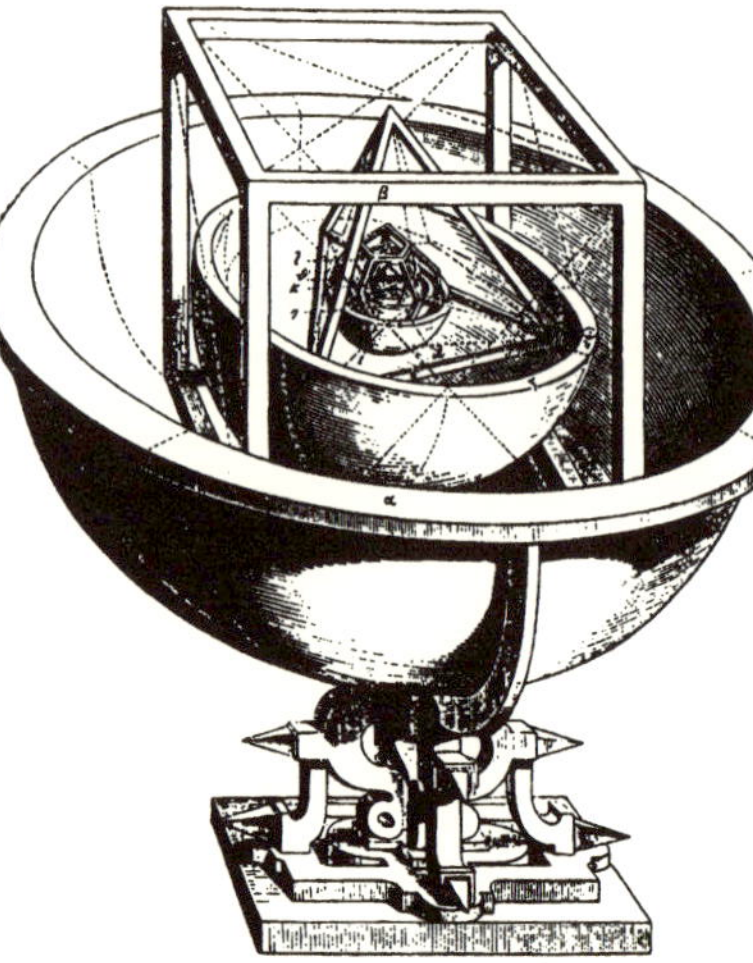

惑星天球とプラトンの立体で構成されるケプラーの宇宙模型。『宇宙の神秘』より。

　ケプラーの理論のもっとも純粋で崇高な核心は観測や証拠に基づく後ろ向きの「アポステリオリ」な推論から導かれたものではなく、生来の本質的直感に基づく前向きの「アプリオリ」な推論によって得られたものである。つまり神御自身の考えに参与するようなものだと彼はいう。このためにケプラーは『宇宙の神秘』の中で誇らしげに述べる。「コペルニクスの推論はすべて〝アポステリオリ〟であり、観測から引き出されたものだが、ケプラーのそれは〝アプリオリ〟である[12]」と。

　これはどうしようもなく神秘主義的な言葉に聞こえるが決してそうではない。近代物理学においても同様の思考過程をもらす片言《へんげん》がしばしば聞かれるからである。アインシュタインの有名な言葉に「宇宙についてもっとも理解できないのは、宇宙が理解できるということだ」というものがある。イギリスの理論物理学者ポール・ディラックはアインシュタインの相対性理論を量子力学に結びつけたノーベル物理学賞受賞者だが「美しい数学を求めて計算に戯れているうちに」その公式に到達したという。ケプラーが美と調和と呼んだ対称性は、現在では原子内物理の基準と見なされ、多くの学者によって宇宙創成の原理とも推測されている。

現在、方程式の中に美しさと対称性を求める科学者は、その理論を無数の実験から導きだされた経験主義的知識という巨大な基礎の上に置いている。ここがケプラーとの相違点である。彼らは美しさや対称性という概念を真理探究の導き手として、そしてインスピレーションとしても利用するが、得られた理論はより多くの反復実験によって検証するのである。

ところがケプラーが直感した神聖な宇宙構造は見事ではあるが真実ではない。彼は人生において虐待と放任、無数の敵対者との絶えざる争い、チュービンゲン大学からの失意の追放、切望してやまない聖職への道の喪失を経験してきた。そして今、心の目を通して宇宙を考察しているうちに、自分の日常生活にはまったくなかった美しさと安定性を発見した。神に奉仕する方法をもう一度見いだしたのである。それはケプラーが若くして獲得し生涯抱きつづけた調和という強力なビジョンだった。

『宇宙の神秘』を発表してから二五年後に、彼は「私の全生涯、私の研究と仕事の方向はこの小著によって決定づけられた」[13]と書いている。それ以後に執筆した天文学書のほとんどは『宇宙の神秘』の主要な章に関連しており、その概念を例証し、より完全にしたものであると。この記述は、ケプラーが新しい天文学の扉を開けるあの惑星運動の三法則を発見したあとに書かれたのだから驚かざるをえない。しかし、ケプラーにとっての三法則は、あらゆるものを定められた空間に置くゆるぎない階層的秩序に宇宙をすっきりとそわせるような爽快な建築術ではなかった。ケプラーは当然のことながら三法則に誇りをもっていたが、彼にとってそれは二義的な発見でしかなかった。彼は、二〇歳代半ばではじめて展開した正立体と球体の美しい入れ子の宇宙という概念に三法則を一致させようと、その後の人生の大半を費やしたのである。

ところで、たとえ『宇宙の神秘』の五つの正立体理論には科学的な価値がないとしても、そのページに解説されたもう一つのアイデアは革新的であった。それは太陽に存在する「動かす霊（anima moven）」という着想である。これが惑星を周囲に引き寄せ、遠い惑星ほどおよぼす力が弱まるために動きを遅くし、近づくと速める。彼はこれによって天文学に古くから存在する問題を解決しようとした。古代から、惑星は完全なるエーテル界の一員として一定の速度で円軌道をまわらなければならないと考えられていた。なぜなら、始めもなければ終わりもなく、最短の線で最大の領域を囲うことのできる円こそもっとも完全な幾何学図形だからである。そして惑星は一定の速度で運動しなければならない。というのは、変化はいかなるものも不完全を意味し、「神の秩序」にもとるからである。この「不変の円運動」という観念はあまりにも深く人々の意識に染みこんでいたので、観測による証拠が明らかにこれに反していたにもかかわらず疑問を投げかける者は一人もいなかった。

この時代に円軌道というアイデア、つまり惑星は完全な円を周回するというアイデアに挑もうとする者はケプラーも含めてまだ一人もいなかった。これは何年も後のことで、ケプラーがブラーエのたぐいまれな観測データの宝庫にいやおうなしに取り組まざるをえなくなってからの話である。しかし、惑星が一定の運動をしていないことは古代においてでさえ明らかだったので、この矛盾を回避するためにさまざまの独創的な工夫がなされてきた。このような工夫の多くは軌道を中心から少しずらすことだった。その中心がプトレマイオスの宇宙では地球であり、コペルニクスでは太陽だったが、どちらも原理は同じである。とはいえコペルニクスが実際は太陽を惑星軌道の中心に置かず、少しだけはずれた位置に置いたという事実はあまり知られていない。*

*これは遠近法を利用した工夫である。たとえば円形の自動車レース場の中央に立っている人が、つねに時速一三キロの速度でトラックを走っている自動車を見ると、それはたしかに等速運動をしているように見える。ところが、トラックの内側で一方の端に近い場所に立って見ると、自動車は近い方の端では加速し、遠い端にいくと減速するように見えるだろう。同様に、一定速度で移動する惑星も観測者に近づけば加速するように見えるが、実際の速度は変化していない。

ケプラーの考えでは、太陽は磁力のあるつるのようなもので惑星をまわりに引き寄せており、その力は惑星が近づくにしたがい強くなり遠のくにしたがい弱くなる。これは今日から見るとたしかに間違っているが、宇宙に力学や物理学の法則を持ちこもうとしたのはこれが初めての試みである。世界を二つに分けるアリストテレスの宇宙観では、物理学は地上界に属していて、純粋に数学的な抽象概念によって理解される不変不朽の天上界にはそぐわないものであった。

実際、ケプラーのこの概念には科学史を塗りかえるような力があった。それが神秘主義から生みだされ、詳細においては間違っていたとしても、物理法則に統べられるという宇宙観は後の惑星運動三法則の発見に深く影響しただけでなく、驚くほど重力理論に近づいていたのである。

第11章　ケプラーの結婚

　ケプラーは宇宙に調和を発見したが、私生活にはそれを見いだせなかった。『自己分析』に語られるグラーツの生活には、新しい敵対者の名前がまるでフーガのテーマのように繰りかえし現れる。同僚のジーモン・マーは「彼の頼みをきいてやってからというもの、私は遠慮なく彼を叱りつけるようになったので、私の敵になってしまった」。ジェイガという親戚の男は「私の信頼を裏切り、うそをつき、大金を貯めこんだ……私は二年間というもの怒りをこめた手紙を書きつづけてやった」。クレルとの仲たがいは宗教が原因だったが「彼は不誠実な男だったので、それ以来彼にはひどく腹がたった」。ろくでなしの弟ハインリッヒは兄に無心しようとグラーツにひょっこり現れた。「『二人の言い争いの』原因は……まず弟のだらしない生活であり、次に私が彼を執拗に非難したことであり、そして弟の際限ない要求と私のけち根性であった」。

　神学校の最初の学長パピウスとはうまくいっていたようだが、ケプラーの着任後まもなくこの学長は去り、新しくその職についたレギウスは彼の敵になってしまった。「彼が私を嫌うのは、私が彼を上司として十分に尊敬せず、その意見に逆らうかのように見えたからだ。そのときの彼の怒りかたは尋常でなかった……私は口答えすまいと堪えていたが、あまりの屈辱に黙っていられなかった[1]」。

　ケプラーの教授としての仕事は出発点から難航していたが、大学当局の評価はきわめて好意的で、難解な授業のために生徒が集まらないのは「数学の勉強はだれもがするものではないから」と報告書に述べている。そのうえ、彼は「あの若さにもかかわらず学問があり、謙虚な修士であり教授である。この格式ある地方大学にきわめてふさわしい教職者と評価せざるをえない」と誉めそやした。数年後にケプラーがグラーツを去るさいは、その推薦状に「たぐいまれな技量」の持ち主と書いている(2)。

ケプラーが知的能力においてだれよりもすぐれていたのは明らかなので、こういった報告書や推薦状が偽りでないことは確かである。これは彼のプラスの特質であり、自己に懐疑的なケプラー自身でさえこの特質は認めていた。彼は、抽象概念の世界では発見にいきつくプロセスに心をおどらせ、自己の力を信じてそこにある種の平安さえ感じていたのだが、世俗の人間関係においては争いと失望を経験するだけだった。

彼の求婚や結婚もこのパターンを破ることはできなかった。一五九七年四月二七日、ケプラーはバーバラ・ミュラという金持ちの未亡人と結婚した。彼女は五人兄弟の最年長であり、父親のヨプスト・ミュラは製粉業者である。この男は商売上手と運のいい結婚のおかげでグラーツ一番の富豪になり、いくつかの製粉所、ブドウ畑、多数の農場のほかに「小さな城」まで所有していた。バーバラは一六歳のときに父親の命令で裕福な四〇歳の宮廷大工と結婚し、一女のレギーナをもうけたが、二年余り後に夫と死別した。そこでヨプストは次の結婚を計画し、前妻とのあいだに数人の成人した子供がいる高位の役人、マークス・ミュラ（親戚のようだ）に嫁がせたが、彼も四〇歳代であり、しかも三年後に死亡した。二人の亡夫の遺産と金持ちの父親をもつ二三歳のバーバラが、わずかな俸給でやっている若い地方教授にとってこの上ない掘り出しものだったのは当然である。

ケプラーがいつバーバラとの結婚を思いついたのかは不明である。彼の日誌に初めてそれとなく書かれたのは、バーバラの第二の夫が死去してから二ヵ月後の一五九五年一二月一七日のことだ。「ヴェヌスが私と結ばれるだろうとウルカヌスが初めて語った」と記されている。その五日後には、ヴェヌスの言葉が「彼の心にふれた」というさらに秘密めいた記述(3)がある。

翌年、バーバラとの結婚を父親に認めてもらうために二人の友人に仲介役を依頼すると、ケプラーは二ヵ月間の休暇をとり、病気の祖父たちを見舞いがてら『宇宙の神秘』の出版の件でメストリンの力を借りようとグラーツを発った。また、ヴュルテンベルク大公の宮廷におもむき、球体とプラトンの立体の入れ子状宇宙という彼の宇宙モデルをパンチボールに具現するという計画を熱心に説いて大公の援助を求めた。このアイデアは、惑星の軌道に相当する六個の半球にそれぞれ異なる飲み物を入れ、側面に取りつけた六個の蛇口にチューブで誘導するというものである。大公はこのアイデアが気に入っていくつかの試作に融資してくれたが、実際のパンチボールの製作は複雑すぎて職人の手にあまるために計画は立ち消えになってしまった。

ケプラーはグラーツの公職からの休暇を楽しんでいたにちがいない。バーバラと結婚したいなら早く帰れという友人の熱心な忠告にもかかわらず六ヵ月間も休暇を延長してしまったのだから、帰ればなにか悪いことが起こるだろう。

バーバラの父親は結婚に激しく反対した。欲張りで抜け目のないこの製粉業者は、金持ちで評判のよい娘に文無しのケプラーはふさわしくないと考えたのである。ケプラーは教会の権威者の前で自分の主張を述べたてたが、父親は断固として認めようとしないので争いは何ヵ月もつづいた。

不名誉なうわさは広まる一方だった。そこでバーバラは社会の通念にしたがって自分の権利を行使し、父親の不興を買っても結婚に踏み切る決心をした。バーバラ・ミュラとヨハネス・ケプラーはグラーツのプロテスタント系大学の教会で結婚式をあげたが、父親のヨプスト・ミュラは結婚費用の支払いはおろか披露宴の主催もしようとはしなかった。ミュラが二人の結婚に公然と反対したのはこれだけではない。『自己分析』には、義理の父親は「さげすむような意地の悪いやり方で」ケプラーに嫌がらせをしたと書かれている。「彼は私の養女［レギーナ］を私から取り上げようとした。それは私に対する嫌がらせであり、そのために私はひどく腹をたてて彼を怒らせ、それがまた彼を私に対する卑劣ないじめに走らせた[4]」。

バーンハート・ツァイラーはバーバラの二度目の結婚で養女となったヒポリタの夫だが、彼はじきにこの争いに加わることになる。二人が結婚したのはケプラーがバーバラを娶ったちょうど同じ日であった。彼は最年長の養女の夫として義兄弟の相続財産とバーバラの持参金の管財人になったために、ケプラーと激しく対立した。「私にとって一番癇に障るのはツァイラーだ。その理由をあげたらきりがない。第一に、彼は私が妻のものをずうずうしく横取りしていると非難する。やつは私をやりこめようともくろんでいるのだ。私には妻の持参金を当てにする権利があるが、多分私の言い方に無礼なところがあり、彼を怒らせたのかもしれない。彼はじつに不公平で、私の要求をことごとくしりぞけ……きわめて利己的だ。だから私のほうも怒りを爆発させた[5]」。

いざこざの核心が金銭にあることは関わる財産の大きさを考えれば当然だろう。バーバラの財産の多くは土地であり、その価値は政治の風向き次第で大きく変動するが、最初の夫とのあいだの娘であるレギーナが一万ギルダーの遺産を得た事実からしても、問題の財産がいかに莫大であったかが理解できる。結婚当時のケプラーの給料は年間一五〇ギルダーにすぎなかったのだ。バーバラの財産は『自己分析』にたびたび登場するケプラーの貧困の不安を長期にわたって和らげてくれる。彼は自分自身について「金銭にきわめて狭量で経済的には融通のきかない……この守銭奴的傾向は富を得たいからではなく貧困の恐怖と戦っているからだ[6]」と説明している。しかし、持参金のおかげでどんな幸運が得られようとも、それは彼に家族と財産の足かせをはめてグラーツに拘束するというきわめて味気ないものだった。

ケプラーは結婚の二週間前に次のような手紙をメストリンに送った。私は「大学の将来がどうなろうと、この町につなぎとめられるでしょう。花嫁は財産も友人も金持ちの父親も全部この地にもっているのです……社会的な不幸や個人的な不幸でも起こらないかぎり私がここから出られないことは明白です。社会的不幸とはもちろん、この地方がルター派にとって安全でなくなったりトルコ人が襲来したりした場合ですが……個人的不幸とはまったくのところ、妻が死亡したらということです[7]」。星占いでさえこの結婚には不吉な影をおとした。ケプラーはホロスコープに「二月九日、婚約。四月二七日、不吉な空の下で結婚を祝った[8]」と記している。

結婚から九ヵ月後に小さなハインリッヒが生まれた。ケプラーは息子の誕生時の天宮図を作成したが、その最悪の予想は的中した。赤ん坊は二ヵ月後に死んでしまったのである。二番目の子供スザンナは一五九九年六月一二日にこの世に生をうけた。出世時の星は幸運な星座を表していたのでケプラーは希望に満ちていたが、今度も幼児を埋葬しなければならなかった。スザンナも兄と同様に脳膜炎で死亡したのである。

ペストの流行は、ケプラーが自分もスザンナの後を追うのではないかと思ったほど猛威をふるった。「私の知るかぎり、この町で左足に小さな十字のしるしが現れたのは私が初めてだろう。それはあせた血の色で泥のような色だった……キリストの足はこの部分を釘で打ち抜かれた。両手のひらに血が滴る孔が現れる人もいるそうだ。私を除けば、今までこの町にこんな体験をした者はいない。しかし、キリストの両手はこのように貫かれたのである。死ではなく生へと蘇えらせたまえ」[9]。

＊　＊　＊

ヨハネスとバーバラは五人の子供をもうけたが、生き残ったのは二人だけだった。ペスト、天然痘、チフスその他の疫病が蔓延した時代には幼児の死亡率が高いのは人生の現実である。それでも個人にとってはつねに悲劇だった。

しばらくするとケプラーはバーバラに不満を募らせるようになった。結婚から二年後に友人のゲオルク・ヘアヴァルト・フォン・ホーエンブルクに宛てた手紙に、バーバラについて次のように書いている。「その人の運勢を見ると、出生時に木星や金星のようなよい惑星がよい位置にありません。そういう人は本当は正直で賢いのですが、不幸で悲しい運命を背負っています。私が知るその女性は貞操で品があり、しとやかなので町中の人々から誉められていますが、一方では愚鈍で、でっぷりと太っています。子供のころに両親に手荒く扱われ……何ひとつ自由にすることができずに思い悩み、出産でさえ苦しむのです。彼女に関することはすべてこのようなもので、魂も肉体も運命もすべて同種の性質をもち、星座によく似ていることがわかるでしょう」[10]。

ケプラーの結婚は幸せではなかった。バーバラは病気がちで気分のふさぐことが多く、昼も夜も祈祷書に没頭していた。金持ちのやもめと貧乏な数学教師のあいだにはしだいに不満と怒りが鬱積した。「要するに彼女はいつも怒ったように要求をつきつけてきました。私がそれについて議論しようとするとますますいきりたつのです。私も後悔はするのですが、研究に没頭するとそう冷静ではいられませんでした」[11]。彼は後に匿名の相手にこのように書き送っている。二人が数かぎりない辛らつな言葉や罵声を浴びせあったことは彼も認めている。バーバラは夫の意見を求めることが多かったので、夫と「愚鈍な」妻との知的ギャップはつねにけんかのもとになった。ケプラーは呑みこみの悪い妻に我慢できず、何度も同じことを聞く彼女を無視して自分の研究に戻ってしまったのだろう。そしてケプラーが書いているように、金銭に関する争いは絶えなかった。バーバラは文無しになるのを恐れて、夫には自分の持参金や貯蓄に絶対に触れさせなかった。彼はしまり屋の妻を恨み、怒りにまかせて罵倒した。

結婚に関するケプラーの記述は、結婚式当日に影をおとした「不吉な空」という占星学的な記録を確証するようなものだった。彼は結婚に喜びも幸せもほとんど見いだすことができなかった。妻の持参金をあてこんだ経済的な安定でさえ後に政治的事件によって完全に奪われてしまうのだ。彼が安らぎを感じるのは天空について思索するときだけというのがケプラーの宿命のようであった。

第12章　ウルサス事件と不吉な出会い

ケプラーとブラーエが初めて手紙をかわしたのは、一五九七年に『宇宙の神秘』が出版されてまもなくのことである。その手紙のやりとりは不吉な始まり方をした。

問題の発端は、ニコラス・ライメルズ・ベアという著名な識者で社会病質人格の傾向があることでも有名な男にある。彼はホルシュタイン公国（当時デンマークと合併していた）に住む文盲の豚飼いの子として生まれ、独学で読み書きを学び、ラテン語、古代ギリシャ語、フランス語、数学まで習得した。その非凡な才能が宮廷政治家のハインリッヒ・ランツァウの目にとまり調査官に取り立てられた。その後ベアはブラーエの親戚にあたる友人で後に義弟になるイリク・ランゲと知り合いになり、一五八四年にイリクとともにヴェーン島を訪れた。当時はウラニボルクが絶頂期にあったころである。そのときベアはブラーエの書類を書き写し、それをこっそり持ちだそうとして捕らえられた。書類にはティコの宇宙体系を論じる草稿も含まれていた。そのとき居合わせた客たちの話によると、彼の奇妙な振るまいが疑惑をよんで盗みの証拠を突きつけられると、ベアは「狂ったようにしゃべりまくり、泣いたりわめいたりしながら走りまわるので、なかなか落ちつかせることができなかった」[1]。

ベアはすぐにヴェーン島から連れだされランゲにも解雇される羽目になったが、ブラーエは自分の草稿が剽窃されたのではないかという心配から、一五八八年に出版された彗星に関する革新的な論文

（透明な天球を打ち砕いた）の中でティコ体系についても図入りで説明した。そして出版に先駆けて、書簡のやりとりをしている天文学者仲間のヘッセン－カッセル伯・ヴィルヘルムⅣ世に署名入りの新本を送ったところ、彼の最悪の恐れが現実となっていたことを知らされた。

抜け目のないベアはヘッセン－カッセル伯に接近してその愛顧を獲得し、未完成のティコの宇宙体系を自分の概念として提出していた。ベアの宇宙体系図の出所を知らないヘッセン－カッセル伯はそれに深く感銘し、細工師のヨウスト・ビュアギにその模型をつくるよう注文したのである。ブラーエはすぐさま天文学者仲間にその体系が自分のものであることを説明し、とくにベアの偽物には明らかな欠陥を指摘できるとしたが、当時はニュースの伝達が遅かったために、同年ベアが自分の宇宙体系として『天文学の基礎』を出版したときには、ブラーエの心配は頂点に達していた。

その数年後のベアの行為は卑劣だった。剽窃行為を責めるブラーエに対して彼が書いた二冊目の小冊子はブラーエ個人やその家族に対する中傷文にほかならず、公然と出版できるような代物ではなかった。印刷屋は執筆者が名誉毀損で訴えられるのを恐れてベアの名前を消してしまったが、口汚い言葉でつづった長たらしい文章はほとんど間違いなくベアのものだった。

ベアは自分の名前をラテン語化してウルサス（熊、ドイツ語ではベア、ラテン語ではウルサス）と自称し、それを利用して「私は子をとられた熊のように彼ら［剽窃行為を責めるブラーエとその仲間］に立ち向かうだろう(2)」という旧約聖書のホセア書一三章八節から引用した言葉で始まる本を書いた。この本でまともなのはこの部分だけである。ウルサスは自分を弁護しようと、彼の潔白を公然と疑う者たちを支離滅裂な文章で攻撃した。彼を疑う人は多かったのである。ブラーエに対しては辛らつさを極め、その研究をこきおろし、彼の決闘の傷を「鼻に孔が三つあるおかげで二重星まで見つけられる[3]」といってあざけった。

野卑な言葉それ自体はウルサスの低俗な品性の表れとして無視できるが、彼はその汚い言葉でブラーエの家族を次々と侮辱したのである。ここでもウルサスは言葉をもてあそんで、ブラーエが非難したときの剽窃行為（plagiarism）という言葉のあげ足をとり、ウラニボルクでの経験を次のように語った。「plagiumという言葉は厳密には妻や娘のような女たちに用いるものだ。ところがティコは結婚していないのだから妻はいない。娘は生まれがよくても当時は色気などなかったから私には何の意味もなかった。だが、私と一緒にいたおめでたい連中がティコの妾か女中かわからぬ女とどんな取り引きをしていたのか知らないが」。ウルサスは自分の巧みな言葉におぼれて、実質的には剽窃の罪を認めている。彼は自分を告発する者に対してこう挑発する。「盗みといいたければそれでもいい。だが、それは哲学的な盗みである。今後、［ティコは］自分の物をもう少し用心して見張れということだ[4]」。

この本は卑劣なやり方で屈辱に追い討ちをかけるという例である。というのは、この本が公になった一五九七年には、ブラーエはすでにデンマークを追われてドイツで亡命生活をしいられていた。そんなときに、またもや階級を無視した愛のある結婚のために非難されたのである。旧い悪口を蒸し返され、娘をあざけられ、妻を娼婦呼ばわりされ、ヨーロッパ中に中傷文をばらまかれるのは、どんな場合でもおもしろいはずがない。ブラーエのような貴族階級の男にとってこれほどしゃくにさわるやり口もないだろう。彼がデンマークで地位を失っていなければこんな平民の悪口などすぐにも叩きつぶせるのだが、そのときの彼にできるのはウルサスを名誉毀損で訴えることだけだった。

ウルサスのブラーエに対する攻撃文が公表される数年前に、出世に抜け目のないウルサスは、ヘッセン－カッセル伯のもとを放り出された後プラハのルドルフII世の宮廷で数学官の地位を獲得した。

一五九五年、彼はそこで若年の天文学者ヨハネス・ケプラーから手紙を受けとった。ケプラーはそのとき『宇宙の神秘』を執筆中で、自分の理論に対するウルサスの意見をあふれんばかりの情熱をこめて求めたのである。ケプラーはじきにこの行為を悔やむことになる。というのは、そのために彼は、ブラーエとウルサスの恐るべきスキャンダルの渦に巻きこまれてしまったのだ。ケプラーの手紙は次のようなものだった。「貴台の輝かしい栄光は以前からよく存じております。その栄光のゆえにあなたは今日の数学者のあいだで、まるで星々の中で卓越した太陽のように輝いておられます……どうぞお聞きください。これは生意気な青二才のつまらない研究だとか控えめだが賞賛に値する研究だとかいうご批評を下されるあなたは、すべての学識者にとってと同様に私にとって偉大な方であります……もし、私の願いをお聞き入れくださるなら、私は果報者でございます。訂正していただけるなら至福の極みでございます。私にとって貴台の評価ほど大切なものはありません。私はあなたの御説を敬愛しております(5)」。

ウルサスの返事は一年以上も来なかった。『宇宙の神秘』が出版されると一部送るようにといってきたが、ケプラーの理論については総じて否定的な調子で、以前に似たような論文を見たことがあるとそれとなく書いてきただけである(6)。それがウルサスから届いた手紙の最後だった。その後でケプラーは、ブラーエを攻撃するウルサスの中傷本の中に自分の媚びへつらう手紙の文面を発見したのである。この若い数学官はウルサスの中傷を支持するかのように世間に誤解されてしまった。ケプラーの立場はきわめて複雑なものになった。

ケプラーは一五九七年、ブラーエに対しても同じくらい情熱をこめた手紙を出版されたばかりの『宇宙の神秘』に添えて書き送り、批評を求めていたのである。

至高の名声と比類のない学識、そして卓越した判断力をお持ちの貴台は、今日のみならずすべての時代にわたって数学者の帝王でおられます。それゆえ、あなたのご意見やご勧告をいただかないかぎり……天体の相互関係に関する私のちっぽけな研究が栄光をうけることはいかなる場合も不当と考えております。この考えに突き上げられて、名も知らぬ男が勇を奮ってドイツのどこともわからぬ片隅からお手紙をお出しする次第でございます。あなたの誉れである誠実さと寛大さにすがり、あなたの偉大なる名声の一つである真理を深く愛する心をもって、この本に関するお考えを簡単に書き送ってくださいますようお願い申し上げます。貴台のご意見がメストリンと同様であれば、これほど幸せなことはございません。お二人のご支持があれば勇気をもって、全世界のいかなる批判にも臆することなく耐えられるでしょう。しかし、私の若さゆえの根拠薄弱で不適切、不完全な部分もすべてご批判くださるなら、そのような恩恵を得られた私が全世界の賞賛よりもその譴責を重んじないはずはありません……もはやこれ以上何も申し上げますまい。どうぞ、言葉にならない私の切なる願いをお聞き入れください。ご批判を賜れば、私が賞賛よりも学問を重んじることを示す機会が与えられるのです。(7)

不幸なことにケプラーの手紙は、ウルサスが世間にばらまいた悪意に満ちた本と同時にブラーエの手元に届いてしまった。その本にはウルサスに宛てたケプラーの媚びへつらう手紙が引用されている。ブラーエはこの出来事を驚くほどの冷静さで受けとめた。

ブラーエがメストリンに宛てた手紙から推察すると、彼はケプラーの命題に何の感動も覚えなかったようだ。メストリンは当時の偉大な天文学者としておそらくブラーエに次ぐ名声を維持していたのだろう。二人は書簡を交わし、データを分かち、アイデアを交換しあっていた。そして、互いに相手を尊敬しながら特定の問題（とくに静止した太陽のまわりを地球がまわるというコペルニクス理論）に関しては意見の相違を主張しあうという科学者の関係を維持していた。ブラーエはメストリンが『宇宙の神秘』を擁護することに対して礼儀をわきまえた強い調子で臆することなく批判し、次のように書いている。「貴兄がおっしゃるように、観測を通して得られる〝アポステリオリ〟な事実に基づくよりも、正立体の位置関係のような〝アプリオリ〟な推論によって天文学が進歩するのだとしたら、そのために待たなければならない時間はたとえ永久ではないにしても相当に永くなるでしょう(8)」。

ブラーエから見ると、宇宙の構造を直感してつくりあげた理論に事実をねじこもうとする試みはかならずや失敗する。ケプラーの「アプリオリ」と称する研究方法はブラーエが考える天文学の方法とはまったく相反している。ブラーエによれば、理論は観測から有機的に生まれるものなのである。

しかしながらケプラー本人に宛てたブラーエの返信には、出発点から失態を演じた若い数学官を失望させまいとする細やかな配慮がなされていた。「学識豊かで卓越した貴君……私宛のこの上なく丁重な学識あふれる書簡に対し、遠方の地の見知らぬ者より感謝の意を表します(9)」。ブラーエは『宇宙の神秘』をすでに読んで時間の許すかぎり考察したと述べ、「それはじつにおもしろく、あなたの鋭い知性と熱意をはっきりと読みとれるもので、その簡潔で幅のひろい文体に関しては何もいうことはありません」と前置きした。そしておもむろに話をケプラーに対する反対意見へと進めていった。

あなたが行なったような惑星間の距離と正立体とを関係づける方法はたしかに気の利いた豊か

な着想であり、じつに多くの事柄がこれにうまく合致するかのように見えます。コペルニクスの比率がどの点においても［小さな相違があるために］支持できないという事実は問題ではありません。というのは、それら自体が観測からいくらかはずれているからです。ですから、これを見抜いてあらゆるところで探求されたあなたの努力を賞賛します。私があなたの理論をすべてにおいて認めるかどうかは答えかねることです。個々の惑星の離心率を私がやったように長年かけて正確に測定するならば、これらの問題により正確なバランスが得られるでしょう。

ブラーエは例をあげてその意味を説明し、実際の観測は「あなたのきわめて賢い発見が疑わしいと告げている」とし、「とにかく、私はあなたの試みをまれに見るすぐれた理論として高く評価することはできない」と述べた。ブラーエはプラトン的な思考方法に偏見をもっていたわけではない。彼は観測こそ第一であるという条件をつけてケプラーを説得し、自分のもとにくるようにと親切に誘ったのである。「直接お会いして、この種の高尚な事柄について楽しく論じあおうではありませんか」。

ところで、ウルサスに宛てたケプラーの手紙のやっかいな問題はまだ残っている。ブラーエは追伸にひと言述べただけで、そんな不愉快な問題は二の次にすぎず、それによって自分の気持ちが変わるわけではないと暗に示した。彼はケプラーのウルサス賞賛は若気の至りであり、あの男の本性を見抜けなかったためであるとしてさらりと受け流した。「まさか自分の手紙が公表されるとは思わなかったのでしょう。ましてや他人をやりこめる中傷文に利用されるとは。ですから、これに関しては冷静に耐えるつもりです」とブラーエは書いている。とはいっても、ブラーエはウルサスに対する法的訴訟を考えていたので、ケプラーにはウルサスの「毒気に満ちた本」に対する反論を送りつけるようにと勧めた。

ブラーエはこの事件に冷静に対処したがメストリンはそうはいかなかった。彼はかつての教え子を厳しく叱責した。「ウルサスが痛烈な皮肉をこめてティコを攻撃した敵意むきだしの本に、美辞麗句で彼を誉めそやした貴君の手紙が添えられたことは知っています。まったくのところ私はそんな本など読んだこともないし、ましてやあなたがそんな手紙を書こうとはとうてい信じられません。あなたは私がその男をどう評価していたかは知っていたはずだ。彼が小冊子で発表した仮説は彼のものではありません［ここでメストリンが意味するのは、ティコの体系を自分のものと主張するウルサスの著書『天文学の基礎』である］。彼は内容を理解していないのだから、偽りの言葉で書かれた本に価値などあるはずがないのです。彼はティコから多くのものを奪い、私がティコの本であなたに教えたような理論を自分のものとして売りさばきました……それなのに、どうしてあなたが彼を星々のうえに君臨する太陽に祀り上げるのかまったく理解に苦しみます」。メストリンはケプラーを叱責しながら、ウルサスの主張を論駁する手紙を書くようにと強く勧め「貴君が彼を賞賛に値する人間と考えているとはとうてい信じられません[10]」という文で結んだ。

この状況はケプラーにとってまぎれもない悲劇であったはずだ。ブラーエにはじめて手紙を書くちょうど数週間前に書きつけた『自己分析』には、次のような彼の一面が述べられている。「栄光、衆人の賞賛、好評、拍手かっさいを異常につよく求める一方で、他人からの攻撃やあざけりを同様に強く恐れる……彼の最大の関心事は衣食住や喜怒哀楽ではなく自分に対する他人の評価である。彼は輝かしい評価を求めている……正直いって不名誉ほど最悪の運命はない[11]」。ケプラーは恥知らずのへつらい屋として自分を衆目にさらしただけでなく、彼が帰りたくてたまらないチューービンゲン大学で力強く支えてくれる恩師までうかつにも辱めてしまった。ブラーエをはじめとして、ケプラーがいつかは恩恵をうけるであろう当時の有力な天文学者諸氏まで、ウルサスの才能に比べれば「小さな星」にすぎないとして侮辱してしまったのである。

さらに悪いことに、ブラーエとメストリンから問題の手紙文の撤回を迫られても、彼がウルサスに宛てた手紙は一通ではなく三通もあり[12]、しかもその写しは保管していなかったのだ。ケプラーは恐ろしいジレンマにおちいった。彼がウルサスに対する苦情を公表すれば、ウルサスはケプラーにとってさらに不利な証拠を突きつけてくるだろう。したがって、当時では重要な地位にいる宮廷数学官のウルサスを怒らせることなく、ブラーエを満足させるような撤回文を書かなければならないのだが、それはほとんど不可能だった。

ケプラーは恐るおそるブラーエに手紙を書き、すべては若さと世間知らずのなせる業といい逃れることにした。メストリンがウルサスは他人の研究を盗むような数学者としてあるまじき人間と評価していたことは黙っていた。そんなことを口外すれば事態はますます悪くなる。その代わり、宮廷数学官を誉めそやす連中がウルサスに手紙を書くよう勧めたからと他人のせいにした。そして、問題の手紙ではブラーエの名も褒めたたえたような気がするとつけ加えた。だからウルサスが自分のような青二才を追い込もうと考えたのだろうと。「そのうえ、全能の神に誓って、あの無法者がどれほど多方面にわたる侮辱を私に与えたことか……こうして彼は、私が敵を賞賛したことに対する仕返しを楽しんだのです」。

しかしケプラーにとって、ウルサスが一語も違わずに引用したと思われる文面の問題はまだ解決していない。

ウルサスだけが今日の数学者のあいだで、星々にまさる太陽のように卓越しているという言葉がすべて本当に私のものだとしたら、神の名において、私は多くのすぐれた方々をひどく侮辱したことになり、私の道義心そのものがいいかげんだったということになります。誓っていいますが、ウルサスがレジオモンタヌス、コペルニクス、レイティクス、ラインホルトゥス、ティコ、メストリンその他の偉大な方々にまさると私が本心から述べるようなことは、真剣であろうと冗談であろうと、公にも個人的にも決してございません。そんなけしからぬお世辞は認めたことがなく、考えたこともなく、意識して書いたこともございません。しかし、このまことしやかな文面が本当に私のものだとしたら（事実とは思いませんが）、それはなにかの間違いか、私が軽率で書いたものを読み返さなかったという事実のせいかもしれません。見ればおわかりのように、手紙の言葉はすべて詩的であり、詩から引用し、詩心をもって書かれたものなのです。[13]

自分で「意識して」書いたのではないとか、なにかの間違いか軽はずみのせいだとか、たんに詩的に書いたにすぎないということを彼が本気で書いたはずはない。ケプラーは責任を回避して謝罪しようとしただけである。

＊　＊　＊

ケプラーはブラーエへの謝罪文には述べなかったが、『宇宙の神秘』に対するブラーエの婉曲的な批評にはひどく腹を立てていた。ブラーエはケプラーの熱意や努力に感心しても努力の結果は認めなかった。いかに慎重に言葉を選んだとしても、その本意は、ブラーエ自身のデータで証明されないかぎりケプラーの理論は受けいれられないというものだった。

ケプラーにいわせれば、理論こそ彼が切望する名声や賞賛を与えてくれるものである。現に、そのおかげで二〇歳代にすぎない彼がときの著名な天文学者と書簡を交わせたではないか。理論とは、それが正しくさえあれば、現代の物理学者が求めている「万物理論(Theory of Everything)」のようなものだ。それはピタゴラスから、プラトン、プトレマイオス、コペルニクスにいたるまで歴史上の偉大なる精神が探求しつづけてきたすべてを統一する真理を明らかにしてくれる。理論によって、彼らの個々の着想は一つのより深遠で純粋な幾何学、すなわち神の御心を読みとる究極の鍵となるのである。

ケプラーはブラーエの返信の隅に自分の偽らざる感情を吐露する走り書きをし、不本意にも書かざるをえなかった卑屈な詫び状とはまったく異質の言葉を書きこんだ。ブラーエの四〇年にわたる観測の助けがなければ、より現実的な宇宙論を構築することはできないというブラーエの言葉のそばに、「私の考えでは、これはアレクサンドリアの四〇タラントの財宝のようなものだ。それを朽ちる運命から救い出して衆目に触れさせなければならない」[14]と記した。一タラントは五八ポンドだが、学識者はアレクサンドリアのものをすべて高く評価する。ブラーエの観測の宝庫にもはかり知れない価値がある。それらはブラーエの手中にあるかぎり朽ちる運命にある。

ブラーエに詫び状を送ると、ケプラーはその一週間後にメストリンに宛てて腹立たしげな手紙をしたため、彼がその後の二年半抱きつづけることになる執念をはじめて口にした。ブラーエは「コペルニクス理論を（そして五つの正立体理論さえも）否定して私を思いとどまらせようとしているのでしょうが、私は彼を剣で突き刺してやりたい……ティコについてこう考えるのです。彼は富に恵まれていますが、多くの金持ちがそうであるようにその正しい使い方を知りません。ですから、どんなことをしてでも彼から富をもぎとる必要があります。もちろん物乞いもしなければならないのでしょうが、それによって彼が自分の観測を快くばらまいてくれることもあるのです[15]」。「物乞い云々」というくだりには、この著名な天文学者に対するケプラーの鬱積した恨みが表れている。彼は「もちろん」という言葉に皮肉をこめてラテン語の scilicet を使った。scilicet とは「知ることを許されている」という意味である。

ケプラーはブラーエの手紙の一点だけがいつまでも気になった。それは、四〇年にわたるきわめて正確な観測がいかに重要かということである。そのようなデータがあれば、『宇宙の神秘』は証明されるだろう。宇宙の究極構造に関する彼の「アプリオリ」な直感は真実であるという、経験主義的確証が得られるのである。

第13章　宮廷数学官

ブラーエがデンマークを追われてプラハに輝かしい入場をするまでの「不毛の時間」は二年間つづいた。この期間の大半は友人でホルシュタインの城主ハインリッヒ・ランツァウのもとに留まり、天文観測をつづけるのにふさわしい定住地を探して過ごしていた。デンマークは地球の一点にすぎず、ヨーロッパには自分に好意をよせてくれる王族たちが他にも多数いると本人もいうように、ブラーエがパトロンの候補に不足することはなかった。しかし、彼は新ウラニボルク建設という巨大な金袋を必要とする野望を抱いていたのである。

ブラーエの助手で後に女婿となるフランツ・テングナーゲルが適地探しの任にあたり、ケルンの大司教、ネーデルランド諸国の市民や軍隊の指導者たちから色よい返事を引きだしてきた。フランスやイギリスも、国王がブラーエの研究に関心をもっていたので、候補に入っていたようである。しかしながら、その栄誉を勝ちとったのはプラハだった。この町はルドルフII世を皇帝とする神聖ローマ帝国の新都である。ルドルフII世は西洋史では奇人といわれる悪評の高い君主だが、その統治はヨーロッパ中央と西部の大半におよんでいた。

ブラーエの長年の友人で科学に関する書簡を交わしあったタディアス・ハゲシウスは皇帝の信頼の厚い顧問医師だった。このような宮廷の手づるやヨーロッパ各地の高位の人々による好意的な手紙のおかげで地固めは完了し、彼はまもなく皇帝に招聘されることになった。プラハにくるなら研究に必要なものはすべてそろえようと約束されたのである。

ところが周期的に大流行するペストが帝国の都を襲い、皇帝はピルセンの別荘に退避せざるをえなくなり、ブラーエのプラハへの旅は途中で中断された。この間に立ちよって数ヵ月間滞在したヴィッテンベルクでは、当時の一流の開業医イェセニウスと意気投合してすぐに親しくなった。ブラーエが宮廷に到着したのは一五九九年六月のころである。彼は美しい図解入りの『メカニカ』と星表に新しいパトロンに捧げる辞を肉筆で書き込み、それを献上品として携えていった。そして、今ではすっかり面目を失ったウルサスは、ブラーエが近づいたというニュースを聞くとそそくさと町から逃げていった。

ブラーエは甥に宛てた手紙に宮廷に参上したときのことを書き、皇帝お抱えの書記官ヨハネス・バーヴィッツに暖かく迎えられ、必要なものは何でも与えようといわれたと述べている。最初に与えられたのは「壮麗な邸宅」であった。それは前副大臣のヤコブ・クーツが自分の美しい所有地に二万ターレル以上もの大枚をはたいて建てたイタリア様式の建物である。「そこで、彼は家具調度などすべての設備を見せてくれ、私が気にいれば皇帝がクーツの未亡人から館全体を買いうけてくださるといいました。塔はクーツの手で天文観測用に建てられており、館は皇帝が住まわれ執務される城のすぐ近くにあり、いつでも住めるような状態になっていました」(1)。

現在もそうだが当時においても距離的接近は政界の権力を意味していた。したがって、ブラーエにとってこれ以上の名誉ある居住地はなかったのだが、彼はデンマークにいたときと同様に、宮廷人たちが優先するわずらわしい宮廷生活からは離れて研究に専心したいと考えていた。「バーヴィッツは私の言葉や態度を察して、つまり、その館の塔では私の装置の一つでさえほとんど収容できず、ましてや多数など不可能であること、その環境を私があまり喜んでいないことを推察して別の案をだしてくれました。プラハに住みたくなければ、皇帝はプラハから一、二日の距離にあるもう少し静かな城を与えてくださるだろうと……私が嬉しそうな反応を示し、デンマークでは外界の煩雑さを避けて静かに暮らすために孤島に住みましたというと、彼はその旨を皇帝に申し上げよう、皇帝はすでに代わりの城をお考えだといいました[2]」。

次にブラーエが謁見したのは、宮廷では国王に次ぐ権力をもつ「誉れ高い貴族のランプフ卿」だった。彼はこの著名な天文学者を歓迎し、「ようやく会えましたね」といって喜んだ。ブラーエが会った他の宮廷人と同様に、ランプフも「デンマーク［クリスチャン王自ら］が彼を追放するとは驚かざるをえない」といった。その話になると巧みに核心をかわそうとするブラーエが国王を弁護すると、ランプフは、それはクリスチャン王の側近が悪いのだろう、「国王に仕えて権力を振るう者たちが、国王や国家の誉れを台無しにしてしまうほど学問に対して無理解だったか、または妬みや下心をもっていたからでしょう」といった。ブラーエはランプフの意見をいくらか立てて、「私が長年専念してきた天文学的調査は今は別の地で行なうべきであり、皇帝ご自身のご利益になるようにというのが神の御意思かと存じます」と答えたのである。

最後の最大の勤めは、人との接触を嫌い日によって精神的に不安定になるひきこもりがちなルドルフ帝に拝謁することだった。この帝王は、最高位の使節でさえ謁見までに数週間は待たせることで知られている。ところが、ブラーエは数日のうちにフラッチャニー城に召喚され、謁見の間に案内されていた。「宮廷の諮問会ではランプフ閣下が私を公式に紹介するのがよかろうとあらかじめ決定されてい

皇帝ルドルフⅡ世。ハンス・フォン・アーヘンによる肖像画。

ましたが、皇帝はこのときは別の方法を選ばれました」。ランプフは室外で待たされ、ブラーエだけが入室を許されて「御付きの者さえ置かずに独りで座っておられる皇帝に」拝謁したのである。そこで慣例に従って礼儀がつくされた後に、ルドルフ帝は「私の到着を非常に喜んでいる、私とその研究を援助しようとやさしく微笑みながらおっしゃり、ご尊顔は慈愛に満ちて輝いておられました」。とはいってもブラーエは、皇帝が「きわめて静かな声で話される」のでお言葉をもれなく聞き取ることはできなかったと後に述べている。

ルドルフ帝（右図）はブラーエが馬車に乗ってやってくるところを窓越しに見ていて種々の仕掛けに興味をもち、とくに車輪に取りつけられた走行距離計に関心をもったようである。ブラーエがそれを皇帝にさし出すと、ルドルフは丹念に調べてこれと同じものを職人につくらせようといった。そして彼が偉大な天文学者に好感をもっていることを援助によって示し「年俸や適切な住居の問題を早々に解決しよう」と約束した。[3]

少なくとも提示された年俸は新ウラニボルク建設に十分に間にあう三〇〇〇ギルダーかそれ相当の金塊であり、宮廷でもっとも位の高い貴族たちよりも多い額だった。そのうえ、数千ギルダーに上るかもしれない臨時出費も支払われるという。しかも年俸の支払いは、ペストの流行によって遅れてしまったが、数ヵ月前にブラーエが宮廷に招聘された時点までさかのぼるというルドルフ帝の命令であった。

皇帝のブラーエに対する最大の好意は、プラハから一日の行程内にある三つの地所のうち一つをお気に入りの狩猟宿も含めて下賜することと、ブラーエの所有になった封土はかならず世襲できるようにするという約束だった。貴族の身分でないために保証されない妻子の将来について、ブラーエの憂慮はここ二年の追放のあいだにますます深刻になっていたが、この遠方の国にきてようやく解消されたかのようだった。

しかしながら、皇帝の約束はそれが真実であってもすぐには具体化されないことをブラーエはじきに学ぶことになる。世襲できる封土は市民権を獲得しなければ与えられず、それには相当の遅れが見込まれる。また、帝国の国庫は四季を通じて現金が不足していたために、彼は俸給の支払遅延に悩まされることになる。まもなくブラーエは移転手当てとして二〇〇〇ギルダーと、さらに二つの領地の収入として年約一〇〇〇ギルダーを支払われることになった。領地の一方のベナテクは彼が新しい住居と観測所を置くために選んだ土地である。しかし、約束された二〇〇〇ギルダーが国庫から彼の手に届くまでに一二ヵ月を要し、それから約一年後に彼が死亡するころには、報酬などまったく支払われなくなっていた。

それでも、一度は転覆しかけた運が前向きの方向に大きく動きだしたので、どこまでも楽天的なブラーエは早々とベナテクの住居を第二のウラニボルクに造りかえる仕事に着手した。その城はエルベ川の支流イザール川より六〇メートルほど高い丘の上に建ち、眼下に地方の町を見わたせるために、天体観測にはもってこいの場所である。彼はその年のうちに内部の仕切り壁に出入り口をあけて一三室を互いに行き来できるようにし、各部屋に観測装置を一つずつ設置し、さらに錬金術を研究する実験室も建設した。この新ウラニボルクはオリジナルよりも規模が大きかったのだろう、一六〇〇年六月頃には約一三名の助手で賑わっていた。

宮廷生活から身を退こうというブラーエの決断は本人が思う以上に賢明なことだった。それは彼の到着後まもなくプラハがペストの再流行に見舞われ、皇帝をはじめ多くの宮廷人が地方に退避しなければならなかったからだけではない。プラハは静かに思索にふけられるような場所ではなかった。宗教改革の影響をうけて中央集権から離脱した政治力や宗教力が社会を揺るがすほどに勢力を増大しつつあり、一八年後にはプラハで最初の烈風が発生してヨーロッパ全土を巻きこみ、最初の世界戦争へと発展するのである。それは三〇年戦争として知られる政治的宗教的な争いであり、一説によるとドイツ語圏の人口の四分の一が虐殺されたといわれている。

したがってたとえ神聖ローマ帝国の皇帝といえども、この烈風に抵抗してその破壊力を消散させることなどできなかった。それどころか、政治的分裂が拡大していく中で皇帝は精神的に混乱してますます不安定になり、矛盾する規則を制定し、オカルトや幻想の世界にいっそう深く引きこもっていったのである。この不穏な時代に政治権力の不在を招いたのは当然といえよう。

公平を期するなら、神聖ローマ帝国の政治の現状そのものが絵空事であったというべきだろう。地図を見ると帝国の地理的な大きさには驚かざるをえない。西はフランスとの境界やネーデルランドまで、東はボヘミア王国（ここに帝国の都がある）とハンガリーまで広がり、北側はバルト海に隔てられ、南はイタリア半島のロンバルディアやトスカナに伸び、南東部でオスマン帝国と境界を接している。つまり今日のドイツ・オーストリアに相当するドイツ語圏全体とスイス連邦を包含し、帝国の勢力はヨーロッパ全体におよんでいた。しかし、その政治的統治が実際に広大な領地全体にいきわたっていたかというと疑問である。ある歴史家が指摘するように、帝国の政治は「選帝侯、大司教その他の聖職者、種々の国や自由都市の君主および議員」などの組織を通して行なわれていた。そして、権利と義務の構造は「指導者でさえ理解できないほどきわめて複雑だった」[4]。したがって皇帝の権力には相当に限界があった。ブラーエの経験から例を一つあげてみると、ルドルフ帝がブラーエの願いに応じて北ドイツのマクデブルク市議会に書状を送り、ブラーエがその町の倉庫に残してきた約二八個の観測装置を早く輸送するようにと催促したところ、市議会の返答は五〇年前のカトリック軍の攻撃で被った損害のためにそんな余力はないというそっけないものだった。これについてはその後もブラーエ自身が何度も手紙を書き、ようやく一年余り後に全装置をプラハに到着させることができたのである[5]。

神聖ローマ帝国はキリスト教国家の連合体という力強いアイデアを具現したものであるが、宗教改革が始まってから一〇〇年になろうとする北ヨーロッパの宗教的現状は手のほどこしようがないほど敵対関係に満ちていた。もっとも深刻な関係はもちろんカトリック対プロテスタントだったが、前述したようにプロテスタント内部でも種々の分派が増殖し、ルター派とカルヴァン派との敵対関係は根深いものだった。北ヨーロッパに広がったルター派自体も次第に分裂し、現在のデンマークの北部を占める正統派とメランヒトンを継承する穏健派に分かれ、前者は後者を「潜在カルヴァン派」と呼んでいた。ボヘミア王国ではルター派が現れるまえにフス派が反乱を起こし、原始プロテスタントの旧ウルトラクィストやボヘミア兄弟団のような狂信的教団が派生してその種類は多彩をきわめた。

一六世紀末になるとこのようなプロテスタントの内部抗争を法王庁が好機ととらえ、せめてドイツ圏における権力を回復しようと、当然のことながら神聖ローマ帝国を反宗教改革運動の政治的先鋒にしようとした。ところがこれは現実にはむずかしかった。その世紀の後半はどちらかといえば鳴りをひそめていたオスマントルコが、一五九一年にハンガリーの最前線を攻撃しはじめたのである。このためにすでに底をついていたボヘミア王国の国費が流出し、政情はきわめて不安定になった。しかも人口の九割が反抗的な貴族階級も含めてプロテスタント教徒だったのである。

さらに大きな問題はルドルフ帝の相矛盾する二つの感情であった。このような精神状態の裏には、彼がバチカンとのあいだにイタリアの領土問題をいくつか抱えていてそのためにバチカンの政策が信じられなかったことや、スペインのハプスブルク家の従兄弟たちがネーデルランドで行なった軍事行動が彼の統治権を脅かすと感じていたことなどがある。また、ルドルフのぐらつきやすい行動は彼が神秘主義におちいる以前から一般的に見られた宗派に偏らない精神構造の産物であり、カトリック教義に対する鬱積した不満の表れでもあった。

その結果、熱心にカトリックの主張を支持したかと思うとそれを取り下げ、プロテスタント教徒の所有権に不利な法令の実施には消極的になり、カトリックの同胞に対する不信感をつのらせるとあからさまに常軌を逸した振るまいをした。たとえば、カプチン修道会の僧侶たちをプラハに呼び寄せておきながら会おうとせず、結局は追い返して「朕に会いたがっているのはわかっているが……朕は彼らにふさわしいカトリック教徒ではない[6]」と嘆いたりする。その後それを悔いてふたたび僧侶たちを招いたが、謁見のころにはふたたび教会に対する反感を強めていた。

ルドルフ帝の人物像がその統治の時期によって大きく異なるのは、彼の精神の安定性が徐々に失われていったからだろう。初期の二〇年間は力強く活動的な統治が行なわれたが、一六〇九年頃のトスカナ公国使節の記録によると、皇帝は国事をおろそかにして錬金術師の実験室、画家のアトリエ、時計職人の仕事場に入り浸っていた。「憂鬱症のような心の病のために孤独を愛し、宮廷では完全に心を閉ざしてまるでかんぬきを下ろした独房に閉じこもったようであった[7]」。

一六〇〇年頃にはめったにミサの儀式に出席しなくなったので、彼が聖体拝領をするとその都度法王庁から喜びを伝える使者が送られてきたほどである。いよいよ精神的に崩壊すると、皇帝は自殺をはかったこともあったようで、教会の秘蹟をすべて拒むようになった。「朕は呪われた死人同然だ。悪魔に魂をとられてしまった[8]」と嘆くのを聞いた者もいる。確かな筋の話によると、弟のマティアスが帝位をねらっていると考えて（これは正しかった）弟に呪いをかけようと少なくとも一回は黒魔術の儀式に参加したそうである。

歴史では一般にルドルフ帝は政治的に無能であったといわれているが、文化や芸術を気前よく援助して帝国の首都に一種のルネサンスをもたらした北部のメディチ家ともいわれている。ルドルフの庇護をもとめて、全国から画家や彫刻家、あらゆる種類の職人がプラハに集まってきた。そのほとんどが型にはまった芸術の一派だったが、中には後世に名を残した者もいる。ルドルフが寵愛したバーソロミアス・シュプランガは、初々しい乙女を年配の男が誘惑する寓話を描くのを得意としていたが、これは皇帝の性的好みの表れであろう。ルーラント・サフェレイは楽園のような風景画を描き、ジュゼッペ・アルチンボルドは果物や野菜、動物といった自然界の対象物を使って寓話の人物を描いた。後者は現在のカレッジの学生寮でよく見かける絵である。

芸術を見わける目利きというよりはたんなる気まぐれな収集家だったルドルフは、ヨーロッパ中に使者を送り自分の好みに合いそうな作品を購入させた。中にはドイツの画家デューラーやフランドルの風景画家ブリューゲルの作品を持ちかえった者もいたが、他はほとんどが奇をてらうだけの作品を無数に運びこんできた。それらはすべて皇帝のプライベートルームであるクンツカーマに飾られた。そしてルドルフ帝は、当時では最大のプライベート・コレクションといえるその部屋にますます頻繁にこもるようになっていく。

クンツカーマにはいくつもの飾り棚やテーブルの上に何の脈絡もない種々の作り物が陳列されていた。カメの甲羅、カニの殻、その他の海洋生物の殻の隣には美しい磁器製のカメオ、金の台座に取りつけられたユニコーンの角（おそらくイッカク鯨の角だろう）やサイの角、引き出しに詰めこまれた金銀銅の古代のメダル、シーザーの妻を殺害したという短剣、プラハの農民が呑み込んだというナイフまで並べられている。とくにおもしろいのは機械仕掛けの作品だった。多数の時計、地球儀、古代の天文観測儀の中には、歩いたり向きを変えたり羽ばたいたりする機械仕掛けの孔雀やテーブルの上をちょこちょこと走りまわるゼンマイ仕掛けのクモもあったといわれている。

ルドルフ帝の都プラハも同様のやり方で自然哲学者、科学者、医者、占星学者、錬金術師を寄せ集めたが、その中には本物もいれば偽者もいた。このような知識人の寄せ集めの中で、ブラーエが珠玉の存在であったのは間違いない。プラハが数年前にウルサスを宮廷数学官に任命したことは、宮廷がペテン師や見せかけの知識人に惑わされやすいことを示している。事実、ルドルフはウルサスよりひどいペテン師にもだまされている。しかしブラーエは本物であると見抜いた皇帝は、最初の一年間は彼に対してほとんど負担を強いなかった。

一五九九年一二月、ベナテクに落ちついたブラーエは約一年前に受けとったケプラーのわび状に返事を書いた。まず、手紙を受けとったのは「ボヘミア行きの準備が整い、その地を発つ少しまえ」の夏だったとして返事が遅れた言い訳をした。そして、ウルサスに関しては、「弁明なさるのにこれほど多くの言葉と美しい表現は必要ありません。なぜなら私はすでにあなたを十分に許して咎めるつもりはないからです」と書いて相手を安心させた。

さらにウルサス事件をとり巻く事実やケプラーの「アプリオリ」な宇宙論に懐疑的な理由を詳しく語り、彼の膨大な観測結果をただちに公表すべきというケプラーの意見には慎重に答えている。「あなたがもっともな理由をあげて、私の観測結果を公共のものにすべきだとおっしゃるのは、たしかに時がくれば、そのような多くの理由から私も否定するものではありません。しかし、私が天文学のために緻密な観測に基づいて蓄えてきた事実がまだほとんど解明されていないときに、公表を急ぐのは賢いことではありません」。ブラーエは、自分の宇宙論（ティコの宇宙体系）が盗まれてからというもの、時が熟すまえにデータを公表することには慎重になったと説明した。しかし一方で、「あなたはいつか、私が長年にわたって天空に記録したものを、そのままそっくりの形で、巨大な本にさえ収めきれないほど大量に一度に手に入れることができるでしょう」といってケプラーを安心させた[9]。

ブラーエのこの返事はきわめて重要である。というのは、ケプラーは大天文学者がデータを物惜しみするといってますます強くブラーエを非難するようになるからだ。そして多くの歴史家はどういうわけかその非難を鵜呑みにしている。しかし現在でも、自分の発見を学術専門誌に掲載してその先取権を確保しないうちに、生涯をかけて蓄積したデータを喜んで手放す科学者がどれだけいるだろうか。ブラーエの立場もこれと同じである。彼は長年積み上げてきた大仕事を完成したかった。一年もしくは二年もすれば出版できると信じていた。ところが、ブラーエの忍耐強い言葉は聞き入れられなかった。ケプラーは相手に反対されたと考えていよいよ我慢できなくなった。喉から手がでるほど欲しい天文学的財宝をすぐにでも自分のものにしなければ、いてもたってもいられなかったのだ。

そうこうするうちに、スティリアではフェルディナンド大公がカトリック路線を強行したために、改宗を望まないプロテスタント教徒にとって政治の雲行きは怪しくなってきた。ブラーエはケプラーの苦境を気遣ってふたたび手紙を送り、今度はボヘミアの新しい邸宅でいっしょに研究しましょうと誘った。

あなたが以前約束されたように私のもとに来てくださるなら、あれこれの問題について楽しく心おきなく論じあえるでしょうし、私［の意見］に関するあなたのお考えもより詳しくうかがえます。今、私はボヘミアに定住していますから、以前のようにあなたをわずらわすことはありません……女神ウラニアの新居はプラハから五マイルほど離れた皇帝の要塞都市ベナテクにあり、私はそこに住んでいます……とはいっても、あなたが過酷な運命のために仕方なく私のもとにこられるのではなく、共同研究の熱意にもえて自ら進んでこの地にこられることを望んでいます。いずれにしても、私が経済上だけでなく真の意味での友人であることがおわかりになるでしょう。［あなたの］困難な状況に対して助言や援助を惜しむことなく、つねに最高の研究ができるように取り計らいましょう。今すぐにこられるとしても、あなたとご家族が以前にもまして安定した生活のできる方法は見つかると思います[10]。

友情を明言し、ケプラーが研究をつづけるにたる生計を確保できると明示したブラーエの手紙はきわめて公平である。ところが、スティリアの事件のせいでこの手紙はケプラーの手元にすぐには届かなかった。ブラーエと同様にケプラーも町から追放され、プラハに向かっていたのである。

第14章　スティリアでのプロテスタント弾圧

混乱の前兆は一五九八年にすでに存在していた。スティリア公国の政治を摂政の手からとり戻した若き大公フェルディナンドは、反宗教改革の知的先鋒であるイエズス会のインゴルシュタート大学で教育をうけ、その教えに骨の髄まで染まっていたようである。彼が一五九八年の春に法王に拝謁するためにイタリアにおもむくと、プロテスタントにとっては不吉な話がグラーツにもたらされた。荒れ狂う川を渡りながら溺れそうになった大公が、ロレトのマリアに祈りを捧げると奇跡的に浅瀬に流されて一命をとりとめたというのだ。彼はこの救いに感謝して、スティリア公国全土の国民をカトリックに引きもどすと誓ったのである。

フェルディナンドはイタリアからカトリックの軍隊を率いてグラーツに帰還すると、市のプロテスタントの行政長官を解雇し、城門や兵器庫の衛兵をカトリック教徒に交換した。それはあたかも大公が誓いを果たしているかのように見えた。「何もかもが脅かされています」とケプラーはメストリンに書き送っている。それでも彼にはまだ楽観的なところがあり、皇帝自身の一見神通力のありそうな統治に期待をよせていた。当時、ハンガリーの最前線における対トルコ戦争は内部分裂のために混乱していた。しばらくすると、「論争の後にはきまって皇帝［ルドルフ帝］の権威がささやかれるようになりました……プラハで鎮座しておられる皇帝を見よ。戦術に長けているわけでも権威があるわけでもないのに（そう考えられていた）奇跡を起こし、諸侯を持ち場につかせて敵をあざむいているではないかと……星占いによると皇帝の国事は神の導きのもとにあります」[1]。しかし、その年の末にはケプラーが皇帝によせた期待は間違いであることが判明した。それ以前にスティリアのプロテスタント教徒がカトリックの権力者による虐待を訴えて皇帝に嘆願書を提出していたが、皇帝はフェルディナンド大公にちょっと問いあわせただけで、それ以上のことは何ひとつしてくれそうになかった。

ルドルフ帝が何もできないのは当然だろう。宗教改革をもたらした何十年におよぶ宗教戦争は、ルター派とカトリックの両者（協議のすえカルヴァン派は例外とされた）を公認する一五五五年のアウグスブルク講和によって不安定な休戦状態に入った。これによって流血は免れたものの、講和条約に定められた両者の信教の自由は現代に通用するようなものではなかった。個人の道義心や選択権に自由はなかったのである。そのかわり、それは中央の方針で定められた。つまり、その土地でどちらの宗派を認めるかは君主や指導者に選択権があり、それを強行するか否かも彼らの意思にかかっていたのである。

それまでは、スティリアの有力なプロテスタント貴族はルター派に門戸を開いて信徒数を増やしていた。ところが、後にケプラーも嘆いているが、狂信的な牧師の言動がわざわざカトリックの反感をあおろうとしているように見えた。たとえば、説教壇から激しくカトリック教義を攻撃したり、処女聖マリアをみだらな言葉であざけったりしたのである。フェルディナンドが町中にばらまかれた法王を揶揄する風刺画を見つけたのは、彼がイタリアから帰ってすぐのことである。これによって大公の寛容でありたいという感情は完全に消えうせてしまった。「余が平和を与えたとしても、汝らはそれを拒むだろう」と彼はプロテスタント教徒にいい渡した。そして、グラーツにおけるプロテスタントの集会所や学校を閉鎖し、そこの説教師や教師は残らず一四日以内に地方から立ち退くこと、さもなければ命は保証されないという命令を下した。プロテスタントの指導者たちは嘆願したが無駄であった。スペイン軍が町にきて勅令を強行したのである。「結局、大公は、われわれが日没まえに町をでて七日後には公国の外にいるようにという厳しい布告を出したのです。そこでわれわれは妻を残して、貴族の忠告や指揮にしたがって町を後にし、［皇帝の統治する］ハンガリーやクロアチアに散っていきました」。ケプラーはこう書いている。(2)

不思議な話だが、教職者の中でケプラーだけがじきにグラーツに戻ることを許された。しかも、ケプラーの要求まで認められた。それは、地方数学官という「中立的な」職業は宗教学校における教授職とは異なり布告の対象外であるという命令書をだして彼の地位の安全を保証してほしいという要求である。ほどなくしてケプラーは大公の命令書を受けとった。

ケプラーだけがなぜ特別待遇されたのかという疑問はいまだ解明されていない。彼自身の言葉によると、大公は彼の発見に興味をもったので優遇しようとしたといわれている。真偽のほどはともかくとして、追放された同胞はケプラーが二股をかけていると疑ったのも当然である。ケプラーが、この時期を利用して正統ルター派に対する疑問を「良心に照らして」(3)考えたいといったことは、それを証明するように思われた。本人も白状しているように、彼はカトリック派にもカルヴァン派にも一部傾いていたのだ。

ではケプラーは裏切り者だろうか。それとも彼の行動は敬虔な信仰心に基づいていたのだろうか。(4)彼に有利な証拠がある。それは、ある重要な神学問題に関するケプラーの立場は、当時激烈をきわめていた神学論争の両派のちょうど中央に位置していたということだ。第一は聖体の秘蹟に関するもので、聖別されたパンとブドウ酒の中にキリストの血と肉が実在するのか、それとも形而上学的に存在するのかという問題である。この論争が生みだした猛烈な敵意はどんなに誇張してもしすぎることはないだろう。カトリックの信仰は「聖変化」と呼ばれるものにあり、聖餐式のパンとブドウ酒が物理的にキリストの血と肉に変化するという。そして、パンとブドウ酒が変化したように見えないのは、物質の内面的事実である「実体」と外面的性質である「偶有性」が異なるからだとアリストテレス学説を利用して説明する。

ルター派はこの見解を、ぞっとするほど血なまぐさくてばからしい聖餐式と称してたびたび非難し、一方で、パンとブドウ酒は変化しなくてもキリストの肉は実在するという「共在説」を主張した。一見矛盾したように見えるこの考え方を、ルター派は「キリストの遍在」、つまりキリストの体はキリストの神性と同様にあまねく存在するという教義で説明する。この遍在の教義はキリスト教の基本的信仰に矛盾するように思えるだろうが、一六世紀には、一方ではカトリックに他方では憎いカルヴァン派に対抗する砦として不可欠な教義であった。カルヴァン派の信仰によると、パンとブドウ酒はあくまでもパンとブドウ酒にすぎないが、聖霊の取り次ぎによって天の御父の右に座すキリストを真に拝領することができるという。

ケプラーはチュービンゲン大学時代の苦悩に満ちた霊的探求のすえに、個人的にはルター派の「遍在」教義よりもカルヴァン派の聖餐式の概念のほうに傾いていた。ただし、大学時代はそれを自己のうちに留めていたようである。とはいっても、ケプラーはカルヴァン派ではない。彼はカルヴァンの「予定説」を激しく否定していた。また、このころの彼はルター派の厳しい「隷属意志」説からも離れていたようだ。この教えによると、アダムとイヴの原罪によって完全に堕落してしまった人間は、神の救いがないかぎり永遠に悪に「隷属する」ことになる。ケプラーはこの点では、原罪を決定的なものとはせず少しは人間の自由意志に善悪の選択権をもたせようとするカトリックの教えのほうに傾いていた。

そこで当然予想されるのは、改宗者の再転向をねらってその矛先を知的指導者に向けていたイエズス会派がケプラーを見逃さないということだ。神の遍在や自由意志という重要な問題でルター派から離れているような信徒は、その他の問題についても説得しやすいはずである。ケプラーに有利に働いたこのようなイエズス会派の推測は、彼がババリア王国の有力な秘書官でカトリック教徒であるゲオルク・ヘアヴァルト・フォン・ホーエンブルク(5)とある期間文通していたという事実によっていっそう強められた。ヘアヴァルトはイエズス会派と親しいうえに、プラハの宮廷に影響力をもっていた。彼は古代の年代記に強い関心をもつアマチュア天文学者で、ケプラーに、アウグストゥス皇帝の出生日を決定してその占星図を作成するという骨の折れる仕事を依頼したのである。ケプラーはときにはその仕事にうんざりすることもあったが、おかげでヘアヴァルトという生涯にわたる有力なパトロンを得たのだから十分な価値があったというものだ。

とにかくケプラーの特別扱いの裏にどんな事情があったにせよ、当時の彼は相変わらずグラーツに住み、地方数学官の給料をもらい、暇な時間を利用して次の著書『世界の調和』〔一九六頁訳注参照〕の構想を練っていた。その本は種々の和音を彼の宇宙体系に関係づけようとするものである。また、当然のことだが、ウルサスに宛てた手紙の余波の処理にも追われていた。ところが、一五九九年の夏になるとプロテスタント弾圧は厳しさを増した。フェルディナンド大公が自領から異教徒を根絶する計画を着々と進めたのである。それまでは少数のプロテスタントの聖職者は貴族の庇護のもとで近隣の封土に留まっていたが、今では追放を命じられ、彼らの礼拝や聖餐式に参加することも懲罰の対象になった。カトリックの結婚式や洗礼式が強制され、ルター派の聖書を読むと町から追いだされた。ケプラーはメストリンに宛てた手紙に次のように書いている。「悪巧みがなされています。人々は罪に陥れられ、正義の名のもとに［投獄や財産の没収などの］虐待をうけています……この都市で市民の迫害が激しくなれば、その手は間違いなく貴族たちの信仰の拠点に次々と伸び、最後は貴族自身にもおよぶでしょう……私たちを保護してくれる人は一人もいません。武器に頼る以外に手だてはないのですが、だれが戦えるというのでしょう。君主に楯突ける貴族はいるのでしょうか。議論は終わることなくつづいています[6]」。

手紙の最後は、チュービンゲンで職を探してほしいというメストリンへの懇願で結ばれた。自分はルター派の聖餐式に疑問を表明しているから神学の教授職にはふさわしくないが、その他の職ならなんでも喜んで受けいれたいと。メストリンから返事がこないので、彼は三ヵ月後にもう一度手紙を送った。グラーツでの生活はじきに耐えがたいほど危険になるだろう。「プラハにいたこの地方の公使が六ヵ月前にここで投獄され、先月拷問にかけられました……数年前に建てられた教会は破壊され、君主の命令に背いて牧師をかくまいつづけた市民は武力によって連行されています。昨日は二〇人が鎖につながれました。彼らの無事を願ってもむだでしょう。まったく絶望的な状況です[7]」。しかし、ケプラーのもっとも切実な願いは、メストリンがチュービンゲン大学の地位を利用して彼と家族のために安全な場所を探してくれることだった。

ところが、彼の母校の門戸はかたく閉ざされていた。その理由は謎に包まれている。もちろんルター派の聖餐式に関するケプラーの背信的な見解は問題である。しかしチュービンゲン大学当局は、このときになってようやく彼がルター派教義の重要問題に異論を唱えていたことに気づいたのであり、それ以前からたびたび提出されたケプラーの帰りたいという願いも同様に受けいれていなかったのだ。ケプラーの恩師たちの温情はよそよそしさの域を超えることがなかったようである。

彼にとって役に立つ助言を与えてくれたのはヘアヴァルトだった。八月に届いた彼の手紙は、ブラーエがプラハで幸運をつかんだこと、三〇〇〇ギルダーの俸給をもらっていることを知らせ、「あなたにそのようなチャンスがめぐってくるよう願っています。どんな運命が待ち構えているかだれにもわからないのですから」[8]と述べている。このヘアヴァルトの含みのある言葉はケプラーの心に残った。チュービンゲン大学が彼を必要としなくても、ブラーエは必要としているかもしれない。以前ケプラーはブラーエに自分のもとにくるようにと手紙で誘われたが、そのときはこの年上の天文学者自身が放浪の身にあって職と庇護者を探し求めていた。それが今は、皇帝の宮廷数学官の地位におさまって贅沢とさえいえるような生活をしている。したがって彼の誘いはケプラーにとって相当の価値がある。皇帝の都に行けば安全な住処を得られるだけでなく、「アレクサンドリアの四〇タラントの財宝」すなわちブラーエの観測データにも手が届くのだ。後にケプラーはヘアヴァルトに次のように書き送った。「なかでもティコを訪れる最大の理由がこれでした。そこに行けば［惑星が］逸脱する正確な比率を学べるかもしれない、それによって私の『宇宙の神秘』や『世界の調和』を検証できるかもしれないという期待です。なぜなら、〝アプリオリ〟な推察は明白な経験を侵害するものではなくそれに調和するはずのものだからです」[9]。ケプラーはブラーエの忠告を忘れなかった。ブラーエの比類ない観測によってはじめて可能になる経験主義的裏づけがないかぎり、ケプラーの普遍的構想も調和もただの美しい理論で終わってしまうだろう。

旅の費用はケプラーにとって法外だったが、ブラーエの友人でルドルフ帝の隠れた顧問官であるヨハン・フリードリッヒ・フォン・ホフマン男爵がその機会を与えてくれた。ケプラーはグラーツの情勢について彼と書簡を交わしていた。神秘主義を偏好するこの男爵はケプラーに好意をもっていた。その彼が一六〇〇年一月の初めにグラーツからプラハに戻ることになったのである。

こうして新世紀が始まろうとするとき、ケプラーは家族も財産も後に残して男爵に随行し、プラハに保管されて彼を待つ財宝に心をときめかせながらグラーツを発ったのだった。

第15章　プラハで対立する

ブラーエは予期せぬときにケプラーがプラハに到着したという知らせをうけた。そこで、急遽長男のティゲとまもなく女婿になるフランツ・テングナーゲルを迎えにだし、ケプラーをホフマン男爵の邸宅からベナテクまで馬車で連れてこさせることにした。そのさい二人に手紙をもたせ、その晩と翌朝に重要な天文観測があるために自分は行かれない旨を告げてわび、若い天文学者を暖かく迎え入れる言葉をそえた。「貴君は客人ではなくよき友人として、天空を探求するわれわれのもっとも歓迎すべき客員共同研究者としてこられました。これは神の御旨です。ともに多くのことを語りあいましょう[1]」。

二人の関係がもっとも良好だったのはこのときだけかもしれない。一ヵ月もしないうちにブラーエがホフマンに宛てた手紙には、ベナテクにおけるケプラーの居住環境に関して「少しずつ問題がでてきた[2]」こと、ケプラーが三人で話しあって解決したいといっていることが書かれている。ブラーエもケプラーの提案には賛成だったが会合は実現しそうになかった。数日もするとケプラーは、自分でも「めくらめっぽうな怒り」「自制心のない状態」「正気の沙汰ではない行為[3]」と後に認めているような精神状態に落ちこんでしまったのだ。この状態は三週間もつづき、ブラーエとの関係はほとんど破綻寸前にまでいってしまった。

ケプラーのフラストレーションはスタートの時点からこうじていった。ブラーエがケプラーの中に発見したのは、天文学に燃える才能豊かな男であり、彼の研究の完成に欠かせない有能な助手であった。しかし、その研究の大部分はうんざりするような骨の折れる作業で成りたっている。ブラーエがヴェーン島やベナテクで行なった無数の観測データを処理し、それによって円運動や周転円運動を算出し、今は天空の概略図でしかないティコの宇宙体系を惑星の運動を確実に予測できる正確なモデルへと完成しなければならない。

これはケプラーのもっとも苦手な仕事だった。『自己分析』でも述べているように、「彼［ケプラー］はかなりの勤勉家だがこの手の仕事はひどく嫌っている。知識への欲求と発明発見への欲望があれば仕事をするのだが[4]」。ところがブラーエのもとでは、コペルニクス説を奉じるケプラーにとっては価値のないティコの宇宙体系のために、大部分の仕事が行なわれていた。そのために自分の理論を研究する暇などほとんどないのだから、発見の楽しみなどあるはずがない。「ティコの天文学に異常なまでに忙殺されなければ、『世界の調和』に関する問題はとうの昔に解決していたでしょう[5]」とケプラーは後に述べている。

さらなる障害は、以前に剽窃事件を経験したブラーエが自分の観測を内密にして、ケプラーにはそのときの仕事に必要な情報しか与えなかったことである。そして、ブラーエが提供したデータはケプラーが予想した以上に手ごわいものだった。

到着まもないケプラーに割りあてられた仕事は火星である。火星こそケプラーにふさわしい。それは、円軌道からはずれる離心率が外惑星の中でももっとも大きく、ブラーエの観測ではどの惑星よりも完全なデータがそろっている。研究心を刺激されたケプラーは、これらの観測データから火星の正確な軌道図を導きだすのはたやすいことと考えた。火星の問題など八日以内に解いてやろうと豪語し、友人のヘアヴァルトに、ブラーエのデータは自分の『宇宙の神秘』や調和した宇宙のアイデアを証明してくれると述べている。「ですから、ティコの観測に照らしてみると、いまや火星は私がそれに割りあてた長三度［音程］に調整されはじめました。それによって、同様の調和も『宇宙の神秘』もどちらもみごとに証明されるのです[6]」。

実際は、ケプラーがデータを解読するまでの時間は八日どころか何年にもおよぶことになる。彼が「火星との戦い[7]」と称した艱難辛苦に満ちたその努力は、彼を『宇宙の神秘』の証明とはまったく別の、惑星運動の三法則へと導いたのである。その法則の第一は、火星をはじめとする諸惑星の軌道は円や周転円の組み合わせではなく楕円であるというものだ。しかし、ケプラーのこの革新的な発見はまだ遠い将来のことである。ベナテクに滞在して二ヵ月になる時点では、自分の理論に必要な観測データを簡単に収集できると考えていたものが、数年とまではいかないまでも数ヵ月間は自分をブラーエの居城に縛りつけそうに思われはじめたのである。

ケプラーのフラストレーションはついに頂点に達した。到着から二ヵ月後の四月、彼はベナテクでの時間について書き、ブラーエのもとでの滞在がまったく無意味であるかのように「時間」という言葉にラテン語の「遅延」とか「時間の浪費」を意味する mora を用いた。その長たらしい前置きは、ブラーエが観測結果の管理者としてふさわしくない理屈を述べ立てようとしているようである。

ティコはすぐれた観測結果をもっており、［宇宙を詳しく描写する］よい建築材料をもっている。助手にもめぐまれ必要なものは何でもそろっているが、ただひとつ足りないのは彼の側でこのような材料や道具を十分に使いこなせる建築家である。彼は知識が豊富で設計にも構築にもたけているが……いまやしのびよる老齢のためにその才能も力も衰えつつあり、数年後には弱ってしまうだろう。したがって一人ですべてをなしとげることはできない。そこで私がこの旅の目的を失いたくなければ、二つのうちのどちらか一つを実行しなければならない。彼の観測結果を個人的に知るか、彼を助けてその仕事［ブラーエのデータの公表］を早めるかだ。[8]

ケプラーはベナテク滞在の目的、すなわち『宇宙の神秘』を検証するという目的をあきらめることはなかった。そのかわり、目的達成には選択肢が二つしかないと悟ったのである。ブラーエの観測結果が自分に「個人的に明かされる」かデータの公表が早められるかである。ケプラーは、ブラーエが死んでデータが相続人のあいだで紛失してしまうのではないか、ブラーエは今でも自分の相続財産で十分にやっていけるのだからプラハを去ってしまうのではないか、したがってブラーエの天文学的宝庫に永久に手が届かないのではないかと心配しつづけていた。

デンマークから追われた苦い経験をもつブラーエが帝国の宮廷における特権をはやばやと放棄するはずはないのだが、ケプラーは、ブラーエの観測結果という財宝を「朽ちる運命から救いだす（七ヵ月前にメストリンに宛てた手紙にこう書かれていた）」理由として、考えられうるかぎりの理屈をひねり出そうとした。財宝はブラーエの手中にあるかぎり崩壊を免れない運命にあると。

ケプラーの意図は単純だったが、フラストレーションの原因もさらに単純である。彼は観測結果を自由に利用できないことだけでなく、経済的な問題にも悩んでいた。それまではケプラーの給料は相変わらずグラーツから支給されていてブラーエはそれを補足する程度だったが、ケプラーの滞在が長びけば不在の数学官に対する給与は保証されなくなるだろう。そこで、ブラーエは彼らに手紙を書こうと申し出、また助手のフランツ・テングナーゲルとダニエル・フェルズを帝国の宮廷に送ってケプラーに給料を支給するという条件付承認を皇帝から取りつけようとした。グラーツからの給料にこれが加われば、ケプラーも家族といっしょに暮らせるだろう。さらにブラーエは、このような交渉がうまくいってもケプラーに対する経済的援助はつづける意思があると伝えた。ところが、ケプラーの心は相変わらず疑心暗鬼に満ちていた。「当面は皇帝に隷属してティコに気を遣いながら暮らすべきか、それともティコだけに頼るべきか……しかし、ティコが要求する条件をのんでしまえば、私は多くのものを彼に譲り渡さなければならなくなり、私の研究や名声は犠牲になるだろう[9]」。

ケプラーにとって重要なのは、いかにしてブラーエに多くのものを取られることなく彼の観測データを入手し、『宇宙の神秘』を確証する名声を得られるかである。この目的により有利な条件を設定するために、彼は、ブラーエのもとに滞在して共同研究をつづける場合に必要な「妥当と思われる要求[10]」を一二項目あげつらねた。

第一は「ティコの邸宅におけるかぎられたスペース」に関するもので「私は慎み深い静けさに慣れているので、ティコの大家族の中には放りこまれたくはない」というものである。彼は自分の家族のために大規模な改築を要求し、「家内の希望でティコの家に居住する場合は、床下暖房設備と個室、それに現在学生に占領されている台所や屋根裏部屋も一部必要だ……暮らしを快適にする設備は入居前に準備し、中庭は外から入れないようにレンガ塀で囲ってほしい。そして、私たちがそこから追い出されたり、他人との共同生活を強いられたりすることがないようにしてほしい[11]」。

さらに、十分な量の薪、肉、魚、ビール、ワインも必要だ。研究の時間や課題、プラハに行くことなどに関してはケプラーの自由にさせるべきである。スティリアに戻る路銀も入用である。また、本人の承諾がないかぎり、ケプラーの名前でいかなる出版物もだしてはならない。そのほかケプラーは給料の支払いの時期や方法についてもこまごまと指図した。

この文書がどのようにしてブラーエの手元に渡ったかは不明だが、ブラーエは助手に、ケプラーの要求に対する返答をリストの後ろに筆記させて、まるで二人の問答のような形式にした[12]。要求リストの前置きでは、ケプラーが正しい宇宙体系を構築する「指導的建築家」と自称してブラーエを無視したにもかかわらず、ブラーエはあっさりとその要求を認めている。ケプラーがなぜこんな愚にもつかない権利を主張するのか、以前から承認済みだった条件をふたたび持ちだして要求するのか、ブラーエはまず戸惑ったようである。

視力が弱いのだから観測は強要されない、くだらない機械操作や家事に関わる仕事はしなくてもよい、宴会にいつまでも参加する必要はない。このような細かい要求をブラーエが完全に認めているにもかかわらず、ケプラーはまるで拒絶された者のような反応をする。「観測に関しては私の目はまったく役に立たない。機械操作に関しては不器用である。家事や政治に関しては慎重でかんしゃくもちだ。長時間座りつづけるには、とくに宴会で約束の時間をこえてながながと座りつづけるには虚弱体質である……私はときどき立ったり歩いたりしなければならない[13]」。まったくのところ、デンマーク流のえんえんとつづく豪儀な晩餐会はケプラーにとってわずらわしい以外の何ものでもなかったようだ。ケプラーは、哲学者として自由に自分の研究ができる権利を主張し、そのかわり毎日研究報告はすると約束した。さらに、休日には好きなように私事に専念し、教会にも自由に行きたいと。このときもブラーエは驚いたように答えている。「私がいつ、こんなことを禁じたり小言をいったりしたというのですか」[14]。

だが、ケプラーの要求は留まるところを知らなかった。つづいて三つ目の要求リストが突きつけられた。このころのケプラーはかなり興奮してきたので、ブラーエは友人のヨハネス・イェセニウスに仲介役を頼んでケプラーの異常な振るまいをなだめようとしたほどである。このときもケプラーはブラーエがすでに認めている要求を繰りかえした。しかしながら、ある要求に対してだけはブラーエが難色を示した。事実、断固として譲らなかった。ケプラーが冷静さを完全に失うのはこの問題に関してだったのである。

ケプラーは、ブラーエの観測結果を監視されることなく自由に利用したかった。そうでなければ、彼がプラハで自由に研究できるというブラーエの約束は保証されない。ケプラーが最初からこれを目的にして交渉していたのか、怒りのあまりに突然その考えが実現できそうに思えたのかそれはわからないが、いずれにしても向かうべき方向は明らかだった。


私は、研究のためにはこの要塞「ベナテク」の彼の家で暮らすのが一番よいという考えに長いあいだとらわれていましたが、よくよく考えてみるとプラハを選ぶべきだということがわかりました。第一、ティコが私に与えてくれた部屋は快適に住める条件が整っていず、大して金のかからない必需品でさえそろっていません……たしかにティコはこの部屋を住みやすくするだけでなく、私の家族のために南向きの部屋を新設しようとしていますが、私はこの件に関してどんな譲歩もできません。というのは、ティコが提供してくれるものは建築過程の付属物として他人まかせになっているからです［ケプラーはここで明らかに、手元に届くはずの金や物資の遅れを意味している」。したがって、当面はプラハに居住するつもりです。ティコが私の部屋をつくり、必要な調度品をそろえて私と仲直りをしようとしても、私たちがそれ［新しい住居］を受けいれるか、それとも前の状態［プラハに留まること］に固執するかは私と妻の決めることです[15]。

要するに、ブラーエはケプラーのために、床暖房、囲いのある庭、台所、家具調度などすべてそろった特別な住居をつくるべきであり、それが完成したらそこに住むかプラハに留まるかはケプラーが妻とともに決定しようというのである。しかし、どちらを選択するかはすでに決まっていた。というのは、ケプラーはブラーエとの緊張状態をしきりに述べ立てているからである。「このように日常的なトラブルのために私が逆上して口やかましくまくしたてるかぎり、私たちのあいだに永続する好ましい関係などありえません。ティコはこれを胆に銘じるべきです。ましてや、うるさい家族の問題を解決する方法などありえないでしょう[16]」。

このときもまたブラーエは、今度は家族にまで向けられた無礼な言葉をのみこんだが、自分の観測結果を目の届かないところに持ちだされるのだけはいやだった。そこで彼ははじめて「ノー」と答えた。「私の側にいること自体が彼の気に障るのだとしたら、彼がプラハにいようとスティリアにいようと私にとっては同じことだ。それよりも書簡をやりとりしたほうがよいだろう……私の天文学的蓄積をプラハに持ち去られるくらいなら」。ブラーエはベナテクに近い町にある自分の家を代わりにケプラーに提供しようといった。そこならケプラーの要求する静かな生活は実現するだろうし、距離的にも近いので共同研究も続行できる。もう少し離れたところにも、もう一つのオプションとして別の家がある。ところが、どちらの提案もうまくいかなかった。そこでブラーエは、ケプラーがどうしてもプラハで研究したいというのならそれを邪魔するつもりはないので、皇帝の援助が得られるよう引きつづき努力しようとつけくわえた。「［ルドルフ帝が］私に慈悲深くも約束された館」にケプラーが自由に住めるようとりはからってもよい。そこは皇帝の居城の側にあるクーッの邸宅である。ケプラーが彼との共同研究を不満とするなら、最高位の貴族でさえ憧れるような輝かしい地位につけるよう尽力しよう。[17] これは普通の人間ならこたえられないほど魅力的な提案である。ところがケプラーは怒りに震えた。

一六〇〇年四月五日に二人が顔をつき合わせたときケプラーがどんな言葉を吐いたのかは記録に残っていない。会合の後で仲裁役のイェセニウスが彼を厳しく戒めなければならなかったのだから、よほど常軌を逸していたのだろう。翌日、ケプラーはホフマン男爵邸に連れていってくれといいだした。そして、おそらくブラーエの観測データを脅かすようなことをいったのだろう、ブラーエは彼が発つまえに「観測、発明、その他の天文研究についてブラーエが伝えたこと、および将来伝えることはすべて」最高機密にするという誓約書[18]に署名させた。

ところがイェセニウスに連れられて出発するときは、ケプラーにいくらか反省のいろが見えていた。そこでブラーエはイェセニウスをわきに連れていき、ケプラーが許してほしいのなら認めようと伝えた。ケプラーがわび状を書いてくれるなら家に迎え入れようと。イェセニウスの説教じみた伝言がケプラーにふたたびかんしゃく玉を破裂させたのか、それともたんにケプラーのむら気が極端に走っただけなのかはわからないが、彼はとたんに自責の念を閉じ込めてしまった。その日か翌日に彼はブラーエを痛烈にののしる手紙を送りつけてきた。その手紙は、ケプラーがブラーエを責める他の多くの手紙と同様に失われてしまったが、ブラーエの反応やケプラーがその後に書いた謝罪文から推察すると、あきらかに無礼の域を超えていた。ブラーエを不誠実だと非難し、犯罪行為の可能性もあると誹謗する、まるでウルサスさながらの中傷文だったようである。

その手紙にかっとなったブラーエは、それを自分の手紙に同封してイェセニウスに送った。「「ケプラーの」直筆の手紙を同封します。そこに書かれた逆上した言葉や不埒きわまりない当てこすりは、酒を飲んでも、いかに軽蔑しても、そして彼がどんな言い訳をしても許せるものではありません。彼が唯一口実にできるのはその激情です。それはパン種のようなもので、活動していないように見えるときでも、内部でじわじわと増殖しています……私のこれだけの好意に対して敵意を抱く男の頑迷さにはあなたも驚かれるでしょう……それがこの男を駆り立てて狂犬にしてしまうのです……ですから今後、彼とは口頭でも文書でもいかなる交渉もしないと決心しました。絶対にしたくないと考えております」[19]。

結局、ケプラーはプラハのホフマン男爵邸に三週間滞在したが、その間に男爵に説得されたのだろう、その月の末にはブラーエに謝罪の手紙を書いている。それは文面だけは、たしかに罪を深く悔やみ自己卑下すらしているように読めるものである。「過日、風よりもはやく無礼を働いたこの罪深い手をどうつくろったらよいのか途方にくれています。まずなにから申し上げたらよいでしょう。私の自制心のなさから話すべきでしょうが、それには極度の苦痛がともないます。それともあなたの寛大さからでしょうか」。ケプラーは、ブラーエが本当に自分を支援してくれたこと、その家族はきわめて暖かく寛大であること、データも共有させてくれたこと、ルドルフ帝の宮廷におけるケプラーの地位向上に尽力してくれたことなどをあげてながながと感謝の言葉を述べた。しかし、ウルサス事件のときのわび状と同様に、このときもケプラーの行動の責任はだれか別の者、この場合は神になすりつけたのである。「ですから、狼狽してこう考えるのです。神と聖霊が私を自制心のない病んだ心に委ねられたのだと。（ベナテクでは）多大の恩恵に目を向けようともせず、三週間というものご家族に対しては慎みを示すかわりにむら気ばかり起こしていました。数々のご好意に対して爆発する怒りで報い、あなたに尊敬の念を示すかわりにこの上ない無礼を働きました」。まったく同じような調子で、ベナテクを去った後に書いた口ぎたない手紙は神のせいであるとし「自分自身を見失って猜疑心に満ちた告発をし」、彼がもっとも「忌まわしい言葉」と称する「悪口雑言の手紙に熱中してしまった」と述べている。

ところが書きすすむうちに、ケプラーの罪悪感は文面からしだいに姿を消していった。「このような問題のすべて、つまり怒涛のように押し寄せる制御不能な激しい怒りは、中傷する意図などまったくないにもかかわらず短絡的な判断を下してしまう若気の至り」であり、おぞましい手紙を送って数週間もしないうちに自分の行為をわびようと改心したのは「異常な精神状態を引きおこす病的な心が打ち砕かれた」からだとして、罪悪感を完全に打ち消している。「私が激しやすく不誠実であり言動の申し開きができないことはことごとく認め、自ら進んで公言いたします。なぜなら貴台にはなに一つ落ち度がなく、私のどんな名誉も侵害されたためしはないからです」。最後に、ケプラーはこれからはよい子になりますと誓った。「また、今後私がどこに住もうと、このように異常な言動や執筆は繰りかえさず……貴台に対して不当を働くことはいっさいしないと心から誓います……この約束が果たせますよう神のお力添えを祈ります[20]」。

要するにケプラーは一時的な精神異常を口実にして謝罪した。これに対してブラーエはすぐに自ら出向いて打ちひしがれた若者を馬車に乗せ、ベナテクへ連れ帰ったのである。ケプラーが馬車の中で本当に悔恨の念に暮れていたかどうかはわからない。ブラーエから観測データをもぎとろうという最初の目的はけっして放棄されていなかった。約束も誓いも署名入りの「誓約」も効力が長続きすることはなく、やがて彼は目的を達成しようとあらゆる画策に着手するのである。

第16章　ケプラーの裏切り

六月になるとベナテクで起きた不愉快な出来事は鳴りをひそめ、ケプラーはブラーエの従兄弟のフレデリック・ローゼンクランツ[1]に随行してウィーンに行き、そこからグラーツに帰郷することになった。グラーツで今後も彼に給料を支給しつづけるという確約を取りつけてから家族を連れてボヘミアに戻る予定だったのである。彼は「誉れ高く賢明な貴顕諸氏[2]」に宛てたブラーエの手紙を持参してグラーツに到着した。それはケプラーの才能を賞賛し、彼が皇帝の宮廷で重要な研究をつづけられるよう、今後も給料を支給してくれるよう彼らの慈悲を懇願する文書だった。

ところが、グラーツの輝かしい指導者たちには別の考えがあった。ケプラーが帰国を知らせると、この困難な時代は天文学をやめて社会に役立つ医学に鞍替えせよという命令が解雇をほのめかして下されたのである。五ヵ月もボヘミアに滞在して家族なしでも十分にやっていけることが証明されたのだから、この秋にはイタリアに行って医学の勉強を始めるようにという提案である[3]。

一方、ブラーエの方はルドルフ帝に働きかけてケプラーをプラハで再採用するよう要請する手紙を書いてもらったが、宮廷の官僚的遅延のために数ヵ月が経過しても皇帝の承諾はいまだに公式文書にならない状態である。いつまで待てばよいのか。ルドルフ帝自身からも給料が支払われる可能性はあり、それにブラーエのポケットマネーも追加されるという約束は出発まえになされはした。しかし、ケプラーがヘアヴァルトに宛てた手紙に書いているように、ブラーエ自身でさえ「どんなに高名で皇帝の寵愛をほしいままにしていても、毎年の給料を得ることはきわめてむずかしく、本当にそれを獲得できたのかさえ疑わしい」[4]のである。そのうえケプラーはスティリアを離れたくなかった。妻のバーバラの所有地も友人も金持ちの父親もみんなグラーツにあるのだから。

七月、このような不確実な境遇にあったケプラーは、ふいに思いついたようにオーストリアのフェルディナンド大公に宮廷で天文学者として奉仕したいという手紙を書き送った。「お聞き入れくださるなら、私はすぐにでも神の恩寵によって［殿下の］御旗のもとで勲功をたてたいと熱望しております。それはティコでさえ価値を認めざるをえない仕事であり、かつてのアルフォンソ王の栄光を再現し……それを後世にわたってオーストリアで輝かせる仕事でございます」[5]。ケプラーが引きあいに出しているのは一三世紀のカスティリアのアルフォンソX世である。アルフォンソ表を完成させた彼の庇護は、科学にとってヨーロッパ史上最高の賞賛に値する援助であった。ケプラーの助けがあれば、フェルディナンド大公の御世も同様の栄光に未来永劫包まれるだろう。しかしケプラーは黙っていたが、そのためには、ブラーエの観測結果、発明、その他の天文学的研究に関して第三者には絶対に口外しないという神聖な誓い[6]を完全に破らなければならないのだ。

ケプラーは大公に自分を高く売りつけるために、ブラーエのもとで新しい天文学を学んだことを説明し、緻密な研究によって至高の殿下に奉仕できるほどの進歩をなしとげたと強調した。そして、ブラーエのデータに基づいてブラーエの月の理論をこと細かに批判し、これらの観測結果は口頭で聞いたにすぎないが、それでも自分が「食」を計算するには十分であると述べた。次回の月食はブラーエの理論の欠陥を証明し、ケプラーの理論こそすぐれていることを示すチャンスになるだろう[7]。もちろんフェルディナンドの知らないことだが、ケプラーがそれを証明するには誓約を破棄しなければならないのだ。「すでに利用したティコのデータを使って、それを証明してみましょう」[8]というのだから。

これと並行して、ケプラーはプラハにいるブラーエの助手ロンゴモンタヌスに手紙を送り、ブラーエの「月の緯度」説に関する情報を送ってほしいと誘いかけた。師に忠実なロンゴモンタヌスは、ブラーエがベナテクでそのデータをケプラーに見せたのかどうか知らないからといってていねいに断ってきた。そして追伸に、その手紙がとくにブラーエの疑惑を呼びおこすものではないが、念のために写しをブラーエの手元に残したと書き添えた。ケプラーがグラーツでひきつづき月の運行を研究するのを反対するつもりはなく、これはただケプラーの誓言を信じたうえで行なったことであると。[9]

数週間前には、「荒れ狂う病的な精神」によって駆り立てられた愚かな言行を謝罪して大人しく見えたケプラーが、いまや機会がおとずれるとその誓いを破って、自分を許して連れ戻してくれた師を欺こうとしている。そして、これは彼が発作的に自制心を失ったからではなく、沈着に、計画的に、そして、それを抑制しようとする意識のかけらさえもなく、実行されようとしているのだ。ケプラーの人格を赤裸々に映しだすこのエピソード、つまり彼自身から誠実さが完全に消えうせてしまった例はこれが最後ではない。しかもその兆候は『自己分析』に詳述された彼の自画像にすでに表れていたのである。

[ケプラーの] この性格はまさにあらゆる種類の見栄に相当する。それは長所でもあるが、見せかけや欺きや偽りへの渇望でもある……原因は水星にあり、それを火星が助長しているのだ。しかし、この欺瞞を妨げるものが二つある。一つは悪評をおそれることで、彼はなによりも本物

の賞賛を求め、どんな種類の中傷にも耐えられない……もう一つは、このような欺瞞はどんなにうまく仕組んでおいてもときどき裏目にでてしまうことだ……失敗は悪評へとつながっていく。つまり、失敗は恥辱と狼狽をもたらすのである[10]。

ケプラーは自分の欺瞞がうまくいかないことを嘆き、それは火星と水星の影響ではないかと考え、このように不利な条件をもたない人々を羨んでいる。「だが、一部の人々のごまかしはあまりにも巧妙で、人間だけでなく神さえも欺けるかのように見える。その最終目的はむなしいものだが、ごまかしが不思議なほど長続きするのである[11]」。

この文章でもっとも驚くべき点は、うそをつくことへの良心の呵責もいかなる道徳的基準もそこには見られないことである。善悪の基本的な区別についてはひと言も述べられていない。彼にとって正直とは規範ではなく、自分の策略をだめにする不快物でしかない。誠実とは、たまたまそれが彼の生来の性質である欺瞞へのこだわりを超えて高く評価されるときに、安全弁として利用する手段にすぎなかった。

『自己分析』の他のくだりもそうだが、このようにものごとを突き詰めていく思考方法は青年期に見られる心の闇の表れであると弁明したい読者もいるだろう。しかし、ケプラーがこれを書いたのは二六歳のときである。彼は『宇宙の神秘』を出版し、妻帯さえしている成人だったことを忘れないでほしい。おそらくこれはケプラーの分析的精神に帰すべきだろう。天文学でふるう冷徹な洞察力を自己分析にも適用し、そこから引きだした結論は正直いって彼の行動を見ればきわめて正しかったのである。

『自己分析』でも予測されているように、ケプラーのブラーエを欺く計画は成功しなかった。ロンゴモンタヌスは協力を拒み、フェルディナンド大公はわずかの現金を報酬として与えてくれたが彼の提案は却下した。そのうえ、大公がケプラーをプロテスタント弾圧から免除するつもりはないこともまもなく判明するのである。

七月三一日、グラーツの全市民が教会に招集され、大公の面前で一人ずつカトリック教義に対する信仰を宣言させせられた。これを拒む者は資産の一割を罰金として納め、さらに四五日以内に町をでることを命じられた。この懲罰は現実には予想以上に厳しいものだった。というのは、期限内に売却できない資産をカトリック教徒に賃貸することはできないという布告が加わったからである。その結果、土地その他の不動産は捨て値で売り払われ、カトリック教徒の市民が価格急落の恩恵をうけることになった。しかも、支払いには貨幣価値の下落したハンガリー通貨だけが使用された。ケプラーは町を立ちのく日が近づくと、メストリンに次のように書いている。「結婚によって金持ちになれると考えていましたが、実際はひどい貧乏になってしまいました。裕福な家庭の女性と結婚し、その親族もみな裕福なのですが、彼らの財産はすべて不動産なのです。それらにまったく価値はなく、それどころか売ることとさえできません。だれもが無料で手に入れようとするのです(12)」。

しばらくするとケプラーは困難な状況を説明する手紙をブラーエに書いたが、それには折り返し返事がきた。プラハにくることです。家財をまとめ家族を連れて。ブラーエがケプラーのために皇帝の顧問たちと交渉したところでは希望のもてる結果になりそうである。スティリアからの俸給が失われたのは二人の計算違いだったが「このような困難を乗りこえ、あなたとあなたの問題をうまく切り抜ける方法は見つかるでしょう……。とにかく私はどんな機会も見逃すことなく……あなたを振りまわし疲弊させる問題を解決するために［ルドルフ帝に］働きかけるつもりです」。ブラーエはうまくいくことを確信していたが、たとえ皇帝による俸給の望みが断たれたとしても、彼がケプラーを見捨てることはないと約束した。「ためらうことなく、自信をもって、できるだけ早く」プラハにきて、「すべてを差しで話しあいましょう」[13]とケプラーをうながしたのである。

ケプラーはそれよりもチュービンゲンに戻りたいと考え、もう一度行動を起こすことにした。メストリンに手紙を書き、妻と養女のレギーナを連れてリンツに行き、家族をそこに残して自分はプラハに様子を見にいくつもりだと報告した。「私がどこに行き、どんな俸給を獲得し、またその希望をどの程度もて、どれだけ神のご加護を得られるのかわかりませんが、リンツに行っても状況が悪化しそうであれば家族を連れてあなたのもとに駆け込みます。あなたはきっと私に〝ささやかな教授職〟を探してくださるでしょう[14]」。

リンツに到着してもメストリンからの返事はなかった。その理由ははっきりしている。彼が家族を引きつれて避難民のようにメストリンの家に転がりこんでも、チュービンゲン大学は彼を歓迎しないだろう。もはやリンツに長居をする意味はない。六ヵ月間も病むことになる間欠熱に苦しみながら彼はバーバラとレギーナを連れてプラハにたどりつき、そこでホフマン男爵にふたたび快く受けいれられたのである。

ケプラーの将来の見通しは暗かったかもしれないが、彼の自尊心だけは変わらなかった。彼はプラハに着くとすぐに、ブラーエに自分の到着と計画を知らせる手紙を書いた。プラハに自費でやってきたのは（その経費をこと細かに挙げつらねている）、ブラーエと、そして間接的にはルドルフ帝との約束を果たすためである。だが、いつまでも待つことはできない。ブラーエが四週間以内に皇帝との交渉を有利に終わらせて彼のためにプラハによい地位を獲得してくれるなら、そのときは考慮するつもりである。その間はプラハのヴュルテンベルク公使館に行って、プロテスタント君主フレデリック公の統治下にあるドイツの自分の故郷に仕事を探すつもりだ。そこでは「追放されたプロテスタント教徒は……すぐにも食料を支給され、都合のつきしだい職も与えられると聞いている」[15]。チュービンゲン大学の教授陣からは約束を取りつけてあり、大学は公爵に有力なつてをもっているのだから、ヴィッテンベルクかイエナ、ライプチッヒまたはその他の大学に推薦される可能性もある。したがってケプラーは楽観的に考えていると。

チュービンゲン大学の教授陣から約束を取りつけたという話はでたらめであり、公爵の愛顧をほのめかす言葉は幻想にすぎない。それらはケプラーの自己欺瞞か、または、ブラーエが自分のために何もしていないとして、彼に対する自分の立場を有利にしようとしたはったりでしかない。結局、ドイツでは何ひとつ具体化せず、ルドルフ帝との交渉が決着をみるまでは、ケプラーはブラーエのポケットマネーに頼らざるをえなかったのである。

第17章　ティコとルドルフ帝

　ブラーエが第二のウラニボルクを新設してまもなく、それを手放さなければならない事情が発生した。ペストの流行を避けてピルセンで九ヵ月間過ごしたルドルフ帝が七月にプラハに帰還すると、ブラーエを側近として呼びよせたのである。ブラーエが家族を連れて最初に到着したのはフラッチャニー城から遠くないゴールデン・グリフィンという旅籠屋だったが、そこでは何もできないために、皇帝は一万ターレルでクーツ邸を未亡人から買いとりブラーエに提供した。一六〇一年二月末、ブラーエは一族郎党を引きつれてそこに永住することになった。その館は彼がはじめて帝国の都に到着したときに居住を辞退した物件であり、また、一〇ヵ月前にはケプラーとの感情的もつれを解決するためにケプラーの所有にしようと提案したものである。

　ベナテクの観測装置はまたたくまに取りはずされ、それとともに宮廷の雑務や日増しに精神不安定になっていく皇帝から離れて静かに学究生活を送りたいという彼の夢もぬぐい去られてしまった。数ヵ月以内にすべての装置が、ドイツからようやく届く最大の装置も含めて新しい住処に到着し、宮廷の庭園内にある見晴台のバルコニーに落ちつくことだろう。さわやかな音を奏でる噴水の側で庭園の動物たちに囲まれて、皇帝はときどきブラーエとともに星を見つめて夜を過ごし、権謀術数の渦巻くプラハの宮廷政治とは関わりのない信頼の置ける廷臣と、会議の議題に悩まされることもなくのんびりとひとときを楽しむことができるのだ。

皇帝がブラーエの占星学的な助言を求めて彼をつねに側に置きたがっていたことは、ブラーエが八月にグラーツのケプラーに宛てて交渉状況をつぶさに説明した手紙からも推察できる。というのは、ブラーエが謁見の機会を利用して助手のために皇帝から確実に資金を引きだそうとしたにもかかわらず、ルドルフ帝のほうは一時間半も彼を側に置いたあげく、同じ日にふたたび彼を呼びだして二度目の謁見をさせたりしているからだ。皇帝は占星学者に相談しなければ何事もできないようになっていった。宮廷には君主の迷信的な精神傾向を満足させてその見返りを求める占星術師が多数集まっていたが、皇帝にとってこの世界的な大天文学者の助言に優るものはなかった。

このような二人の関係でとくに興味深いのは、少なくとも表向きはヨーロッパでもっとも有力な地位にある人物を廷臣としてやさしく説得するようなときに、ブラーエの性格や手腕がはっきりと表れることである。ブラーエは占星学的な助言をすることに興味はなかった。占星術で正確な予言をするのは、ごく一般的だがあまり役に立たない事柄をのぞけばほとんど不可能であるとすでに見限っていた。事実、彼は占星術で予言をしようという試みを軽蔑に似た感情をもって見るようになっていた。

それはブラーエが占星学の理論的な基礎を疑っていたからではなく、その実用が結局は当て推量に帰するのではないかと考えるほど経験主義的な精神をもっていたためである。話は一五九七年に戻るが、ブラーエはメクランブルク公爵から、翌年に関する二人の占星学者の予測がまるで正反対だったと嘆く手紙を受けとったことがある。(1) これに対してブラーエは、一方はプトレマイオス表を使用し、他方はコペルニクス表を使用したためだろう、どちらの表にも不正確な部分があるので確実な予測ができなかったにちがいないと書き送った。また、たとえすべての情報が正確であっても、占星学者によってデータを分析する技術や推測方法が大きく異なるので、二つの推測が一致するというのはまれである。このような理由から自分はこういった仕事には関係したくない。それよりも、限界があるとはいえ、少なくとも真実を具体的に検証できる可能性のある天文学に専心したい。ブラーエはこういい切った。

ブラーエは最初から、皇帝が超自然的な力に頼ろうとするのをやめさせようとしていたようだ。その年のはじめに、ピルセンにいたルドルフ帝は、ブラーエの助手を通してペストの流行がいつ終息するのか予言してほしいと要求してきた。「ただいま、尊書を拝受いたしました」とブラーエは書いている。

宮廷におります助手のダニエル・フェルズを通して尊書を拝受いたしました……慈悲深い皇帝陛下が、今年に関する、とくに疫病の予測を簡潔に叙述してすぐにでも送るようにと望まれておられることを知りました。じつを申しますと、私は占星学的な予言をすることには馴れておりません。と申しますのは、占星術には、天文学が星の運行を慎重に観測するときだけに与えてくれる、私にとって必要な正確さというものがないからでございます。私が天文学を極めるのはこのような理由からでございます。また、世界におよぼされる一般的な影響は天空の星からではなく、より低い次元の原因や諸元素の性質からくるものと思われます……したがいまして、幻覚に気づかずにこれらのことを予知できると考える者たちが特定の具体的問題に関して正しい予測ができたためしはほとんどなく、大半は彼らの作りごとの産物にすぎないのであります[2]。

こうしてブラーエはこの種の予言には価値がないと明言しながら、ルドルフ帝のご希望であればお送りしましょうとつけ加えた。九月頃には、彼は皇帝の迷信的な恐怖心をやわらげ、つねに精神的な支えになろうとするよき友人になっていた。宮廷では、ブラーエがトルコ戦争の戦術を皇帝に助言しているといううわさも立ったようだ。文通相手のゲオルク・ローレンハーゲンに宛てた手紙の中でブラーエはうわさを否定し、皇帝の目に見えてなえていく気力を盛りたてるために努力しているとそれとなく述べている。

お手紙でご推察されるとおり、［うわさは］根も葉もない偽りです……陛下がご自分からそのような相談を持ちだされたことも、トルコやトルコ戦争について書簡でも口頭でも述べられたこともありません。ましてや、外交に携わらず予言することもない私がそのようなことをいいだすはずがありません。それよりも、ふさぎ込み、落胆、移ろいやすい猜疑心、迷信など、こういったたぐいの精神状態をお癒しするために、混乱された皇帝に健全なお心をとり戻せるような話をそれとなく述べるようにしております。これにはかなりの成果があり……それは皇帝のお側におられる書記官長のバーヴィッツ卿もご存知です。この件に関しては、卿からお心のこもった感謝の言葉をしばしばいただいております。(3)

ここでもブラーエは宮廷の陰謀から一線を画し、それでも発生するルドルフ帝とのうわさやゴシップを押さえこむために相当の努力をした。うわさやゴシップはルドルフ帝をとり巻く秘密主義的な宮廷社会にはつきものである。とくにまことしやかにしつこくささやかれたうわさは、ブラーエがカプチン修道会士をプラハから追いだすようルドルフ帝に耳うちしたというものだ。うわさの種をまいたのは当の修道士たちである。彼らはブラーエの卑金属を金に変えるという実験、すなわち彼らにいわせると黒魔術の儀式が彼らの祈りによって失敗するからだという。これは、ブラーエが長年にわたって錬金術を蔑視していたことを考えれば、およそ根も葉もない口実である。そのうえ、宮廷には皇帝がその気になりさえすれば相談できる錬金術師がひしめいていたのだ。もう一つのいいがかりは、修道院の絶え間ない鐘の音が研究の妨げになるために、皇帝を説得して彼らを追放しようとしたという。ブラーエはこの事件との関わりを完全に否定しており、ローマ教皇大使でさえこのような誹謗には信憑性がないとしている。もっとも可能性のある理由はルドルフ帝の精神衰弱であり、バチカンの政治的陰謀に対する彼のパラノイア（たんなる妄想といいきれない部分もある）が悪化したためにカプチン修道会士がその犠牲になったというものだろう。いずれにしても、皇帝の衰弱した精神が最悪の時期を過ぎて回復すると、カプチン会の修道士たちはプラハに呼びもどされ、修道院の鐘は以前と同じように規則的に鳴りはじめたのである。

このようなうわさのためにブラーエは宮廷生活をますます厭うようになり、ベナテクという避難所を失った不幸を痛感したにちがいない。しかし彼は以前と同じような冷静さをもってこれに耐え、一六〇一年二月にはクーッ邸のあまり広いとはいえない住居に引っ越した。そしてじきに、ヴュルテンベルクの公使館員にかけ合っても（本当にそうしたのであればだが）何ひとつ成果を得られなかったケプラーもそこにやってくることになる。

さらに、ブラーエは深刻な経済的問題にも直面していた。寛大だがほとんど絵に描いた餅同然の俸給はいまだに二度目の支払いがなされていなかった。そのために経済状態は徐々に厳しくなっていったが、プラハの社交界ではそれなりのことをしなければならず、自分の家族だけでなく多数の助手を含む一族郎党を養う必要もあった。とりわけケプラーとその妻や養女の生活は、宮廷での牛歩のような交渉が成立しないかぎりブラーエが保証しなければならない。プラハの宮廷数学官の経済事情は贅沢どころではなかったのである。[4]

第18章　メストリンは沈黙する

いまやケプラーは、自分でも恐れていたとおり、ブラーエに依存しなければ生活できなくなった。グラーツを追放されるときに俸給の半額を支給され、これもまた身元引受人の特別なはからいによって一〇パーセントの追放税が五パーセントに減額されたが、プラハではなにもかもが高くつくために、彼の契約解除金だけでは長く暮らせないことがわかったのである。金づるとして空しい期待をよせた妻は新しい環境に馴染めずに呆然としていた。彼女はよく泣き言をいい、一族の婦人たちがみなデンマーク語を話し、自分をそれ相応に扱ってくれないといって嘆いた。

クーツ邸の満員の住居においてでさえ、ブラーエがデンマークから持ちこんだにぎやかな習慣はつづいていた。家族や同居人の親しいつきあいや酒を酌み交わす長時間の宴会はケプラーにとって耐えがたい試練であり、彼の神経にひどくさわった。彼はプラハにくる途中で間欠熱を病み、そのために神経がすりへってぴりぴりしていたのである。しつこい咳は結核かもしれない。バーバラも病んでおり、ケプラーにとって習慣になっている瀉血療法もまったく効果がなかった。

しかし、ブラーエによって課された新しい仕事は、クーツ邸で感じる閉塞感など問題にならないほど大きな苦痛を彼にもたらすことになる。ブラーエがウルサスに対して行なった訴訟は無に帰してしまった。というのはこの剽窃者はいったんプラハに戻ってきたものの、彼が書いた中傷文をとり消すことも剽窃の行為を認めることもなく息を引きとってしまったのである。[1] ウルサスにしてみればちょうどよいときに死んだといえよう。生きていれば広場で首を切り落とされ、遺体を四つ裂きにされたにちがいない。

嘘というものはその発信者が墓の下で冷たくなっても、まるで不滅のように生き残るものである。それを案じたブラーエは二つのことを実行した。第一は、ブラーエの妻や家族に対してわいせつな誹謗をするウルサスの本を法的に禁止すること。これは皇帝に聞き入れられ、布告令によって神聖ローマ帝国では禁書とされ、プラハで回収された複写本はすべて焼却されることになった。第二は、ウルサスに対する訴訟行為を記録した本を作成し、それによってウルサスの罪状を立証して後世に残し、さらにティコの宇宙体系の第一考案者はブラーエであると証明することである。[2]

ブラーエから見ると、この本の第二部を書くのは当然ケプラーである。彼はこの事件に深く関わっていたし、ブラーエがウルサス訴訟の準備をしていたころに、第一考案者はブラーエにあることを論じる「仮説に関するティコとウルサスの紛争」と題した二ページの文書を著していたからである。ところがケプラーにとって、この計画は地雷原のように危険だった。ウルサス本人はこの世からいなくなったが、これによってケプラーが彼に宛てた複数の手紙がふたたび表沙汰になり、彼の欺瞞が暴かれないともかぎらない。ブラーエは、ケプラーがウルサスに送った手紙は一通だけで引用された文章も間違っていたと信じているが、ケプラーが後にヘアヴァルトに打ちあけたように、[3] ウルサスの本に印刷された言葉はまさに彼自身のものだったのだ。

この紛争に公に関わるのはケプラーにとって不利だった。さらなる欺瞞の責めも負いかねない。事件をもう一度蒸し返してスキャンダルへの好奇心を再燃させるのは御免蒙りたい。クマは静かに眠らせておいたほうがいい。墓穴を掘りそうな自分の手紙といっしょに。そこでケプラーが用いた策は消極的な抵抗だった。彼は執筆を何ヵ月も引きのばしたのである。古代の天文学者を詳しく調査して、ウルサスがティコ型宇宙体系の原型になったと主張する研究をつきとめる必要があるから、というのがその口実だった。結局、ケプラーの「ウルサスに対するティコの抗弁」は彼の存命中に出版されなかった。不完全な形のままで他の論文とともに遺され、一九世紀に出版された論文集の一部として公表されたのである。

＊　＊　＊

ケプラーの苦痛の原因はウルサスだけではなかった。それより数ヵ月前に、ブラーエのデータを「剥奪する」計画にメストリンも引き入れようとした試みが恐ろしいことに裏目にでてしまい、友人や恩師とのあいだにほとんど永久に埋まらない溝をつくってしまったのである。

ケプラーはチュービンゲンでどんな「小さな職」でもよいから探して欲しいとメストリンに哀願していた。それが一〇月になってようやく返事が届いたのだが、その手紙も以前と同様にていねいに、しかしはっきりと、自分にできるのはプラハで絶望している友人のために祈ることだけだといって断ってきた。

そして、メストリンは他の心配事に話をうつし、ケプラーが出した別の手紙について（これは残っていない）祈りどころか露骨な非難をこめて述べているのである。

あなたは以前私の手紙を公表すると書いていましたが、そんなことは決してしないでください。

友人として友人に宛てて書いたものであり、その内容はとくに珍しいものではありません。しかし、それが公表されるとわかっていれば、もっと慎重に書いたでしょう……私はほかでもないあなたに宛てて、つまりたとえ辻褄の合わない言葉でもありのままを理解できる友人に宛てて書いたのです。私の気持ちがわかってもらえればそれで十分でしたから……。しかしながら、個人的な友人でも世間の耳を意識して話す場合は問題が異なります……個人的友人の個人的問題に関する手紙をむとんちゃくに公表するような行為は私には認められません。私があなたの手紙を同じように公表したら、あなたは喜ぶでしょうか（あなたの手紙には、私たちのリーダーの家であなたが研究の邪魔をされたように考えて疑っている人々について書かれています）。[4]

ケプラーが弁明の手紙を何通も書いたにもかかわらず、メストリンは五年間というもの教え子との交信を絶ってしまった。

いったいなにがあったというのか。メストリンが一種の精神異常におちいっていたとする歴史家は多く、彼が言及している手紙は存在しないのだから、これはメストリンの作り話だろうと推測されている。このような解釈によると、メストリンは、ある種の犯罪行為に巻きこまれて追放されたらしい息子のことで、深刻な欝状態におちいっていたようだ。

「私は息子を失い、老いの支えとなる杖を失ってしまいました。正直いって、この悲痛のどん底から這いあがることができません」[5]。メストリンはケプラーに宛てた最後の手紙でこう述べている。メストリンが落胆しているのは確かである。しかし、それを断交の理由にするにはいくつかの疑問がある。なぜ息子の行為に関する心痛がケプラーへの反感を招いたのか。彼の手紙を公表するというケプラーに対して、彼がどうしてあのような態度をとったのか。メストリンが精神的に落ちこんで一種の偏執病、妄想性ヒステリーのような状態におちいったという見解を認めるとしたら、彼の泣き言にはあまりにも現実性がありすぎる。

実をいうと、この疑問に対する答えはケプラーの返事の中に見出される。ケプラーはプラハにおけるみじめな生活を説明したあとでメストリンの苦情に答えているのだが、ここでも、よい子のケプラーは悪い子のケプラーの行為を知らなかったとでもいうように、自分自身と自分の行動を奇妙に切り離した言い方をしている。「もし私があなたのお手紙を公表すると書いたのでしたら、あるときのケプラーは普段のケプラーとは別人であることに私自身も本当に驚いています。私の記憶が許すかぎり、そんなことを実行すると決めたことはありません[6]」。

ケプラーを研究する学者はこの最後のくだりを「そんなことをするつもりはありませんでした」と翻訳しているが、それによるとケプラーの否定文はまったく異なる意味合いをもつようになり、この問題はすべてメストリンの作りごとだったという見解がもっともらしく聞こえてくる。しかし、ラテン語の原文はかなりわかりやすい表現である。ケプラーが使った induxi animum という言葉は「意図に関しては決めかねている」という意味である。そこでよく「決心する」とか「納得する」「決定する」「結論する」などと翻訳されている。したがって、ケプラーの文章は「そんなことは考えたこともなかった」という意味にはならない。それよりもむしろ「積極的に考えた」という意味がはっきりと含まれている[7]。

それにしても、この手紙はいったいなにを目論んでいたのだろう。メストリンがブラーエをはじめとする有識者への率直な意見を出版物で公表されたくないのは理解できる。しかし、ケプラーはなぜ恩師を動揺させるようなことを強要しつづけたのか。これに対して明瞭な答えは得られないが、その後のケプラーの手紙にその手がかりが発見できる。彼は依然としてブラーエの観測結果を自分のものにする執念に燃えていた。メストリンに宛てたある手紙では、「彼［ティコ］の観測記録の所有者になるためにプラハにやってきたのに、ほとんど希望がもてない」[8]と述べている。メストリンの返事が届かないと、次の手紙では、「あなたがこれまで何もおっしゃらず、ティコとも書簡で協議してくださらないことに私は耐えられません。あなたがティコから観測結果をもぎとる方法をできるかぎり検討してくだされば、きっとよい成果が得られるでしょう……あなたの観測結果を彼に送ってくだされば、きわめて気まぐれですが気前のよい彼は、あなたが望めば自分のものを［一部］送ってくれるはずです。といいますのも、私は秘密主義者ではないのですが、実をいうと、私は秘密を守るという哲学者としての契約をしているためにそれができないのです。また、あなたのお手紙がティコに公表されるのを心配なさるのでしたら、私の手を通して彼に送ります[9]」。

ケプラーが他人を利用してブラーエの観測データを少しでも多く入手しようとしたのはこれが最後ではなく、メストリンを計画に巻きこもうとしたのもこれが最初ではない。彼はメストリンがブラーエに手紙を書いていないことにいらだち、そのやり方を詳しく説明し、直接送ることに不安を感じるなら自分を通して送ってほしいとまでいった。そして、それに必然的にともなう詐欺行為についてはまったく楽観的で、彼自身は哲学者としての誓いと称する秘密を守らなければならないので、メストリンの協力だけが唯一の解決策だと説明した。ケプラーの手前勝手な考え方はフェルディナンド大公に宛てた手紙でも証明済みである。

メストリンがブラーエの死後しばらく、つまり五年間も沈黙を守りつづけていたのは決して不思議なことではない。そのためにかつての教え子との関係はよそよそしいものになった。ケプラーは恩師を自分の詐欺行為の共犯者に仕立てようとしていたのである。ケプラーの提案に驚いてメストリンがしり込みするには、彼の全生涯の礎石ともいうべき持ち前の誠実さや篤い信仰心がなくても、スキャンダルになるという恐れだけで十分であった。ケプラーの多くの罪深い手紙は歴史の中に消失してしまい、ショックをうけた受取人の返事から内容を推察するだけになってしまったが、その理由の謎はともかくとして、メストリンがそのような文通を断ち切りたいと願っていたのは容易に想像できることである。

こうしてケプラーのもう一つの計略は失敗に終わった。それ以後の数ヵ月間は間欠熱で衰弱し、ブラーエとの緊張関係は一六〇〇年の冬のあいだにますます悪化していった。じきに、かんしゃくもちのケプラーが恐ろしいフラストレーションと怒りを爆発させるときがくる。

第19章　はかりごと

　バーバラ・ケプラーの金持ちの父親、ヨプスト・ミュラが一六〇一年の早春に死亡した。四月に道路が通行可能になると、ケプラーは三〇〇〇ギルダーはあると見積もられる妻の相続財産を手に入れるためにグラーツに出発した。彼は長引いた間欠熱から快復し、スティリアでは貴族の邸宅で豪勢なもてなしをうけてけっこう滞在を楽しんだようだ。しかし、ミュラの資産はほとんどが土地ばかりで譲渡は数名の相続人に限られていたために、ケプラーが妻の取り分だけを分割して現金化するのは不可能だった。一六〇一年の彼のホロスコープには無駄な旅だったと記されている。

　プラハに独りで残されてみじめな気持ちになったバーバラは、ブラーエ家での待遇を嘆く手紙を五月に夫に書き送った。ケプラーは妻からの手紙を天文学の計算用紙に利用する習慣があったのでその手紙は残っていないが、彼はそれに憤激したらしくすぐさま口汚なくののしる手紙をブラーエに送りつけた。その手紙も以前二人の交渉がつまずいたときにベナテクのブラーエに送られた手紙と同様に失われてしまったが、ブラーエが助手のヨハネス・エリクセンに書かせた返事からその内容を推察することができる。

　ブラーエはこの新たな感情の爆発をあまり気にしなかったようである。それは、彼がケプラーの激怒に慣れっこになっていたせいもあるが、二番目の娘エリザベスと最愛の助手で貴族のフランツ・テングナーゲルとの結婚式を数日後にひかえて気もそぞろだったせいもあるだろう。彼が娘の良縁を喜ぶ気持ちは普通の父親以上のものだった。デンマークに留まっていればこのような縁組は許されなかったろう。ルドルフ帝が彼の家族を事実上の貴族にしてくれたおかげで実現したのである。平民であるがゆえに家族が同国人によって味わわされた屈辱や家族の将来を憂慮した日々を思えば、エリザベスとテングナーゲルの結婚式は天下晴れての感動的な慶事だったのだ。

ケプラーの手紙に関しては、そのむきだしの敵意にエリクセンが仰天した。彼はケプラーに大きな好意をよせており、ほんの数日前にこの「最愛の友人」にプラハのニュースを知らせる手紙をだしたばかりである。ケプラーのわけのわからない怒りをたとえ遠方からでもはじめて経験した者はみなそうだが、エリクセンもショックのあまり混乱した。「なぜそんなに荒々しい言葉を、あなたから非難されるいわれのない方にぶつけるのですか。他の人もそうですが、私にもとうてい理解できません。いったいなにが原因でそんなに逆上し、辛らつになってしまったのですか[1]」。

バーバラの愚痴にブラーエが決められた俸給の支払いを遅らせているというものがあり、ケプラーはこれに逆上して、約束を守らない不誠実な男としてまたもやブラーエをこきおろしたのである。エリクセンの手紙は友人に正気をとり戻してくれと嘆願するような調子だった。ブラーエが自分自身の経済状態の悪化にもかかわらずバーバラの求めに応じて快く手渡した金額を具体的に説明し、次のようにつけ加えた。「ですからケプラーさん、理由もなくあなたの後援者を厳しく非難すべきではありません。過去のひどい傷跡をさらに傷つけるようなことはしないでください」。最後のくだりはケプラーが以前にも逆上した事件を持ちだしたのである。「ブラーエは約束に対する自分の誠意があなたに疑われたことを非常に耐えがたく思っておられます」。そして、彼はこう説得する。ブラーエは、皇帝に掛けあって雇用を獲得してやった助手のヨハネス・ミュラのために、彼が俸給の支払いをうけずにグラーツを出発するとき、自分のポケットからそれを工面したではないか。ブラーエは契約の全条項を果たしているのだから、そのパトロンの忍耐を試すようなことをしてはならない。「よく考えてください」と彼は友人に哀願する。「あなたに対してすでに強い忍耐を示され、あなたやご家族に対して心から最善をつくそうとなさっている方に、これからはもう少し節度のある慎重な振るまいをなさいますように」[2]。

六月にエリクセンからの書状が届くまえに、ケプラーはルドルフ帝に直接嘆願書を提出しようと決心していた。その訴状は当然のことながら言葉こそ丁寧だが、ブラーエに対する態度は無礼に近いものだった。ケプラーがグラーツにきたのは天文学への情熱のためであり、ブラーエに招かれたからであると前置きし、以前から約束されながらいまだ完成されないブラーエのデータの公表をヨーロッパ全土が待ちこがれているのだから、ケプラーはそれを促進するためにきたとつづけた。

ところが、師であるブラーエ先生には待たされるばかりで、「彼の助手としての」正式な指名は一向に下されませんでしたから……私の手伝いは不必要なものと考えざるをえませんでした。そこで尊敬するブラーエ先生に、俸給なしにこれ以上留まるのは不可能であるから別の場所に行く決心をしたと伝えました。すると折り返し返事が届き、陛下に私の名前を申し上げてお約束のお言葉を頂戴したからボヘミアにくるように、プラハ以外のどこにも行ってはならないと急かされたのでございます。私のような者には、皇帝陛下の高潔なしもべの言葉を疑うことも、ましてや陛下の慈悲深いお言葉を無にするようなこともできませんので、一〇月に再度プラハにうやうやしく参った次第でございます。そしてそこで、俸給を定期的にうけられないという事実にもかかわらず、慢性的な身体的衰弱や四日熱に悩まされながら、今冬中は期待された天文学の仕事をできるかぎり遂行し、神の恩寵によってかなりの成果をあげることができました。陛下のお慈悲あふれるお約束に関しましては、ブラーエ先生からたびたび延期の知らせがあり、経費はかさむ一方でございますが、ひたすら辛抱強くお待ち申し上げている次第でございます(3)。

ケプラーは交渉したいという態度をはっきり示して、皇帝はケプラーの莫大な損失を埋めあわせる約束を果たすべきだと結んだ。「私は、高名なブラーエ先生を通して陛下の慈悲深いお招きにしたがって従順に参上した者でございますので、私が研究を断念してプラハを永久に去らざるをえない状況は陛下がお許しにならないものと自らを慰め期待いたしております(4)」。

ケプラーの嘆願書はまたもやブラーエの不誠実な行為を責める内容に近いものになり、今回はそれが師のパトロンに提出されたのである。それだけでも驚くべきだが、さらに驚くのは、ケプラーが皇帝を前面に引きだそうとしたことだ。彼は「陛下の慈悲深いお招きにしたがって従順に参上した」のであるから、問題の解決はいまや陛下にお任せしたいと申し立てたのである。

ルドルフ帝への書状とほとんど時を同じくして、ケプラーはイタリアの著名な天文学者ジョヴァンニ・アントニオ・マジーニにも手紙を送り、メストリンに説明したのと同様の計画をもちかけてブラーエから観測データを引きだすたくらみに巻きこもうとした。まず彼は自分のジレンマを説明することから始めた。「私が長いあいだ熟考してきた『世界の調和』は、ティコの観測データに基づいてティコの天文学によって再構築しないかぎり完成することはできません……ティコは多くのものを秘密にしていますが、私の『世界の調和』を証明するには、惑星、離心率、惑星の軌道間の比率に関するティコの修正された理論が何としてでも必要です……なかでも一番欲しいのはすでに完成している火星のものなのです」。

ブラーエが自分のデータを十分に修正すれば公表する意図のあることは承知しているが、時間が「無為の状態」で浪費されるのは惜しいことだ。ブラーエとマジーニが天文データを心おきなく交換しあっていることは聞きおよんでいる。そこで彼はいよいよ手紙の目的の核心に入る。「ですからお手紙でそれを知ると私は胸が躍りました。あなたが秘密にしておられるものが少しでも多く私の研究に加わるなら、それはかならずや天文学に貢献することになるでしょう」。マジーニにブラーエのデータを漏らしてほしいという要求が不当であることは彼も承知していたので、二人の行為は完全な秘密にすると誓った。「信頼していただけない場合にそなえて、あなたと交わしたことはいっさい秘密にするという誓約を［直筆で］書いた証書をここに同封します。それを自分の都合で売りわたすことも、いかなる者であろうと共有することも決していたしません」(5)。

マジーニもメストリンと同様にケプラーの提案には答えなかった。実際のところ、ケプラーが『世界の調和』に抱いている焦燥感などマジーニには理解できなかったのだ。ケプラーは、天文学界がこぞって固唾をのんで自分の本の完成を待ちかまえていると考えていた。そして、その異常な性急さのゆえに、他の天文学者も自分と同様にブラーエのデータに執着していると思いこんでいた。「すでに時間は無駄に過ぎてしまいました」と彼はマジーニに書いている。まるでどこかでカウントダウンが始まっていて、データの公表までの数ヵ月、いや数年間を彼自身だけでなくほかのだれもが待ちきれないかのような口調で。ケプラーの気分はあきらかに待つ態勢にはなかったのだ。

第20章　ティコの死

一六〇一年九月初旬、ケプラーは手ぶらでプラハに戻ってきた。妻の相続する三〇〇〇ギルダーはブラーエの施しをうけずにやっていける中産階級程度の財産だったが、残念ながら手の届かないところにあった。メストリンは石のように沈黙し、ルドルフ帝からは、彼の側近がケプラーの書状を届けていればの話だが、なんの音沙汰もなく、マジーニもまた然りであった。経済的に独立したいというケプラーの願いはいまや風前のともしびとなり、ブラーエのデータを獲得しようという試みと同様に挫折してしまった。彼はブラーエ家に戻り、事実上の生活保護者として前よりもいっそうブラーエに依存するようになった。

ケプラーにブラーエの好意を疑うという常習癖があるにもかかわらず、この年上の天文学者は彼のために帝国の国庫から俸給を引きだす努力を怠ろうとしなかった。ケプラーが戻ってから一ヵ月のあいだに、ブラーエは宮廷で皇帝にケプラーを個人的に引きあわせるという謁見を工作した。ルドルフ帝のお気に入りの友である天文学者は、彼の四〇年間の観測記録に基づいた新しい惑星運行表を編纂するという計画を打ちだし、それはプトレマイオス表にもコペルニクス表にもまさるものになり、恐れ多くも陛下の御尊名を拝してルドルフ表と命名されましょうと命名の許しを請うたのである。当然のことながら、皇帝は彼の申しいれをことのほか喜んで受けいれた。しかし、表の編纂は時間のかかる根気のいる仕事であり、その完成にはどうしても助手のヨハネス・ケプラーの助けが必要であるとブラーエは説明した。皇帝を熟知しているブラーエは、ルドルフ帝が断りきれない取り引きを提出したのである。彼の計画はルドルフ帝に、科学の伝説的な庇護者であるアルフォンソX世をしのぐ名声を与えて歴史に残すことでしょう。ブラーエの作戦は成功し、皇帝は全面的に計画に賛同した。今度こそ金が放出されるのだ。

ブラーエとしては、ケプラーのようにむら気ではなく、宇宙論に関する彼の見解に共感しそうな助手が欲しかったのだろうが選択の余地はなかった。ヴェーン島で八年間、プラハで二年間助手をつとめたお気に入りのロンゴモンタヌスは、デンマークで一旗上げようとブラーエの熱烈な推薦状をもってその夏彼のもとを去っていた。皮肉なことだが、彼はデンマークでブラーエのかつての仇敵クリスチャン・フリースの庇護をうけ、コペンハーゲン大学でヨーロッパの大天文学者という地位を確立するのである。女婿のテングナーゲルは外交や政治という別の分野に関心をそらせていた。ブラーエが適任の助手と目をつけていたヨハネス・ミュラはブラーエが皇帝との交渉をまとめるまえに彼のもとを去らねばならなかった。ブラーエに次ぐ有能な経験主義的天文学者で、ブラーエ自身からも一目置かれたダーヴィト・ファブリチウスもたしかに助手としては申し分ないが、彼はプラハに短期間立ちよったにすぎず、しばらくすると家族のもとに帰ってしまった。こうして運命のいたずらによって、その秋ブラーエの家に残っていたのはケプラー一人だったのである。

ケプラーにしてみれば、この新しい仕事を手放しで喜ぶことはできない。安定した俸給と名声のある地位はようやく保証されることになったが、それには彼が悲鳴をあげることになる退屈な数学的計算がともなっていたのである。なにか高度の着想が得られたときにだけ作業に熱中するケプラーは

「作業を嫌悪する者」と自称しているが、今その彼の目前に横たわるのはいつ果てるとも知れない計算であり、『宇宙の神秘』で提出し『世界の調和』で練り上げようとしている理論の完成を妨げる作業であった。後にケプラーは、より正確な表（一六二七年にようやく出版される）を熱心に要望する天文学者たちに次のように嘆願している。「計算という踏み車の刑にしばりつけないでください。私の唯一の喜びである哲学的思索にふける時間も与えてください[1]」。

人生でもっとも重要なのは期待である。宇宙論を構築する頭領と自称していた男には、完成した表がブラーエの業績として歴史に残り自分の貢献は脚注でしか紹介されないような仕事で、ブラーエのレンガ職人の役割を演じる気にはなれなかった。これは、『自己分析』でも自認しているような名声を熱望するケプラーにとって耐えがたい状況である。「食物よりも衣服よりも、喜びよりも悲しみよりも、彼は他人の評価を強く気にする。それがよい評価であることだけを願っている。この名声に対する異常な渇望はどこからくるのか。……一、なぜ偽りのない名声を求めるのか？……二、どうしてそんなにも？[2]」。さらにおもしろくないのは、彼がコペルニクスの考えを基にした自分の理論ではなくブラーエの理論にしたがって表作成の計算をしつづけるという事実である。

たしかに俸給と地位は得られたがその代償はどうだろう。自分自身の偉大な宇宙体系を完成するという大志を放棄せよというのか。アレクサンドリアの四〇タラントの財宝は相変わらず「朽ちる運命から救い出さ」ねばならない状態にある。彼をプラハにおびき寄せた観測データ、すなわちそれ以来彼が執念深くねらいつづけてきたものはすぐ近くにありながら手が届かない。ケプラーは、ブラーエを「天文学の再建」に価値ある貢献がもはやできなくなった老人と見なしているが、その老天文学者が彼の目的を阻んでいるのである。

ルドルフ帝への謁見から数週間後、ブラーエはエルンフリート・フォン・ミンコヴィッツ顧問官といっしょにフラッチャニー城正門から広場を隔てたところにあるペータ・フォク・ウルジヌス・ローゼンベルク邸の晩餐会に出席した。そのとき突然、彼の命を奪うことになる病気に襲われたのである。それからの一〇日間はもだえ苦しみ、最後の晩は「私の生涯が無駄にはならないように[3]」と熱に浮かされたようにいいつづけた。そして一一日目の朝、ヨーロッパ全土でもっとも著名な天文学者は最期の息を引きとったのである。

＊　＊　＊

イェセニウスはブラーエの葬儀で次のような哀悼の辞を述べた。「突然の悲報をうけたときのことを思い起こし、こころより哀悼の意を表します。そのとき悲しみに包まれた館に入りますと、未亡人は悲嘆に暮れて生気なくご遺体に寄り添われ……ご子息は部屋の影でうずくまって顔をそむけ、嗚咽しておられました。部屋の壁は黒い布で覆われていました[4]」。

イェセニウスは悲しみに打ちひしがれた家に入ると、いつもは大勢いる住人が比較的少ないことに気づいた。ブラーエの長子は仕事で外にでていた。次女のエリザベスはフランツ・テングナーゲルと一年間のハネムーンに発っていた。ブラーエの助手でただ一人残っていたのが、前述のようにケプラーである。もっとも、ブラーエがおもに使者として雇っていたマティアス・ザイファートが最近戻ってきたので、おそらくそこにいただろうが。

ブラーエの不慮の死が毒殺であるといううわさに先手を打とうとしたのだろうが、イェセニウスは哀悼の辞の最後でブラーエの命を奪った病気についてその進行状況をながながと説明した。それは最期の数日間の病状をもっとも詳しく説明しているので、ここに全文を紹介する。

ブラーエが発病したのは一〇月一三日のことです……著名な方の夕食会に招かれ、他の方々といっしょに食事をしていましたので尿意を抑え、会が長びくにつれてそれが増していきました。膀胱は膨張し、ついにはその機能を放棄したかのように放出［つまり排尿］の願望に従わなくなったのです。そのころから排尿の停止と激痛がつづき、小さな放血器のようなものまで使われましたが、膀胱からは粘液性の出血があり［炎症を起こしている］、当然発熱もともなって、軽い譫《せん》妄《もう》状態におちいりました……最後の夜はこのような苦痛が一時的にやわらぎましたので、彼は大きな安らぎと内省のうちに多くのことを整理しました。(5)

ブラーエは家族とともに賛美歌を歌い祈りを捧げ、「困っている人々はすべて分け隔てなく面倒をみてやりなさい」と強く申しわたし、神の御旨を信じて誇りをもって立派に生きていきなさいと家族を励ました。またこのとき、家計がひどく傾いていることを気にして、彼の貴重な財産である観測記録日誌と観測装置は相続人に譲るとはっきり遺言したのである。「こうして家族の祈りと励ましのうちに私たちとその生涯に別れを告げ、じつに安らかにいつとはわからぬうちに息を引きとりました。こうして事件から一二日が経過した一〇月二四日、学問において非凡な天才である輝かしくも気高いティコ・ブラーエ卿が、五四年と九ヵ月二九日の生涯を終えてこの世を去られたのであります」。

葬儀の最後に、ブラーエの紋章入り兜、拍車、盾、黒と金の旗が墓の上に掛けられた。数年後に子供たちによって地下埋葬所の上に建てられた記念碑は現在も残っている。赤い大理石に刻まれた等身大のブラーエのレリーフは甲冑で身をかため、片手を剣の柄に、もう一方の手を天球のような球の上に置いている。レリーフの上にはラテン語で「推測ではなく、事実を」という碑銘が刻まれ、下にはヴェーン島のステルネボルクの入口にモットーとして刻まれた「富や力ではなく、知恵のみが不滅である」という言葉が記されている。三年後の一六〇四年に妻のキステンが死亡すると遺体は夫の隣に埋葬された。

イェセニウスは故人を称える辞を結ぶにあたって、「今ここに人間として果たすべき最後の偉大な勤めとして、彼の亡骸と形あるものすべてを地に戻します」と述べた。しかし、それは最後ではなかった。いくつもの戦争がプラハを駆けぬけ、何世紀もの時が過ぎ、腐敗のプロセスがブラーエの遺体に弔鐘を鳴らしつづけたが、肉体のある部分は他よりも強く腐敗に抵抗しつづけた。それらは四〇〇年というものある秘密、つまり二〇世紀の最後の一〇年に入ってようやく解読される微量元素を保管していたのである。卑劣な行為を疑った人々は正しかった。ティコ・ブラーエは毒殺されたのである。

第21章　墓穴のなか

一九〇一年一〇月二四日に行なわれるブラーエ没後三〇〇年記念式典の一環として、プラハ市は墓に建てられた大理石の記念碑と風化した墓碑銘の磨きなおしを行なうことにした。市の役人は墓を点検しながら、ブラーエの遺体がまだそこに存在するのか調査する必要があると考えた。三〇年戦争の戦火はとくにプラハで苛烈をきわめ、一六二〇年の白山の戦いでプロテスタント軍が敗走すると、非カトリック教徒の遺体はテイン教会の墓地から取りのぞかれてしまったのである。そのうえ一八世紀初期に行なわれたずさんなカテドラル修復工事で床が損壊し、それによって地下の多数の墓が壊れてしまった。

そこで、式典が催されるまえの夏に、ハインリッヒ・マーティーガ博士の研究チームがブラーエの墓を開けて中を調査することになった(1)。ブロックのアーチ型天井に支えられた墓穴はたしかに修復工事の被害を被っており、西側の壁は崩れて瓦礫で埋まり、それが損傷の激しい二つの木棺を覆っていた。

どちらの棺にも人骨が横たわっていた。一つはキステンと思われる女性のもので、屍衣は完全に朽ち果てていたが、二百粒ほどの白真珠が胸の上で組み合わされた手のまわりに散らばっていた。もう一方の人骨はいまだに絹の埋葬布に包まれていた。研究チームがそれを動かすまえにまず注意深く長さを計って身長を割りだしてみると、結果は一七〇センチで記録に残るブラーエの身長に一致していた。歯の傷みぐあいはブラーエの死亡時の年齢に予想される程度だったが、さらに決定的な証拠は鼻柱にえぐられた三日月形のくぼみだった。これはまさしく、青年期のブラーエが決闘のさいに広刃の剣で負わされた外貌を壊す傷痕である。拡大鏡で傷痕を調査すると、そこには銅が骨に接触したときに生じる緑色の変色が見られた。この銅は、ブラーエをかくも有名にしたあの合金製の人工鼻のものだろう。

頭蓋骨の腐敗は激しかったが、眉毛は残り、頭蓋骨の片側には幾房かの頭髪も付着していた。その他の頭髪は、いまだにいくらか赤みが残っていて、頭にかぶせられた絹のベレー帽の中にあった。長い口ひげの房は長さ一〇・五センチ、厚さ二センチほどであり、片方の保存状態はかなりよかった。

ブラーエの骨は洗浄して頭髪とともに小さな金属容器に納められ教会の聖具室入りとなったが、残存した衣服や長い口ひげの一部は資料としてプラハの国立博物館に保管され、ベルリンの壁の崩壊と東ヨーロッパの開放が訪れるまでほとんど一〇〇年間そこで眠りつづけたのである。一九九一年、ティン教会で新しいデンマークの国旗を掲げる式典が行なわれたさい、国立博物館の館長がデンマーク国の息子の遺留品を入れた小箱をデンマーク大使に贈呈した。正確にいえばブラーエの口ひげの長さ六センチのサンプルである。

大使はこの友好の証の品をどう役立ててよいかわからないまま、帰国するとコペンハーゲンに新設されたティコ・ブラーエ・プラネタリウムの館長であるニルス・アーマンドに贈った。アーマンドは、オーレ・レーマー*博物館のクラウス・ティキア館長[2]とともに、「ティコ団」を名のる熱烈なブラーエ・ファングループの一員である。彼らもまたその寄贈品の用途を考えあぐねていた。陳列するには少し陰気すぎる。DNA鑑定はどうだろう。しかし、そんな必要があるのか。そこでティキアはブラーエ毒殺といういつまでも消えないうわさを思い出した。もしかするとこれで、この種のうわさの片をつけられるかもしれない。ティキアはコペンハーゲン大学法医学研究所の法化学部長であるベント・カンペ(3)に連絡をとり、ブラーエの毛髪の分析を依頼した。

＊オーレ・レーマーはデンマークの著名な天文学者で、一六七六年に光は一瞬ではなく有限の速度で移動するという理論を確立した。

長身で、頭髪は実験着に劣らないほど白く、この分野の経験は一九五〇年代の大学時代にまでさかのぼるというベント・カンペは、ヨーロッパでも屈指の毒物学者である。半世紀近くも不審な死因の調査に明け暮れた彼は、人間に対してどちらかといえば皮肉な見方をするようになっていた。彼は五五名の技術者とともに警察のために飲酒運転の血液検査をし、ヨーロッパにおける「エクスタシー」のような麻薬の流行を人口統計学的に調査し、不慮の薬物過剰投与、自殺、そして少なからずの陰険な毒殺事件などを調査した。

カンペを選んだのは、その非のうちどころのない資格証明書にまさる理由からも幸運であった。彼は、大学に入学する直前に、若い研究者が水銀の利尿効果を試す実験を自らに試して重い尿毒症になったケースを記憶していたのである(4)。ブラーエを死なせた病気の文献を調べてみると、その症状から察するに彼も最後の数日は重い尿毒症を病んでいたようである。

尿毒症は腎臓の機能障害で血中の毒素が濾過されない場合に発症する。このような毒素の大半は、たとえば尿素のように体内で自然に発生するものなのだが、それらが血中に蓄積してその状態が持続すると致命的な障害になる。腎臓の機能障害の原因は多く、水銀中毒はその一つにすぎない。カンペはこのときただ勘にしたがって推測していた。ブラーエは錬金術師であり、彼の有名な錬金薬には水銀が含まれるものもあった。おそらく、コペンハーゲン大学の若い研究者と同様に、彼も錬金工房で実験しているあいだにうかつにも毒を取りこんでしまったのだろう。

カンペは水銀だけでなく他にも死をもたらす可能性のある二種類の元素を検査してみた。ブラーエの中毒症に悪意が潜んでいたとすれば、まず追跡すべき毒薬は砒素である。砒素は致死剤であり、その症状が他の多くの病気に類似していること、近代以前は死後に微量な元素を検出できなかったことなどの理由から、中世時代にもっともよく利用された毒薬である。その犠牲者には教皇、国王、政治家、そして一説によるとナポレオン・ボナパルトまでが含まれている。砒素は別名を「相続粉薬」というくらいで、不都合に長生きした親たちも多数犠牲になったことはいうまでもない。カンペはまた、作用の緩慢な毒薬としてしばしば利用された鉛についても調べてみた。鉛もまた錬金術師の工房では一般的に利用された元素であり、ブラーエの体内に時間をかけて蓄積した可能性はある。

カンペが調査に利用したのは原子吸光光度計(5)という近代毒物学の基本的な装置で、約七〇種の原子を識別し、それがたとえ微少な量であってもきわめて正確に測定できるものである。この装置は、各元素がそれぞれ特定の狭い波長域の光を吸収するためにある元素の含有量が多ければそれに相当する波長域の吸収率も高くなるという原理に基づいている。

まずブラーエの毛髪を酸で「消化」つまり融解し、次にその蒸気を強力な火炎に通すと複雑な分子は元素に分解される。たとえば、塩の分子 NaCl は分解するとナトリウムと塩素の原子になる。そこでこれらの原子の蒸気にあらゆる波長域をもつ光を通過させると、そこに含まれる元素に相当する波長域が黒い帯状に表れるのである。

その結果は感動的なものだった。砒素の痕跡はほとんどなく、鉛の数値は高かったが重い病気や死をもたらすほどの量ではなかった。ところが水銀値は事実上グラフからはみ出すほどで、カンペの「コントロール」、すなわち対照標準として利用された現代のデンマーク人の毛髪の約一〇〇倍もあったのである。カンペによると、検出された量はあきらかに致死量の服用を意味している。そこで彼は一九九三年に国際法医毒物学者協会に論文を提出し「ティコ・ブラーエの尿毒症はおそらく水銀中毒によるものであり、それは死亡前の一一〜一二日間に行なわれた錬金薬の実験に起因する可能性がある」(6)と結論した。

これには多くの歴史家が疑問を呈し、カンペが検出したのは遺体の防腐処理にしばしば含まれる水銀であって、それが毛髪に残留したのだろうと述べたが、カンペはこれに対して、防腐処理による水銀であればナノグラムではなくミリグラムというより高い数値が示されるはずだと指摘した。それでも、カンペの調査結果を認める人々でさえブラーエが自然の過程ではなく偶発的な過剰摂取によって死亡したという説には懐疑的であったようだ。カンペの研究は歴史の隅に追いやられ、ほとんど忘れさられてしまった。

話はかわって、このケースを調査した多くの学者や医療専門家は相変わらずブラーエの自然死を信じていたが、なかには、ダンスク毒物学センターの泌尿器学者、カール＝ハインツ・コーとヘリ・バーチャド・ボイド(7)の推察を認める者もいた。彼らは二〇〇二年にブラーエの症状に関する文献を調査し、もっとも妥当と考えられる死因は尿路感染症であると結論した。これは認められない結論ではない。ブラーエの症状は彼らの診断をかなりの程度裏づけている。ブラーエの死と水銀中毒の関係を明るみにだすには、彼の病気の、時間を追った詳細な進行状況、報告された症状、推測される死因、カンペの原子吸光分析で検出された高レベルの水銀の出所など、いくつかの関連しあう問題をより詳細に調査する必要があるだろう。

第22章　症状は語る

ブラーエの病状を説明する当時の記録は三つ残っている。一つは医者のヨハネス・イェセニウスのもので、彼は弔辞の中で大胆にも詳細な叙述をした。イェセニウスはブラーエの発病から死までの期間側にいたわけではなく、友人の家に長期の滞在をするためにプラハを訪れたときに悲しみに暮れる家族に遭遇したのである。彼はブラーエの病床に付き添ったわけではないので、そこに居あわせた家族やブラーエの看病をした人々の話をまとめたのだろう。

悲しみに打ちひしがれた未亡人から話を聞くのはむずかしい。彼女はほとんどドイツ語を理解できず、イェセニウスも知られるかぎりではデンマーク語を理解しなかったようだ。イェセニウスと故人との親しい会話はラテン語で行なわれていたのだが、夫人は女性であるために当時の「世界共通語」であるラテン語には精通していなかった。病状を詳細に語れたのはブラーエの従兄弟のイリク・ブラーエと、少なくとももう一人の住人だった。それはヨハネス・ケプラーで、イェセニウスは彼のために、この助手がブラーエ家に入って最初の数週間で持ちあがったもめごとの「交渉」やそれにつづく感情の爆発の仲裁役を務めたことがある。

ブラーエの天文日誌に記されたケプラーの叙述は、イェセニウスが説明する病状とよく似ている。どちらにも、ローゼンベルク男爵邸での夕食会、ブラーエの深酒、排尿の堪えなどが述べられている。

「彼はいつもより長く尿意を堪えて席についていた」とケプラーは記している。「少し度をすごして酒を飲み、膀胱の緊張を感じたが、健康よりも礼儀のほうを尊重した。そして家に帰るころにはまったく排尿できなくなった……眠れない夜が五日間つづき、排尿しようとしてもひどい痛みがともない、尿は止まったままだった。一睡もできない状態がつづき、腸は炎症を起こし、少しずつ譫妄《せんもう》状態におちいっていった[1]」。

第三の叙述は二六歳の医者ヨハネス・ウィティクの簡単な説明であり、それは一八七六年に発見された。「一六〇一年一〇月二四日、ティコは午前九時から一〇時のあいだにプラハで息を引きとった。彼は結石のために排尿不能となり、膀胱が破裂して死亡した[2]」。ウィティクはその当時プラハにいたが、おそらく最後の日々に付き添っていたわけではないので又聞きの情報をまとめたのだろう。

とはいえ、これが何世紀ものあいだブラーエの死因を説明する主要な仮説であったことを考えると、まずこの膀胱結石説から検討したほうがよさそうだ。この仮説は、一九五五年、デンマークの泌尿器学者イードバード・ゴットフレッドセンによって検討され、しりぞけられたものである。この仮説を信じる者は多かったが、膀胱結石が排尿を妨害することはめったになく、膀胱の破裂はさらに起こりえない現象である。膀胱はきわめて丈夫で弾力性のある事実上破裂しえない器官である。事実、太鼓の皮には豚の膀胱がよく利用されている。健康な膀胱が破裂するとしたら、それは馬に蹴られるなど強烈な外傷が加えられたときだけだ。健康でなければもう少し弱い外傷でも破裂するかもしれないが、いずれにしてもその場合の症状は激烈なものである。患者は破裂を感じるので、ブラーエはなにか声を発しただろうし、それと同時にショック状態におちいったはずである。顔は青ざめ、手足は冷たくなり、心拍が上がって弱まり、その他さまざまな症状が表れる。イェセニウスやケプラーが病状を詳しく説明していることを考えると、このような症状があればかならずや言及されたはずである。

膀胱破裂はありえないとするゴットフレッドセンは排尿障害の原因を前立腺肥大、つまりブラーエの時代には知られていなかった病気の「良性前立腺肥大（ＢＰＨ）」と推定した。[3] 前立腺は精子を混入して精液を生成する液体を分泌する器官で、骨盤の奥に存在し、膀胱から陰茎に伸びる尿道の後部をとり巻いている。この前立腺が肥大すると尿道を圧迫して尿の通過を妨害することがある。ブラーエの五四歳という年齢でＢＰＨの進行が見られる例は少ないが可能性はあるので、このかぎりではゴットフレッドセンの説にはかなりの説得力がある。しかし、それには重要な疑問がいくつか残るのである。

前立腺肥大がブラーエの排尿障害の原因であるとすればそのシナリオは次のようになる。前立腺が肥大してくると排尿はしだいに困難になり、排尿のたびに負担がかかる膀胱壁の筋肉は疲労する。ブラーエは夕食会で過度の飲酒をし、排尿を堪えていたために、膀胱が突然大きく膨張し、筋肉はひき伸ばされて弱くなり、前立腺の妨害に抗して尿を排泄することができなくなった。この時点で尿毒症が発症する。それは、膨張した膀胱に強く圧迫された腎臓が機能障害を起こし、血中の毒素を取りのぞくことができなくなるからである。

ここまでは納得のいくシナリオである。しかし、この説明にそぐわない事実がいくつか存在する。第一は前立腺肥大による排尿障害は数ヵ月をかけてゆっくりと進行するものである。その間ブラーエは、現在でも高齢の男性がよく嘆くような症状を訴えていたはずだ。排尿が困難になってきた、尿の出が悪い、我慢できないほどの尿意を頻繁にもよおす、真夜中にたびたび排尿に起きるなど。治療を怠れば、食欲不振や気力の低下といった尿毒症の初期症状がはっきりと表れる。たとえ急性の排尿障害であっても、症状の進行は数週間におよぶはずだ。ところが、ブラーエの病気の進行状態を具体的に詳述したイェセニウスがこのような症状のどれも、つまり排尿困難や尿毒症の症状を何ひとつ述べていない。ケプラーもまたそうである(4)。

ブラーエは並みはずれて健康なことで知られていたのだから、このように急激な体調の変化はかならずや気づかれるはずである。現在のように人前では病気の話を慎むという風潮があれば詳細な描写は割愛されただろうが、プラハの高貴な人々が居並ぶまえで哀悼の意を表して故人の排尿障害を朗々と語った人物が、故人を死に導くことになる以前からの同様の症状について暗に述べることさえしていないのだ。それどころか、イェセニウスもケプラーも、ブラーエの病気は突発的で死の一一日前、つまり一〇月一三日の夕食会で発症したと特定している。

さらに決定的なのは「カテーテルの不使用」とでも呼ぶべき謎である。ブラーエの尿毒症の原因が尿道の閉塞であるとしたら、膀胱は目で見てもわかるほど大きく膨張する。彼の下腹部が風船のように膨らんで突き出ているのが傍目にもわかるだろう。イェセニウスやケプラーがブラーエの病状を叙述するさいに、その症状をたんにいい忘れたのだとしても、このような場合は膀胱を切開するか、カテーテルを挿入するか、二つの効果的な治療のうちどちらか一つが即座に施されたはずである。だれが治療してもそうするだろう。当時どちらの治療法もよく知られていて、ひろく利用されていたのだから。

二つの治療法のうち比較的体内を傷つけずにすむのはカテーテル挿入である(次頁の図)。これは患者にとって決して気持ちのよいものではないが、尿道にチューブを挿入し、閉塞部分を押しのけて通過させ、尿を流出させるという方法だ。当時一流の医者であったイェセニウスは排尿障害とその治療法について詳しく著述している。彼はこの分野ではたしかに相当の経験を積んでいたらしく、多くの著書の一つで次のようなアドバイスをしている。「角でつくったチューブを温かい湯で柔らかくして使用するというベネチアの外科医たちが思いついた方法は、温めた細いろうそくをアーモンドオイルでコーティングして挿入するファブリチウス・アクアペンテの方法よりもすぐれている」。というのは、後者は「膀胱をこじ開けたり膀胱結石を押しのけたりするには強度が不足している[5]」からである。

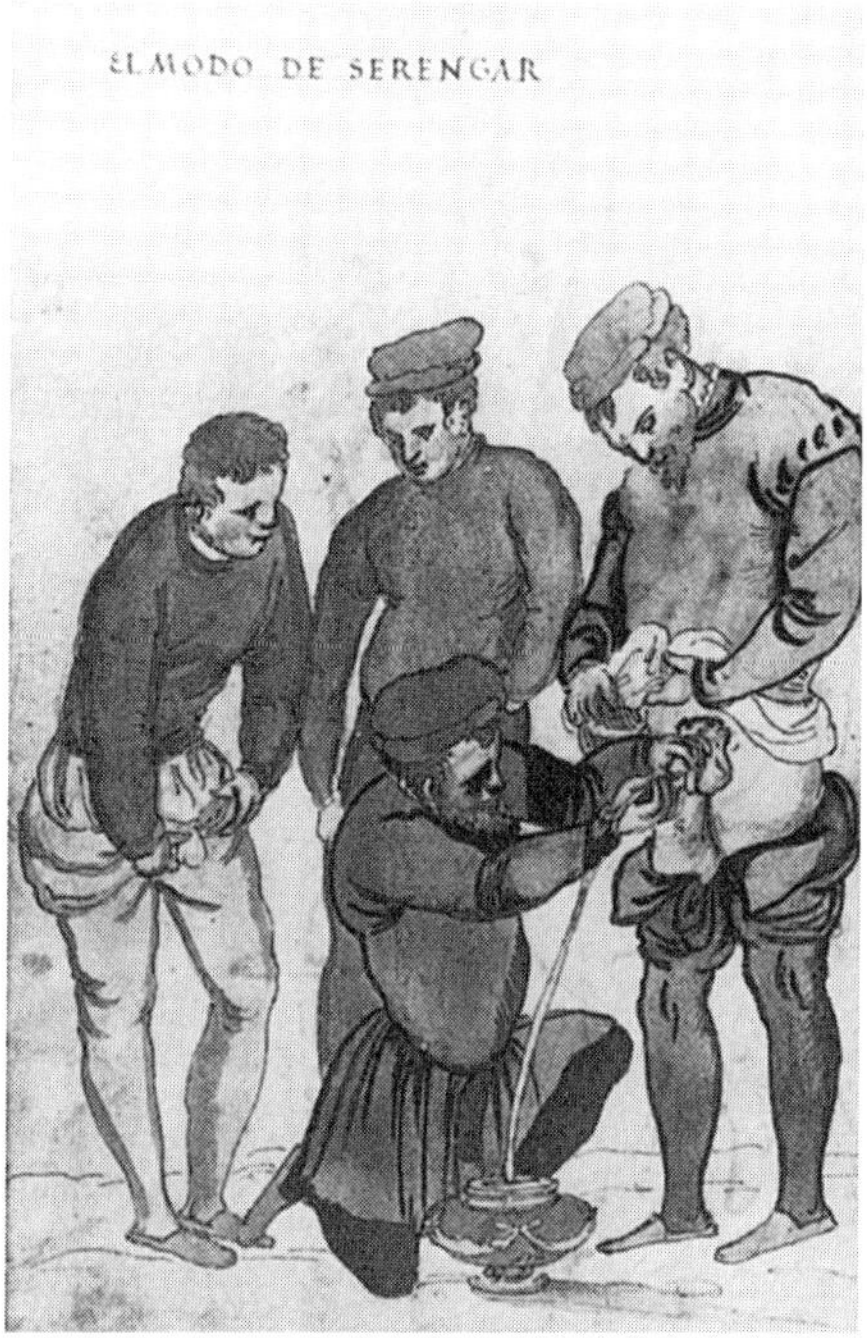

尿結石を取りのぞくカテーテルの挿入。苦痛をともなうが一般的な治療法だった。1560年頃の手書きの挿絵

カテーテル療法で間に合わない場合は、ランセットで股間の側部か上部を切開する。イェセニウスは、彼が実施した手術できわめて成功率が高いものとして患者にこれを推奨し、その方法を説明した。ここでは、彼の伝記作家フリーデル・ピクがわかりやすく書き直した文を引用しよう。「手術のまえは患者に十分な食事をとらせ、下腹部と恥骨の部分を温湿布で柔らかくする。また、切開のまえに患者に数回の跳躍や二、三回ベンチから飛び降り

るという運動をさせる。それからキリストの助けを願い、力持ちの勇敢な男に高い椅子に座って患者を後ろから抱えさせ……両足を胸のほうに引き上げて後ろに引っ張らせる」(6)。こうして切開が始まるのだが、もちろん患者は創造主にひたすら祈りつづけるだろう。

たしかにイェセニウスはブラーエの病床にいなかったが、彼の著書を見ればこのような治療がヨーロッパ中で施行され改良され検討されていたことは明らかであり、ルドルフ帝の宮廷にはカテーテル挿入も切開も簡単にできる医者が大勢いたはずだ。地方の理髪師にさえできる手術である。前立腺肥大を死因としたゴットフレッドセンでさえ、なぜこのような治療が行なわれなかったのかその説明に窮している。まったくのところ、ブラーエの症状の進行状況を無理なく説明しようとすると、答えが見つからなくなってしまうのだ。医療に詳しくプラハの一流の医者をいつでも呼ぶことのできる男が、なぜ簡単に治療できる病気を治療することなく死亡したのか、謎が残ることになる。

そしてこの疑問は、水銀中毒を謎解きの方程式に入れると解決する(7)。水銀中毒も腎臓を損ない、摂取量が多ければ重い尿毒症の原因になる。ただ水銀中毒の場合に異なるのは、体液が腎臓から膀胱にほとんどあるいは完全に流入しなくなるという乏尿腎障害を引きおこす点である。毒素が濾過されずに血中に蓄積して体内を循環しつづけるところは、排尿停止のシナリオで腎臓が圧迫される場合と同様だが、この場合の膀胱は体液が流入しなくなるために膨張することがない。

これがブラーエにカテーテル挿入がなされなかった理由である。排出させる尿がなかったのだ。しかも、水銀中毒は急激に発症する。もしブラーエが夕食会の直前に毒を盛られたのだとすれば、食事中に不快を感じはじめ、帰宅するころには症状が相当に悪化していただろう。これこそまさに起きたことである。水銀は摂取量が少なければ利尿効果を表すが、多ければ反対の効果を表して排尿を完全に不可能にする。ブラーエが夕食会で排尿に立たなかったのはできなかったからなのだ。

また、水銀中毒は消化器系のひどい炎症を引きおこす。それはブラーエが発熱だけでなく激痛にも悩まされたという説明に表れているが、胃腸の炎症が激化すると腸壁に穴があき感染症を併発するからである。

ブラーエの「病気の経過」をその症状やそれが起きた時期などを考慮しながらじっくりと読んでいくと一九九一年に行なわれたベント・カンペの調査が有力になってくるが、それは「防腐処理」説のために相変わらず門外に閉めだされていた。ところが一九九六年に行なわれた二度目の調査によって防腐処理説はしりぞけられ、ブラーエ殺害の犯人はまさに水銀だったというカンペの仮説が確証されるのである。

第23章　最期の一三時間

スカンジナビア半島の南端に、かつてはデンマークのスカニア地方で現在はスウェーデンの一部であるルンドという学園都市がある。そこはブラーエの祖先が住んでいたクヌートストルプから車で少し行ったところにあり、ヴェーン島からは約二〇マイル南東に位置する。今から三十数年前、ここで高エネルギー陽子ビームを利用した新しい化学分析法、粒子線励起X線分析法（particle-induced X-ray emmission、略してPIXE）が発明された〔一九六頁訳注参照〕。

ジャン・パロンは二〇年間というものこのPIXEを研究し利用してきた科学者だが、それにしては若く見える。いまや彼はPIXEを利用した有機分析の権威であり、生物におよぼされる汚染の影響から始まって魚の回遊ルートまで研究し、また最近発見された一九三〇年代の不運なアンドレー北極探検隊の遺物を調査して鉛中毒の証拠（隊員が食べた缶詰食品にその可能性が強い）を探すなど、あらゆる種類の研究を行なっている。なかでも、彼にとってとくに重要なのは皮膚の複雑な組織とその病気に関する研究である。そのために彼は毛髪の専門家と共同研究をすることが多かった。一九九六年に近くのラーンツクルーナの博物館でティコ・ブラーエ展が開催されると、ブラーエの頭髪サンプルが大学に貸しだされ、パロンがその分析にあたることになった。

地下の実験室に入ると、素人目には即席仕立てのように見えるPIXE装置が鎮座している。巨大な青い容器に包まれて低い天井の下でうずくまるように盛り上がった加速器では、三メガボルトまで荷電された陽子が長さ一二メートルの管に発射される。陽子のビームは管内で磁気によって一点に集中させられ光速の七パーセントのスピードで移動してターゲットにぶつけられる。この場合のターゲットはブラーエの死後四〇〇年を経た頭髪である。

コンピュータにプログラムされたサンプルの断面パターンにしたがって、高速の陽子が個々の原子に一個ずつぶつかって内側の電子を追いだす。そこにできた「空き」には外側のよりエネルギー準位の高い電子が落ちこんで、余分になったエネルギーがX線光子の形で放出される。それを隣接する半導体検出器が記録するのだが、各元素はそれぞれ固有のX線を放出するために、検出器にはサンプルの化学組成が原子のレベルで点描画のようにゆっくりと「描きだされ」るのである[1]。

この全行程が完了するには数時間を要するが、PIXE法の最大の長所は、それがサンプルに含まれる元素の種類だけでなくその元素が存在する場所も正確に教えてくれることである。パロンはブラーエの頭髪を陽子ビームにまっすぐ向けて置き、コンピュータがパターンを描きだすのを待った。その発見は特筆すべきものだった。

毛根をつけたひとからみの毛髪に非常に高い水銀（Hg）濃度が示された。その水銀は毛根に近い場所で検出された。そこで毛髪全体の水銀分布を注意深く調べてみると、水銀は毛髪の内部に位置することがわかった。したがってこれは、最初血中に存在した水銀が毛髪の成長とともにその内部に急速に蓄積されたことになる。毛髪の毛根から先端までの水銀濃度を測定するのは、実質的には水銀濃度の時間的推移を調べるのと同じである。水銀濃度が五分か一〇分程度という短時間で急増し、そして激減しているのは毛根の高い代謝作用によるものである。これは、放射性トレーサーを使ったマウスの実験で、五〜五〇秒後にはマウスの体毛中に放射能が検出されたという事実でも証明されている。(2)

毛髪の成長は死亡した時点で停止することを考えると、ティコ・ブラーエに水銀が投与されたのは死の一三時間前ということになる。*

*死後も毛髪が伸びつづけるというのはホラー映画の受売りにすぎない。実際は死亡時点で成長は停止する。頭蓋骨や頭皮が乾燥して収縮すると、毛幹がさらに露出して頭髪が伸びたかのように見えるだけである。

これらの発見からいくつかの結論が引きだされた。第一は、水銀が毛髪の内部に存在した事実によって、防腐処理の過程で汚染されたという仮説は排除された。水銀が防腐処理に起因するものであれば、それはサンプルの外側に存在するはずである。ところが毛髪の外部に水銀は検出されなかった。したがってカンペの発見した水銀も毛髪の内部のもので、パロンがいうように「血中からもたらされ、毛髪の成長によって急速に蓄積した」ものにちがいない。

第二は、パロンが説明するように、毛根から先端までの元素分布を調べることは実質的には「時間的推移の調査」になる。毛は毛根に近づくほど成長の停止した死亡時に近くなる。毛根から先端までの濃度をたどるのは、要するに時間を逆行することだ。パロンは、一流の法医学毛髪分析の専門家であるブー・フォースリンドとの緊密な共同研究によってグラフを作成した（次頁の図）。図の横軸は時間を表し、左端が死亡時のゼロ時間でそこから右（つまり、毛髪の先端）に推移していく。パロン

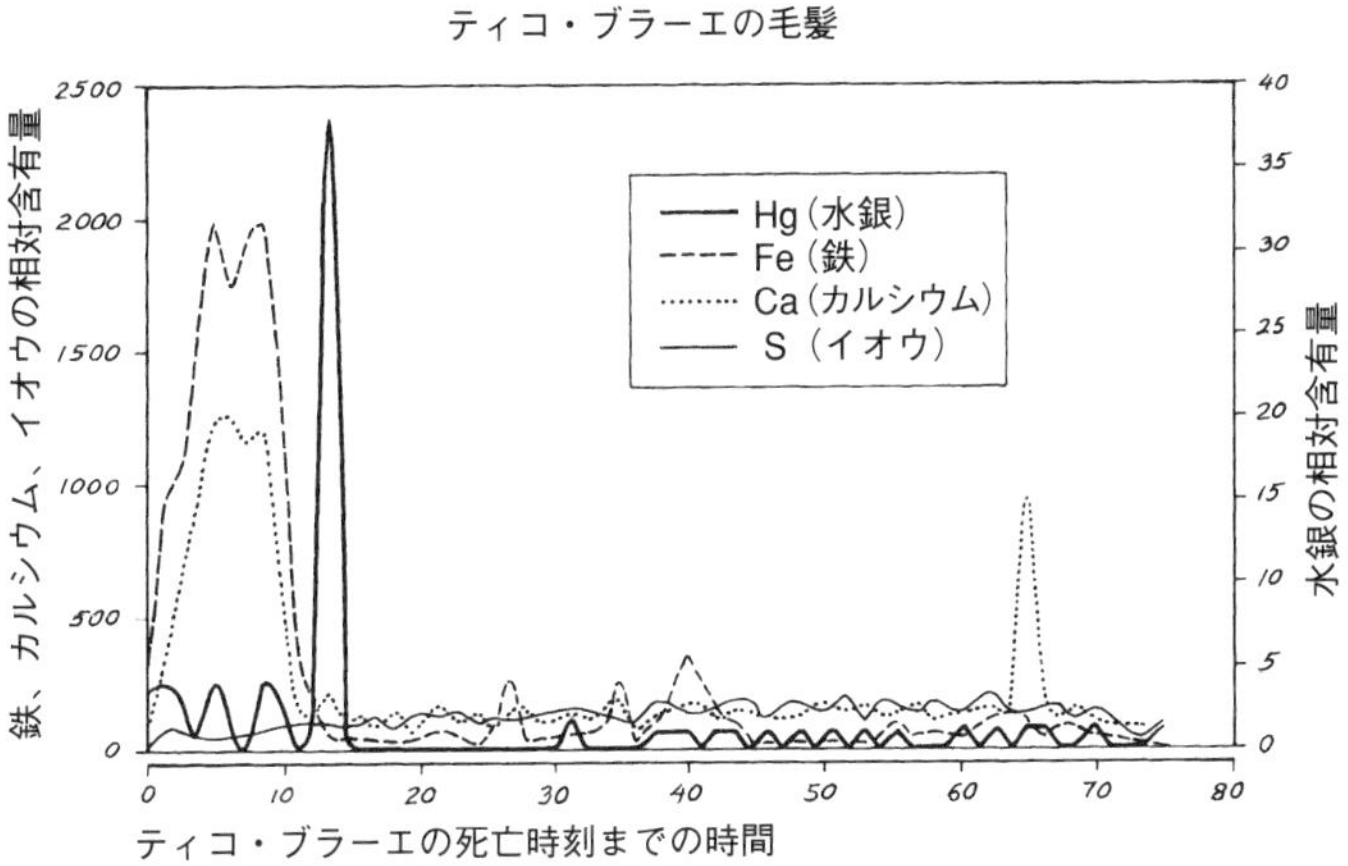

ジャン・パロンの毛髪PIXE分析のグラフ。ティコ・ブラーエの死亡前74.5時間に関する分析結果。水平軸は死にいたるまでの時間。死亡時点をゼロとする。左の垂直軸はイオウ、カルシウム、鉄の比例含有量を表す。右の垂直軸は水銀の比例含有量。水銀の比例含有量がブラーエの死の13時間前に突出しているのがわかる。© Jan Pallon, University of Lund.

の調査した毛髪が提供してくれる情報は、ブラーエの死からさかのぼって七四時間三〇分までをカバーしている。縦軸は記録された元素の相対的含有量を示し、左側がイオウ（S）、カルシウム（Ca）、鉄（Fe）で、右側が水銀（Hg）だ。グラフを右から左へと追っていく、つまり時間の経過にしたがっていくと、最初は水銀値がグラフの底をはうように低いレベルで動いているが、ブラーエの死の一三時間前になると突然ゼロから三八にまで跳ね上がっているのがわかるだろう。それは犠牲者をその時間内で殺せるだけの服用量を示している。

しかし、これで問題が解決したわけではない。法廷の調査ではよくあることだが、疑問に答えてくれた証拠がふたたび新しい疑問を生みだすものである。パロンは毛根をテストし、ブラーエが死ぬまでの約三日間における「元素含有量の推移」を示した。

ところがカンペは毒の摂取時期を夕食会の夜と推定している。毛根の代謝作用が速いことを考慮し、彼はブラーエの長い口ひげの先端に近い部分をテストし、死の一一日前に蓄積された水銀を検出しようとした。彼が使用したサンプルは「ハサミで切ったもの」で毛根はついていない。したがって、カンペとパロンは二つの別々の出来事を調査したことになり、両者のあいだ、つまりグラフが突出した死の一三時間前と夕食会とのあいだには一〇〜一一日の時間的ずれがあるのだ。

要するに、ブラーエは二度毒を盛られたようである。一度目は夕食会の夜で二度目は死ぬ前夜。事実、このシナリオはブラーエの病状を説明する当時の叙述にじつによく一致する。

イェセニウスの話では、ブラーエは夕食会から帰宅するころには激痛に悩まされ、排尿不能になり、熱のために精神が錯乱した状態になった。そして、「最後の夜はこのような苦痛がやわらいだので、彼は大きな安らぎと内省のうちに多くのことを整理した」。ブラーエは祈り、賛美歌を歌い、貧しい人々には慈悲深くありなさいと家族に申しわたした。また、忘れてならないのは、彼の貴重な観測記録を相続人に譲ったのもこの「最後の夜」である。そして、「家族の祈りと励ましのうちに私たちとその生涯に別れを告げ、じつに安らかにいつとはわからぬうちに息を引きとった」のだった[3]。

イェセニウスの言葉によると、最後の晩はブラーエの「このような苦痛はやわらいで」いた。いいかえるなら熱がひくか下がるかしていた。意識がはっきりして、周囲の人たちと話しもした。まるで病気が快復しているかのように。彼は、尿毒症が消散して快方に向かっていたのだ。一回目の毒は彼を死の淵まで連れていったが、このデンマーク人は雄牛のように頑強であったために、身体に加えられた恐るべき一撃を耐えぬいたのである。

ブラーエの死の三日前（つまり夕食会から七日目）から始まるパロンのグラフは、おそらく一回目の毒の残留物なのだろうが最初は体内に少量の水銀の存在を示している。しかし、それが死の三〇時間前になるとゼロになった。体内から水銀が消えて、彼は気分がよくなったように感じた。そこに第二の攻撃が加えられたのである。一三時間後には命を奪うことになる大量の水銀が。著者がある毒物学者に聞いたところ、一三時間で絶命させるほど大量の水銀は犠牲者を即座に昏睡状態におちいらせるそうである。

「いつとはわからぬうちに息を引きとりました」。

ブラーエが健康で、夜空の観測のために夜更かしをしないときは、夜の八時か九時が彼の通常の就寝時間だった。朝は四時頃目覚めて一日を開始したようだ。とくにこのような病床にあるときは、いつもの時刻に家族に就寝の挨拶をしたことだろう。それはごく自然なことである。そして、彼が最期の息を引きとったのは翌朝の九時から一〇時のあいだだった。パロンのグラフで突出した部分は死の一三時間前であるから、それはブラーエが床につくころの時刻にぴったり一致する。

以上のような事実を総合すると、さらなるシナリオが組みたてられる。ブラーエは水銀が体内から消えて気分がよくなり、家族とともに祈りを唱えて床についた。ところが、なにかの理由でふたたび大量の水銀を摂取し、昏睡状態におちいって二度と目覚めることはなかった。ケプラーがいうように「安らかに死去した」[4]のである。一七世紀に入ったばかりの時代では、外から見るとブラーエの昏睡状態はたしかに安らかに見えるだろう。しかし、内部では毒物のために肉体はぼろぼろになり、すべての器官が機能を停止しようとしていた。安らかどころではなかったのだ。

ブラーエは水銀中毒で死亡した。しかし、だからといって犯罪行為を疑ってよいものだろうか。ブラーエは彼を亡き者にしようとする何者かによって毒殺されたのだろうか。それともよく推測されるように、生涯の錬金術師であった彼が手製の錬金薬のために自ら毒物を摂取してしまったのか。この疑問に対する答えはパラケルススの医療化学という神秘的な世界で見つかるだろう。

第24章　ティコの錬金薬

それは魔法の物質だった。光沢のある金属で室温でも液体、水滴のように丸くなり、触るとばらばらになる。古代ローマ人がこれを生き生きとした銀という意味でargentum vivumと呼び（日本語では水銀）それがじきに神々の使者である俊足なマーキュリーにたとえられたというのも不思議ではない。同様に、軌道周回速度のもっとも速い惑星もマーキュリー（水星）と呼ばれている。

錬金術がヒンドゥー語で「水銀を知る」という意味のrasasiddhiと呼ばれることからもわかるように、この光沢のある液体は最初から錬金術師の注目の的だった。(1)四世紀の中国の錬金術師葛洪《かっこう》は水銀薬をかかとに塗れば水上を歩けると考えていたし、ブラーエの錬金術の祖であるあの大げさなパラケルスス自身も、水銀はイオウや塩とともに他の全元素を生成するtria prima、すなわち三つの基本元素の一つであると信じていた。

昔の人は水銀の毒性に無知だったとよくいわれるがこれは間違っている。それどころか、この金属に早くから向けられた根強い関心のおかげで、どの水銀化合物が無害でどれが猛毒かという事実も含めてその長所や短所に関するかなり整理された情報が蓄積されていたのである。紀元一世紀には古代ギリシャの医者ディアスコリディズや古代ローマの博物学者プリニウスが硫化第二水銀の毒性について書いており、二世紀には古代ギリシャのガレノスが水銀は合法的な医療には使用できないと述べている。
九世紀になると、ペルシャの医者のラージー〔ラーゼス〕が純粋な水銀と種々の水銀化合物の毒性を検査する動物実験を行なった。なかでも有名なのは、サルに純粋な水銀を大量に投与した実験である。彼は次のように報告する。「サルに水銀を飲ませてその作用を観察したところ、前述のような症状（腸と腹部の痛み）が見られた。痛みがあると推論したのは、サルがのたうちまわり、腹部と口をかきむしったからである」。純粋な水銀は摂取しても比較的無害であると彼は結論した。それは「水銀が変化することなく排泄されるからであり、患者が動きまわればとくにそうである[2]」と。

子供のころ母親に脅かされたために壊れた水銀体温計に恐怖を感じる人は、ラージーのいうことが基本的には正しいと聞くとほっとするだろう。実際、それ以後の何世紀間は水銀は通じ薬として利用されることが多かった。その重さのゆえに体内の物質を下方に移動させる作用があるだろうと考えられたからである。したがって壊れた水銀体温計が指に刺さってもべつに心配することはない。だからといって家でそんな実験をする必要もないが、一九五四年に遊離水銀を注射して自殺をはかった男[3]がその後も水銀中毒の症状を示すことなく一〇年間健康で生存したという話もある。

多くの水銀化合物が少なからず有毒であるにもかかわらず純粋な水銀に毒性がないのは、その相対溶解度に大きく関係している。元素の水銀はほとんど不溶性であるために体内を害することなく通過してしまうのだ。ところが水銀化合物は溶解度が高くなるにしたがい毒性が強くなる。なかでももっとも毒性の強いのが水銀塩であり、それらが水に溶けやすいことを考えるとわかるだろうが、とくに昇華水銀つまり昇汞《しょうこう》として知られる塩化第二水銀は毒性が強い。ラージーもこのことには気づいており、毒性の理由までは理解していなかっただろうが、昇華させた水銀は「きわめて危険で致命的な効果がある」と述べている。「腹部に激痛を走らせ、疝痛や血便をもたらす」[4]と。その一〇〇年後に、ペルシャの医者アヴィケンナがもっとも激烈な毒薬は「昇汞」であるとしている[5]。

アヴィケンナの時代から六〇〇年もすると、塩化第二水銀の毒性はよく知られるようになり、一五八〇年にはブラーエの長年の友人で文通相手でもあるヘッセン-カッセル伯・ヴィルヘルムⅣ世が解毒剤（この場合は土）の効果をテストする別の動物実験を行なった。ヘッセン-カッセル伯の指揮のもとに医者たちが「前記の土を全部テストした。そして、前述の医者たちが君主の要望に応えてもっとも致命的と考えられる毒物に関する二通りの実験を行なった。その毒物は昇汞、トリカブト、ネリウム・アポシヌムである。これらの毒物をそれぞれ八匹のイヌに半ドラムずつ投与し、四匹には毒物の後に土を与え、残りの四匹には毒物だけを与えた。すると毒物だけの四匹は、トリカブトを摂取したイヌが半時間で絶命し、ネリウムのイヌは四時間後に、水銀を飲んだイヌは九時間後に死んだ」。毒物とともに土を与えたイヌはまる一日苦しんでいたが翌日はすっかり快復したらしく、「まるで毒物など摂取しなかったように餌の肉をがつがつと貪り食った[6]」。

一六世紀にはヨーロッパ中に性病が大流行した。その主な治療法は、梅毒の実際の原因が何であろうと水銀薬であったので、水銀のいわゆる人体実験なるものができる機会は十分にあった。一般的な治療法は燻蒸消毒である。それは肉の保存に用いる大きな容器にフードをかぶせたものに患者を入れ、下から熱して発汗させ、内部で循環する濃い水銀蒸気を体内に吸収させるという方法だ。もう一つは塗擦で、水銀軟膏を塗りこむ方法である。この二つは合わせて用いられることが多く、「ゴシゴシこすれ、桶の中の三人」という古くから伝わる童謡はここからきている。

一六世紀のある薬屋がこのような治療法を描写したさらに長い歌もあるので、その一部を紹介しよう。

彼らは梅毒をよく知っている
彼らにはそのまえに事実があった
知らないベッドにしのびより
そこに残された穴を埋めようと
見えなくても音を頼りに
暗闇の床にもぐりこんだから
後悔してももう遅い
いまや事実は明らかだ
なぜ、屠られた子牛のように
体を半分に折られて縛られて
地獄の業火に投げこまれ
こんがり焼きあがるまで炙られるのか……
祈ってもご利益はなく
騒いでも後の祭り
ただ、たんまり擦られて
ボーッとするまで擦られて
薬のおかげで痛みが消える

ぶつくさいうな、効き目は早い[7]

実際は「効き目が」早いどころか、ひどい中毒になるほうが多かった。『ガルガンチュアとパンタグリュエル』でラブレーは次のように述べている。「全身に薬を塗りたくられて顔が火薬箱の鍵穴みたいにてかてかになったやつらが、その後ですぐ雄豚のように喉から泡をふき、歯がオルガンやハープシコードのジャックみたいにぐらぐらするのをよく見ている[8]」。歯ぐきのゆるみと呼吸器系の炎症は水銀蒸気の吸いすぎに典型的な症状である。

二〇世紀初頭までは前述の「桶療法」と似たりよったりの治療が行なわれていた。一九四〇年代にペニシリンのようによく効く抗生物質が発明されるまでは、梅毒の一般的な治療法として種々の水銀薬が使われていたのである。梅毒に対する水銀薬の効能については議論の余地があるが、水銀は細胞を殺す危険な物質であるために強力な抗菌剤でもあった。同じ理由から作物の殺菌剤や部分的な防腐剤としても利用されてきた。現在でも読者の中には、子供のころのサマーキャンプでかすり傷に派手な色のマーキュロクロム液〔赤チン〕をたっぷり塗られたり、または周期的に流行する吹き出物やはやり目にこの薬が使われたりしたのを覚えている人がいるだろう。インターネットのサイトによると、フランスでは今でもこの薬が市販されているそうだ。

問題は、パラケルススがいみじくも指摘したように服用量にある。彼を批判する者は、彼を理髪師程度の医術者と見なし、水銀のもつ致死的効果に無頓着でやたらに水銀薬を使いたがるにせ医者に仕立てようとするが、パラケルススが水銀の治療効果を維持しながら毒性をやわらげようとしていたのは明らかである。もう少しひらたくいえば、人間を殺さずに細菌を殺そうとしたのだ。

パラケルススより一世代後輩のブラーエは、彼自身の記録によると、錬金術の実験を繰りかえしてそのプロセスを改良し「毒性のない」[9]水銀薬をつくるところまで到達した。彼の死因を水銀の偶発的な自己摂取かあるいは悪意ある毒殺に求めようとすると、ブラーエがどれだけ錬金術に関わっていたかという問題につきあたる。それは彼が水銀薬を生成した化学プロセスを分析することによってはじめてわかることである。

＊　＊　＊

現在までにそのような分析がなされなかったのは、一つにはカンペやパロンの発見までその必要性がなかったからで、もう一つはそれがむずかしかったからでもある。それでも何人かの先駆的な学者のおかげで、宗教的哲学的な意味合いをもち前近代的な科学が共存する錬金術が正規の研究対象として取りあげられるようになり、興味深い歴史の窓が開かれた。[10]とはいえブラーエの薬の処方箋を解読するのは、錬金術用語を完全に理解し、それを現代の化学用語に翻訳しなければならないので、専門家でさえしり込みするような作業だった。

このユニークな才能をどちらも持ちあわせた人物がいた。それはジョンズ・ホプキンズ大学で化学と科学史の学位をもつ若い教授ローレンス・プリンシピだ。彼は錬金術に興味を示し、実験室にこもって苦労を重ね、まるで現代の錬金術師のように化学以前の祖先たちがあみ出した生成法や多くの神秘的な方法を再現した。ブラーエは錬金術の研究をしながら種々の病気に効く薬をいくつか発明している。彼は興味を共有する友人たちにこれらの薬のつくり方、使用目的、投与法などを書簡で説明していた。ブラーエの一部の薬には水銀が含まれている。プリンシピが行なった処方箋の翻訳のおかげで、私たちはその水銀薬の作り方を段階を追ってたどることができる（ブラーエの処方箋の翻訳と、それに関わる化学反応を説明する書き込みについては付録（二五六頁）を参照のこと）。

ブラーエは処方する薬の対象となる病気について述べ、そのつくり方が他の水銀薬とは異なることを強調している。彼のいうことが本当なのか見てみよう。

治療薬の処方箋[11]

皮膚や血液の病気、たとえば疥癬《かいせん》、慢性的な性病、象皮病などに効く

右記の病気、その他この種の病気はすべて水銀で治療できるが、それは普通の方法で処方したものではない。利よりも害のほうが多い危険な軟膏や沈殿物ではなく、腐食性のオキシ硫酸水銀や同様に有害な沈殿物でもない。以下に説明するのは、毒性をできるかぎり取りのぞき、有害ではあるがそのために効き目があるという薬をつくる方法である。

こうしてプロセスが始まる。第一段階は、薬局で入手できる水銀に混入しているような鉛や錫の酸化物など「外側の不純物[12]」を取りのぞく。それには「水銀をなめし革で濾して（一般的な方法）さらに塩と酢で洗う[13]」。これは中世からよく知られていた方法だ。

次は、水銀を「一般的な方法で昇華する」。その方法としては礬類《ばんるい》（硫酸）、硝酸カリウム、塩を水銀に加え、鉛、錫、水銀を塩類に変化させ、水銀塩を昇華する。つまり、金属塩を加熱して発生した蒸気を容器の冷たい部分に凝縮させるのである。揮発性の少ない鉛や錫の塩はフラスコの底に他の副生成物といっしょに残留する。こうして比較的純粋な塩化第二水銀（$HgCl_2$）が得られる。

これで塩化第二水銀がときには昇華水銀と呼ばれる所以がわかっただろう。前述のように、これには「昇汞」という別の呼称もあり、当時はもっとも毒性の強い物質だった[14]。

そこで、この塩化第二水銀を鉄の小片（実際は鉄粉）を加えた真水に入れて還元する。鉄は還元剤の作用をし、水銀から塩素原子を取りだし、純粋な水銀と鉄の塩を残す。この混合物をふたたび乾燥し、昇華し、そして還元するのだが、水銀の内部からほとんどの不純物を取りのぞくまで、「少なくとも四回以上」はこの手順を繰りかえす。

この純粋な水銀を硫酸（濃縮硫酸）といっしょにフラスコに入れ、八日間温浸する。つまりゆっくりと加熱して硫酸第二水銀を生成する。この生成物が水の中で分解して形成された残留物が、ブラーエの最終生成物である不溶性の塩基性硫酸第二水銀である。

これがブラーエの毒性の少ない水銀化合物薬である。事実この薬は、一般に「タービス・ミネラル」と呼ばれる正式な薬物として二〇世紀まで残っていた。その薬に効き目があったかどうかは疑わしいが、有害であったかどうかもまた疑わしい。たしかに、この薬が命取りになるには相当量を摂取しなければならないだろう。ブラーエの処方箋には「二、三グレーンを適当な飲み物で飲む」とあり、おそらくビールかワインに溶かして飲めということのようだ。また、「粘性のたん」がひどくて薬を飲めない場合は「鼻孔から投与すれば安全である」とも書かれている。

肉を貯蔵する容器の中に各種の水銀化合物といっしょに患者を押しこめ、火で暖めて、治療効果があると考えられる蒸気を吸収させるという「桶療法」が一般的だったときに、ブラーエの二、三グレーンという薬の服用はどちらかといえば無害な療法である。ブラーエは生涯のパラケルスス学徒として、どんな薬も服用量によっては有害になるということを熟知していたのだろう。

〇・五グラムくらいまでなら、たとえ恐ろしい塩化第二水銀を摂取しても致命的な結果にはならない。もとはといえば一グレーンは麦一粒の重さだったが、現在では〇・〇六四八グラムに相当する。したがってブラーエの処方箋にある三グレーンは〇・一九グラム程度になる。数量の基準がブラーエの時代からさまざまに変化しているのはたしかだが、それでもこれは毒性の少ない水銀化合物を少量ということになる。

同様に、イアトロ化学者として三〇年間の経験をもつブラーエが自分の病気に悪い薬を飲むほど浅はかではないことも確かである。彼の生成した薬は、疥癬、寄生虫性皮膚病、性病、象皮病、一種のハンセン病に効くことを目的としている。後に彼が述べたところでは、この薬は、彼がつくった他の二つの薬（どちらも水銀は含まない）とともに万病の治療薬になるそうだ。「前述の三種類の物質を正しく調合する方法を修得すれば、それらを適切なときに投与するかぎり、実質的には人体の病気の四分の三を治療することができる。治療できないのは痛風や水腫のような体液の異常分泌や、塩類およびその不適切な凝固物の不自然に過剰な分解に起因する病気である」。水腫とは浮腫ともいわれ、体液が滞留して腫れあがることだ。これはブラーエの尿毒症にも関係すると考えられるが、その場合、彼は効かないと知りながら薬を飲んだことになる。現在では水銀の大量投与は排尿障害を起こすが、少量であれば利尿効果があると知られている。しかし、ブラーエの時代にはまだこの効果は知られていなかった。それがはじめて記録されたのは、それからほぼ一世紀半後の一七四一年のことである。[15]

偶発的な水銀中毒という最後の二つのシナリオ、すなわち、錬金工房の作業を通して長いあいだに徐々に水銀を摂取するか、または事故で水銀蒸気を吸入するというシナリオは簡単に除外できそうだ。緩慢な摂取による効果はおよそ一〇〇年におよぶ梅毒患者の桶療法や塗擦療法によって証明されてきたが、ブラーエにそのような症状はなく、当時の叙述によれば、彼は徐々にではなくたった一晩で突然に発病したとされている。要するに一度に大量の水銀を摂取したことになる。水銀はきわめて揮発性が高く、その蒸気は致命的であるので、それだけ大量の蒸気を吸入すればその症状はさらに激しくなる。仮に実験室で事故のために水銀蒸気の雲が発生し、それを大量に吸い込んでブラーエのような病気になったのだとしたら、彼は喉、鼻、口に焼けるような痛みを感じ、粘膜その他の組織が腐食されたはずである。そして呼吸器系の激しい炎症を起こしたことだろう。ところがそんな事故も症状も報告されていない。しかも、ブラーエがそのような状態にあったとしたら、その晩ローゼンベルク家の晩餐会には行かなかったと考えるほうが妥当である。

したがって事故説を押し通そうとしたら、ありえない事実をいくつか想定しなければならない。当時の著名なイアトロ化学者であったブラーエが、毒性は服用量によって決まるというパラケルススの金言を無視して、水銀の危険性をきれいさっぱりと忘れさり、尿毒症の症状には効かないと知っている薬を不快解消のために大量に過剰服用したと。これは、詳細な事実をきわめて正確に系統的に追求する研究をライフワークにしてきた男にしては、あまりにもお粗末なへまの連続である。

ところが、パロンのグラフに現れた水銀の突出につづく鉄の急激な盛り上がりが、問題の毒物は実際はどんなものでどこからきたのかを教えてくれる。

ここでブラーエの処方箋を振りかえってみると、精製過程の中ごろに鉄粉を加えた猛毒の塩化第二水銀溶液が得られるのを思い出す。鉄を加えるのは、前述したように、水銀から塩素原子を切り離して鉄の塩と純粋な水銀を生成するためである。このプロセスでは混合物の乾燥、昇華、還元という作業が少なくとも四回は繰りかえされるのでかなりの時間が必要だ。おそらく数日は要したのだろう。

そのあいだに何者かがブラーエの実験室に入りこみ、大量の鉄を含んだ猛毒の塩化第二水銀溶液を持ちだしたというのも無理な推測ではない。パロンのグラフに現れた鉄の突出からすると、ブラーエが飲んだのはまさにこの水溶液と推定されるのだ。

おもしろいことに鉄や水銀とともにカルシウムも高い数値を示している。カルシウムの源はミルクである。それは毒殺者にとってたまたま格好の媒体であった。ミルクは塩化第二水銀の味を紛らわせ、胃腸壁を冒す最初の腐食作用をやわらげる働きをするために、犠牲者は毒を盛られたとすぐには気づかないのだ。

このケースはじつにうまくいった。法医学の想像をこえる進歩によって凶器が「暴露」されるまでに四〇〇年も要したのだから。それはブラーエの薬ではなかったが、ほとんど間違いなく彼の実験室でつくられたものだったのである。

第25章　犯行の動機と手段

ブラーエを殺した真犯人を四〇〇年も経過した今になって確実に割りだすのはもちろん不可能なことだ。しかし犯行の機会、手段、動機という法廷の三要素を調査し、可能性を除去していくと、最後には状況証拠がケプラーを指し示しているという有力な論拠が得られるのである。

そこでまず他の可能性から検討してみよう。もっとも可能性が薄いと考えられるのは、ブラーエが実験室の生成物を故意に飲んだというものである。ブラーエの自殺説は、彼の性格や生き方に関して知りえる事実にことごとく矛盾している。国を追われた当初はたしかに落ちこんでいたらしく、イェセニウスの哀悼の辞によると、ヴィッテンベルクで彼のもとに逗留していたときは、楽しい会話が一転して死に関する一般論にうつることもあったそうだ。ウラニボルクをはじめそこに築いたものすべてを手放して国から追放された直後でも彼が暗い気分にならなかったとしたら、むしろそのほうが不思議である。

イェセニウスはその後の二年間にブラーエと交わした会話にも触れている。彼が逆境をいかにすみやかに力強く乗り越えてきたかは周知のことだ。ブラーエは過去にいつまでもこだわらず困難や失望に見舞われても足踏みをしない行動力のある男だった。デンマークに帰れないと悟るとすぐに新しい居場所を探す計画をたて、運よく大物の庇護者を探し当ててしまった。世間一般の観念からすれば、彼がハプスブルク家の皇帝の宮廷で享受した待遇は他のどんな地位にもまさるだろう。

ベナテクに新しいウラニボルクを再建するという計画をあきらめたのは彼にとって無念だったかもしれないが、一六〇一年頃のブラーエは天体観測の大半を完了していたのである。そのころの彼の主要な関心事はその記録を出版することだった。つまり一五七二年の超新星や一五七七年の彗星に関する未完の書物も含めて、月の理論や星表、それにいうまでもなくティコの宇宙体系に関する著書を世に出すことだったのだ。四〇年間におよぶ草分け的な研究の頂点ともいうべきこの仕事こそ彼の名を後世に残すものである。その実が今結ばれようとしているときにそれを断念するはずはないだろう。現実にも一六〇一年の秋は、ブラーエにとって人生の幸運を喜べる出来事があった。皇帝のおかげで封土の相続が約束されて妻子が事実上の貴族に列されたのである。これによって娘は貴族のテングナーゲルと正式に結婚でき、家族に関する彼の長年の心配は解消された。祖国を恋しく思わないはずはないだろうが、彼と家族がプラハで得た幸運はどんなホームシックでも癒して余りあるものだった。

自殺説を否定するもっとも説得力のある理由は化学に凝縮される。水銀中毒死はひどい苦痛をともなうものだ。すぐれた錬金術師ならだれでも知っているようにブラーエもこれを熟知していた。そんな苦痛をもたらす薬を一度ならず二度までも、しかも一週間ももだえ苦しんだ後で自分に投与するというのはあまりにも不合理である。

いうまでもなく殺人事件の捜査によくあることだが、この場合も多くの容疑者が浮上する。しかし、どれも不可能なことが多すぎてすぐに除外せざるをえなくなる。ブラーエを追放したデンマークの宮廷人たちはすでに目的をとげていた。事件は四年以上も過去のことである。事件を蒸し返す気のないブラーエはつねに用心して、書簡においても会話においてもクリスチャン国王に関してはできるだけ好意的ないい方をしていた。

　だいいち、デンマークのスパイはまず結束のかたいブラーエ家に潜入しなければならないのだから、どうやって任務を遂行したのか想像するのさえむずかしい。ブラーエの家族と奉公人を別にすれば、ブラーエが毒を摂取したときのクーッ邸にはたまたまデンマーク人が一人もいなかった。スウェーデン人の従兄弟であるイリク・ブラーエは当時プラハ駐在のポーランド大使だったが、ブラーエとは非常に親しく、彼の枕元で看護の手伝いをしていた。スウェーデンがデンマークとほとんど恒久的な交戦状態にあったことを考えると、二人のあいだに深い親族愛がなければ、スウェーデンの一国民がデンマーク人のために看護という汚れ仕事をするだろうか。ブラーエが病気になったとき、ケプラー以外の助手はみなプラハを出ていた。若いマティアス・ザイファートはそのとき家にいたようだが、彼はデンマークとは何の関わりもないドイツ人である。

　奉公人のだれかが金をもらって殺人を遂行したという可能性もある。当然のことながらブラーエの召使に関する情報はほとんど存在しないが、その多くは追放されたブラーエに付き従ってデンマークからやってきた者のようだ。これは一六〇一年の出来事であり、当時の召使は雇い主に完全に依存していた。ブラーエは召使にとって恩人であり、生きる糧であり、文字通りパンやバターの源であった。近代のような単純労働の求人市場などなかった時代である。ブラーエが死んだ後にキステンとその家族が経済的に困窮し、使用人を解雇すれば、彼らは住処を失い見知らぬ土地で貧困にあえぐことになる。

　奉公人の立場を宮廷の護衛兵に譬えるとわかりやすい。たとえ利己的な理由であっても、彼らの生活はご主人の健康ときわめて密接な関係にある。ケプラーをうんざりさせたプライバシーのないにぎやかなブラーエ家にあって、彼らは侵入者に目をくばり、おそらくつねに監視していたことだろう。以上のことすべてが、犯行は、そこにいても疑いの目で見られない人間の仕業であると示している。

容疑者の審議を漏れなくするためには、ルドルフ帝の宮廷のだれかが、ブラーエの法外な俸給や皇帝に対する影響力を妬んで犯行におよんだという可能性も検討しなければならない。しかし、ブラーエの死によってその俸給を自分のものにできる地位にある人はだれも、彼の俸給がほとんど絵に描いた餅であることを知っていた。彼が死ぬまでの一五ヵ月間は国庫から一銭も支払われていなかったのだ。ブラーエの影響力に対する嫉妬心に関しても、その可能性はほとんどないといえる。もちろんゴシップは宮廷生活の要素であり、根拠はなくても、ブラーエがルドルフ帝を説得してピルセン滞在を延期させプラハへの帰還を遅らせたといううわさは立ったことがある。しかし、ブラーエ自身は政治問題に巻きこまれまいとする態度を表明していた。それはデンマークでもプラハでもきわめて注意深く宮廷の権謀術策から逃れようとしていたことで証明される。事実、この時代を研究した現代のチェコの歴史家、ズデンジェク・ホジャ博士とマーティン・ゾルク博士はブラーエが実質的に政治に関わったことはなかったと明言している。ブラーエが心理カウンセリングと称していた皇帝との差し向かいの時間は宮廷人に疑惑を与えたかもしれないが、その疑惑が殺人にまで発展するには具体的な根拠が必要である。そして、ここでもそんな証拠は何ひとつ存在しない。

最後に検討すべき被疑者は、ブラーエに一時的に追いだされたと信じている集団、カプチン修道院の僧侶たちだ。彼らがプラハから短期間追いだされたからといって殺人を決意するものだろうか。動機としては不十分である。仮に、反宗教改革に燃えるプラハの前衛隊がその信念を推し進めるために暗殺を謀ったのだとしたら、ブラーエ以上に重要なターゲットはほかに多数いる。ルドルフ帝は概してバチカンの政治的狙いに不信を抱いていたので、身辺には主としてプロテスタントの顧問を置いていた。その多くはブラーエよりも皇帝に近いところにいて、彼のバチカン嫌いを助長させていたといわれている。

カトリックの修道僧はプロテスタントのブラーエ家では歓迎されないのだから、俗人のスパイが外から入りこんで毒物を持ちださなければならない。しかし、ここでもその機会が問題になる。毒物は二回にわたって投与された。二度目はブラーエの寝室内で、家族や奉公人に囲まれた死ぬ前夜での犯行である。毒をもった犯人は周囲に不審を抱かせない見慣れた人物で、出入りが自由でなければならない。この点でケプラーのような人物がもっとも怪しいことになる。

ケプラーには犯行の機会があった。しかし手段はどうだろう。彼は数学者で天文学者ではあるが錬金術師ではない。ブラーエの錬金工房に猛毒の混合物が待機中であるとどうやって知ったのだろう。

ケプラーはグラーツにいたとき、知名度の高い医者でイアトロ化学者のヨハン・オーベルンドルファーとかなり親しくなった。オーベルンドルファーはケプラーのためにバーバラとの結婚のお膳立てをし、それ以後も何年も親しい友であり、一六二二年にはケプラーの娘コーデュラの洗礼式で代父を務めている。一六一〇年にオーベルンドルファーは、これも名の知れた錬金学者で今なお残る『錬金術用語集』の著者であるマルチヌス・ルラントゥスと公に論争したことがある。そのとき、化学物質の薬剤を三〇年間も使用してきたと明言したが、この期間にはグラーツでケプラーと過ごした時期も含まれている。事実、オーベルンドルファーの化学研究はかなり注目されていたらしい。一五九七年に、ケプラーはあきらかに職を探していたと思われる友人を次のように推薦している。「医者のオーベルンドルファーが心からよろしくと申しております……彼は貴校の教授の職を望んでおります。著書には毒物だけでなく薬草の学名に関するものもあり、腕のたしかさで評判があります[1]」。

ブラーエの死後ケプラーはルラントゥスとも親しくなり（一六一一年にケプラーは彼の弔辞を書いている）、パラケルスス派の錬金学者でライプチッヒ大学の医学教授であるヨアヒム・タンキウスとも書簡を交わしていた。この時代の錬金学に関するすぐれた科学史家カリン・フィガラは「ケプラーは当時の錬金術師たち（たとえばプラハの宮廷のティコ・ブラーエなど）の実験についてはかなりよく知っていた」と述べている[2]。

ケプラー自身は実験をしていなかったようだが、ブラーエ家にいた当時はブラーエの錬金術に強い興味をもち、たびたび実験室に訪れてそこでの活動を詳述した。これは彼の記録から推察される。著書『第三の調停者』（一六一〇年）では医者のフェセリウスを批判し、赤いバラの化学反応について説明している。「私は、ティコ・ブラーエが赤いバラの花弁を別のエキスに入れて、温浸法を使わずに、舌にいくらかピリッとくる刺激味のあるエキスを抽出したのを見た。したがって、実際は色を見るべきではなく、花と実は区別すべきだといえるだろう[3]」。

要するに、ケプラーは錬金術に関する知識をもっていただけでなく、ブラーエの実験室についてよく知っていた。犯行の道具は彼がその気にさえなればいつでも利用できるところにあったのである。

＊　＊　＊

では、犯行の動機はなんだろう。皮肉なことに、ブラーエ自身がケプラーの心に犯行の種をまいてしまったようである。彼はケプラーに返信した最初の手紙で、ケプラーの『宇宙の神秘』を検証できるのは「私の手元にある……正確な観測記録」だけであると慇懃にほのめかしてケプラーを刺激してしまった。ケプラーはブラーエの言葉が正しいことを十分に理解していた。彼はまるで天啓でもうけたように天地創造の奥義を悟ったと確信したが、理論の正当性を疑い深い衆人に認めさせるにはブラーエの四〇年間におよぶ経験主義的観測の裏づけがどうしても必要だった。彼がブラーエの手紙の隅に走り書きしたように、その「アレクサンドリアの四〇タラントの財宝」は「朽ちる運命から救い」ださねばならず、年上の天文学者からもぎとらなければならなかったのだ。

ブラーエの観測を自分のものにするという考えにとりつかれると、彼はすさまじい執念でそれを遂行しようとした。彼の個人的な振るまいはえてして気まぐれだったが、この目的に関してだけは揺らぐことがなく、自分にできる策略はすべて駆使してブラーエが不当に遠ざけている宝物を奪い取ろうとした。もしグラーツから放逐されなければ、いや、ケプラーの念願がかなってチュービンゲン大学の教授連がこの放蕩息子を快く受けいれてくれたなら、結果はもっと違っていただろう。卒業校に職を見つけてほしいとメストリンに何度も懇願していたのだから、彼はそこで病んだ心に救いと慰めを見いだし、自分の研究を追求しながらある種の平和のうちに人生をまっとうしたにちがいない。ところがそうはいかなかった。彼は生涯あてもなくさまよう浮浪者だったのである。

ケプラーのブラーエに対する態度で驚くべき点は、彼があっというまに激しい敵意に凝り固まってしまったことである。ブラーエから最初の手紙を受けとった後でメストリンに宛てた嘆きの言葉によると、ブラーエは五つの正立体理論を自分にあきらめさせようとしているが、それよりも自分は「ティコを剣で突き刺す」ことを考えているという。これは大げさな表現にすぎないのだろうが、いずれにしてもケプラーの中にはそう深くないところに激越な感情が眠っていたことを示している。ブラーエはケプラーに励ましと助力を与えたが、ケプラーは最初からブラーエを自分の道に立ちふさがる障害物と見なし、必要ならどんな手段に訴えてでも強引に観測記録をもぎとらなければならないと考えていた。

その最初の手段は、ケプラーがブラーエ家に滞在してからたった数週間後にたくらまれたことで、観測記録をもってプラハに逃げだし、そこで背後から監視されることなく複写しようというものだった。その次はメストリンやマジーニのような他人を利用しようとした。ブラーエとの約束に署名したことなどまったく無視して、フェルディナンド大公に話を持ちかけブラーエの後ろにまわろうと画策しただけでなく、ルドルフ帝本人にさえ働きかけたのである。このような策略を繰りかえしていくうちに、彼の鬱積した妬みと怒りは追いつめられればいつでも爆発する状態になっていった。

ケプラーの対人関係は基本的には便宜主義的であった。妻を選んだのは富を当てこんでのことであり、クラスメートからほぼ例外なく敵意を買ったのは彼らを告げ口したからである。そして、きわめつけは一年半におよぶ裏切りの陰謀であり、ブラーエの温情に対して彼を出しぬきデータをもぎとることで報いようとした。

「彼は物事の是非に関しては幸運のように気まぐれだ」。ケプラーは『自己分析』の中で自分自身をこう分析する。そのときどきの興味に左右されない道徳観や倫理的基準というものがない。「そして、彼の始めたことがうまくいってもいかなくても、男は誠実に判断しようとしない。しくじってもだれにも気づかれなければ、ひそかに訂正方法を考える」。彼が『自己分析』で冷徹に詳述した道徳心の欠如というものがその行動に一貫して表れていなければ、彼自身の言葉をとりあげて断罪するのは不公平かもしれない。しかし、ケプラーは「彼は敵をやりこめる計画につねに心をうばわれている」と記しており、一五九九年に書かれたブラーエの最初の温情ある手紙に対して、ブラーエを敵対者リストの最上位に置くという反応を示したことからもそれは明らかである。それからというもの、ケプラーは生来の「見栄、欺瞞、虚偽への渇望」に身を任せてしまったのである。

ケプラーは『自己分析』の中で自分を観察する。「私のケースのように火星が水星に影響する場合は、ほとんど自制心がなくなる。そのために人格は乱れて、怒りっぽくなり、娯楽好きで気まぐれになる。その結果、うそや争い、みごとな成績、不遜な態度、取り引きが生じる。このような性質はすべて生まれたときからそなわっている。そして、他人を否定し、猛烈に攻撃し、あらゆる権威に逆らい、つねに他人を非難する。したがってどんな学業をするにしても、その人の人間関係には他人の悪癖を責めたて、あざけり、難詰するという傾向がある……そこには激しい怒りや策略、警戒心、不意の攻撃があり、幸運もまた皆無ではなさそうだ[4]」。

その幸運が入りこんだのは、ブラーエがケプラーを連れて皇帝に謁見したときである。ブラーエは、ケプラーをルドルフ帝に会わせることで、この助手の俸給と地位という当面の現実問題を解決し、だれもが相当の名誉とうらやむ仕事を与えたと信じていた。ところが、それがケプラーにとって感謝ではなく行動を起こす機会になろうとは予想もしなかったろう。ケプラーはいまや俸給を保証されたが、その行く手には相変わらずブラーエが立ちはだかっていた。ブラーエは観測結果を依然として管理し、ケプラーを監視してルドルフ表作成のためのうんざりするような計算を行なわせるのである。

さらに悪いことに、その計算はコペルニクス説を発展させたケプラーの理論ではなくブラーエの理論にしたがって遂行しなければならない。そして当然のことながら、この企画の名誉と賛辞をうけるのはケプラーではなくブラーエなのだ。『宇宙の神秘』や『世界の調和』はどうなるのだろう。必要な観測記録はすぐそばにあり、統合されるのを待っているのに、自分の理論は後回しにしなければならないのだ。

ブラーエに対して行動を起こすときがきたと、ケプラーは判断したのだろうか。そうだとすれば彼の計算は正しかった。他の助手たちは留守である。晩餐会に行くまえに一杯ひっかけるブラーエの酒に毒物を落としこむのはいつもより簡単だ。ブラーエ家もデンマーク貴族の習慣にもれず酒を常時消費していた。そして年をとっても頑健なこの男が毒物に屈しないと、死亡の前夜、胃腸壁の炎症をやわらげるという名目で、致死量の毒物をミルクに混入して二度目の投与をするのも容易なことだった。

皇帝はルドルフ表作成という自分の名声を高める企画が立ち消えになるのは望まないだろう。ケプラーはこう踏んだにちがいない。今では皇帝もケプラーを見知っている。皇帝への面通しはケプラーのような社会的身分の者には望みえないことだが、ブラーエのおかげで実現した。ルドルフ帝や側近たちにとって、ブラーエが謁見のさいにケプラーを連れてきたという事実は最重要事項である。そして、ブラーエの他の助手たちはみな故郷に帰っていたのだから、たとえブラーエの仕事を継ぐべき当然の人間ではないとしても唯一使える助手はケプラーだけだったのだ。

事実、ブラーエの死の二日後に皇帝の顧問官バーヴィッツがクーツ邸を訪れ、皇帝の命によってケプラーをブラーエの宮廷数学官の後任として任命し、ルドルフ表の完成を期待すると告げたのである。かくしてケプラーは思いがけない幸運を手に入れた。彼が切望してやまなかった名誉をほしいままにできるヨーロッパでも最高の地位を獲得したのである。ただ一つまだ解決しなければならない問題があった。観測資料は依然としてブラーエの子孫のものになっている。ケプラーはこの不愉快な事実をいつまでも放っておくことができなかった。そこで、ブラーエ家全体が喪に服して家族が悲しみに暮れているあいだに、彼はプラハにやってきた最初の目的である財宝を持ち去ったのである。

第26章　盗み

ケプラーの盗みはそう簡単にけりのつく問題ではなかった。イェセニウスがブラーエを偲ぶ哀悼の辞でこの横領に触れはしたが、さして害はないとケプラーはたかをくくっていた。しかしテングナーゲルは別だった。ブラーエの女婿は一六〇二年の夏に帰還すると、すぐに遺族の世話に取りかかったのである。

ブラーエが家族の経済事情を憂慮したのは正しかった。死後一年たっても最後の俸給は依然として支払われず、キステンと未婚の子供たちはクーッ邸を引き払ってプラハの旧市街にある小さな共同住宅に引っ越さざるをえなくなった。[1] 一家は生活のためにブラーエの天文学に関する書簡や『メカニカ』に使われた木版や彫版を売却したが、彼らの相続財産でもっとも価値があったのは観測機器と今はケプラーの手中にある三四巻の観測記録だったのである。

テングナーゲルは敏腕をふるってブラーエの未払い俸給をまたたくまに引きだし、それに観測機器の前払いと利息を合わせて、キステンが新しい家を購入できるようにした。後にはブラーエの長子ティゲと末娘のセシリーが貴族と結婚する仲人の手伝いもしている。さらに、ブラーエの名を確実に歴史に残すために、彼の膨大な未発表の研究を出版物にするという誠意も示した。

一方、ケプラーとは激しい争いの末にブラーエの観測記録を奪い返すことに成功した。ところが、テングナーゲルが皇帝を説得してルドルフ表作成を自分の仕事にし、いざそれに着手しようとすると、火星に関するもっとも重要な資料だけはひそかにケプラーの手元に残されていたことに気づいたのである。火星のデータはケプラーの研究に欠かせないものだった。彼はマジーニにこう書いている。「私の『世界の調和』を証明するには、惑星、離心率、惑星の軌道間の比率に関するティコの修正された理論が何としてでも必要です……なかでも一番欲しいのはすでに完成している火星のものなのです[2]」。

テングナーゲルとの論争のあいだに、ケプラーは友人のダーヴィト・ファブリチウスに宛てた手紙でブラーエ家に対する軽蔑をあらわにしながら本質的には自分の盗みを認めている。「じめじめした場所にはいつも霧が立ちこめるものです……ブラーエ家の人々の猜疑心の強さやたちの悪さはもちろんですが、私の自制心のなさや他人を軽蔑したくなる性向もこのような論争にあつらえむきの環境をつくっています。ですから、テングナーゲルが私を疑う証拠を発見できないのは当然でしょう。その観測記録は私が所有し、彼らに手渡すことを拒んでいるのですから[3]」。

三年後の一六〇五年には、イギリスの天文学者クリストフ・ヘイドンに宛ててさらに平然といいきっている。「白状しますが、ティコが死んで相続人たちがいないまに、またはほとんど手薄なときに、私は遺された観測記録を守るためにこの手で堂々と盗みました。大胆にも相続人の意思に反して取り上げたのですが、それは、私に観測機器の管理を命じられた皇帝陛下の明瞭なご意思に従ったまでのことです。私は陛下の命令を広義に解釈し、とくに管理を必要とする観測記録を奪いました[4]」。

テングナーゲルは当時行政や外交の道を急速に上りはじめていたので、ケプラーといつまでも押し問答をしているひまはなかった。彼はじきにハプスブルク家の政界で重要人物にのし上がることになる。そこで皇帝の聴罪司祭であるヨハネス・ピストリウスが仲裁を依頼され、一六〇四年に同意が成立して、ケプラーはブラーエの観測記録を利用することができるようになった。ただし、それはルドルフ表に利用するときだけにかぎられ、その他の場合はブラーエの家族の承諾を必要とするという条件つきである。ケプラーはこの協定を、ヘイドンに宛てた手紙で「不公平協定」と非難している。

ケプラーはこの「不公平協定」の内容などすぐに忘れてしまった。長年恋焦がれてきた宝物がいまや自分の手中にある。時間はかかったが、ブラーエの富をもぎとる作戦はついにみごとに成功したのである。

第27章　ケプラーの三法則

ブラーエの貴重な観測記録はどの点から見てもケプラーが期待していたように価値のあるものになった。ブラーエ以前の宇宙論学者は、いつもいいかげんな事実を基に思索していた。実際の惑星の運行と予測値のあいだに数度前後の相違があっても、この種の測定には少なくともこの程度の誤差が見込まれていたので、それは当然の許容範囲であった。ところが、ブラーエの厳正な観測によって多数のより正確な記録が登場すると、理論にこのような甘えは許されなくなった。ブラーエの記録を基準にすると、天文学にも相当の細かさが要求されたのである。

とくに重要な観測は前章でも述べたように火星に関する記録だった。火星の軌道は外惑星の中でももっとも大きくつぶれた楕円であるために、その離心率は最大である。したがって、たとえ完全な円や周転円や中心のずれた軌道を組み合わせた天才的な宇宙体系であっても、観測された位置をすべて無理なく説明することはできない。ケプラーは五年の歳月を経てようやくこの「火星戦争」に勝利をおさめたのである。

それはある意味で自分自身との戦いでもあった。完全な立体と球に基づく宇宙にとらわれたこのプラトン主義者にとって、円をあきらめるのは生やさしいことではなかった。彼は、円・周転円・中心のずれた軌道を種々に組み合わせてそれを火星軌道に当てはめようと、実りのない努力で数年を費やした。しかし、「仕事に対する猛烈な嫌悪感[1]」と同じくらいの強さで、彼の凝り性の面が間にあわせの答えに満足できなかった。骨をかみ散らすイヌのように、一つひとつの組み合わせを計算しては解決を試み、ほとんど無限とも思われる試行錯誤の作業を繰りかえし、二つ折り判でおよそ九〇〇ページにおよぶ紙面に小さい字でびっしりと計算を書きこんでいった。ついに円をあきらめて楕円に注意を向けるようになると、ケプラーは、これまでの努力は「荷車一杯のこやし[2]」のほかになにも生みださなかったと嘆いている。

最終的にはこの選択が、惑星軌道は太陽を一方の焦点とした楕円であるという発見につながるのだ。現在これはケプラーの惑星運動の三法則では第一の法則と呼ばれているが、紛らわしいことに、これは実際は二番目に発見された事実である。最初に突破口が開かれたときも、ケプラーはまだ中心のずれた円を当てはめようとしていたのだが、そのとき彼は、太陽と惑星を結ぶ直線が等しい時間内に等しい面積を「掃く」という事実に気づいたのである（次頁の図）。

この最初の二つの法則は、一六〇九年に出版されたケプラーの代表作といわれる『新天文学』でまとめて紹介された。太陽からの距離と軌道を一周する時間との関係に関する第三の法則は、一六一九年に出版される『世界の調和』で展開される神秘主義的な宇宙論に現れてくる。

ケプラーがいかに凝り性であったとしても、無数の楕円形を試しておびただしい数の数字を操作したとしても、ブラーエが透明の天球を粉砕し、月上界における運動に物理的な解釈を与えなければ、この突破口が開かれることはなかったろう。ブラーエ自身はケプラーのような思い切った着想は得られなかったが、潮汐の原動力が月から発散される磁力のようなものにあるとは考えていたらしい[3]。一方、太陽を創造主である神のイメージとしてとらえていたケプラーは、必然的にそれを宇宙の根源的

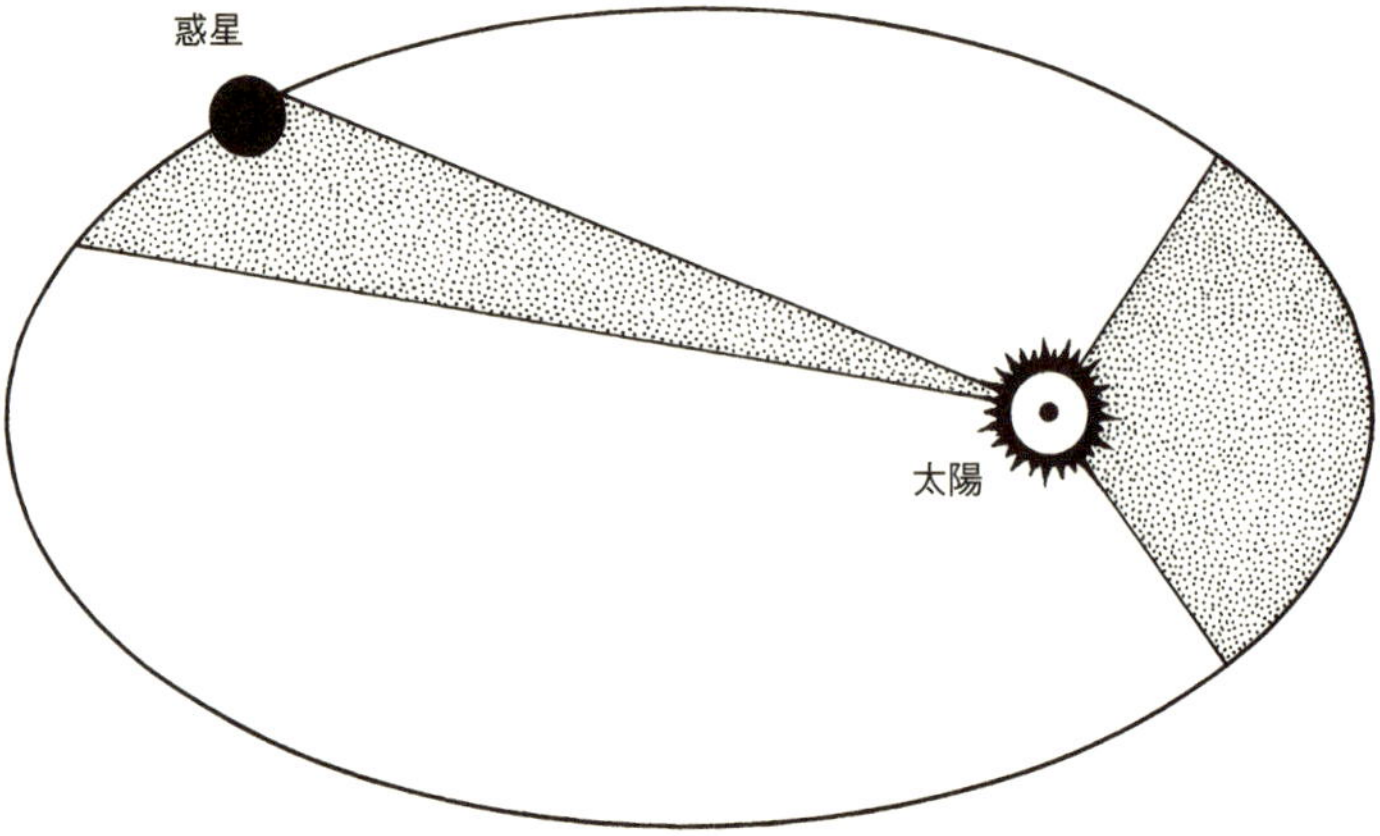

ケプラーの惑星運動の第一法則と第二法則

な原動力と見なしていた。この場合、ケプラーの純粋な神秘主義的信念が現実とみごとに調和して手堅い科学の実を結んだのである。

ケプラーはその原動力を磁力と考え、それが太陽からつるのように伸びて周囲の惑星を引っ張り、軌道周回させているという説を展開した。これによれば、太陽に近い惑星ほど速く運行するのは磁力による引っ張りが強いからで、遠のくほど遅くなるのは引っ張りが弱くなるからであるという説明が可能になる。今日ではもちろん磁力説が真実でないことはわかっている。この説にはつねに問題がつきまとい、ケプラーは、全惑星が太陽に引きつけられて落下しない理由を説明するために、引っ張りや反発力の複雑な組み合わせを想定しなければならなかった。しかし、彼の理論は当時としては大胆な発想であり、これによって科学者はまったく新しい方法で世界を考えられるようになったのである。

ケプラーが宇宙の基本的図式を示したこと自体目覚ましい偉業であったが、彼の三法則にはそれ以上の意義があった。彼は、地上から天上にいたるまでの運動を、物理的システムの因果関係に置き換える、つまり法則化することによって運動に命を吹き込んだのである。メストリンは、ケプラーが『宇宙の神秘』で理論に物理学を持ちこんだことを「天文学の崩壊」といって嘆いたが、そうではなく、それは天文学を開放したのだ。それまでの宇宙は抽象的な世界であり、惑星モデルが観測された運動を「うわつらだけ説明できれば」それでよかった。それが、いまや惑星の運動は空中を飛ぶ砲弾のように上がりもすれば落ちもする現実の現象になった。物理学の十分な発展はニュートンによる万有引力の法則を待たねばならなかったが、人間界を偉大な天空に結びつけることによってその道を開いたのはケプラーだったのである。

歴史上にはっきりと線を引いて一つの時代から次の時代への移行期を示せるとしたら、近代物理学が始まったのはこの時期である。そもそもそれは、ブラーエが反復観測による経験主義的データを重要視して、当時主流であったアリストテレス理論を観測に一致しないとしてくつがえそうとしたことや、ケプラーが持ち前の神秘主義と衝動と恐るべき直感のユニークなコンビネーションに突き動かされて三法則という理論的基礎を打ちたてたことから始まったのであり、最新の近代科学にたどりつく道はそこからまっすぐつづいているのだ。

物理学者のシュテファン・バーは、最近出版された著書でケプラーの楕円軌道から始まる近代科学の系図を作成し、楕円軌道はニュートンの「逆二乗則」から直接的に導きだされるとしている。逆二乗則とは、重力の強さは二つの物体間の距離の二乗に逆比例するというものだ。「逆二乗則はきわめて特殊な法則で、重力の運び手であるいわゆるグラビトン粒子にまったく質量がないという事実からくるものである。グラビトンに質量がないのは一般座標不変性とか局所ローレンツ対称性とか呼ばれるきわめて強力な一組の対称性に起因する」[4]。もちろんこの文の最後の部分は本書の域を超えており、おそらく最先端の理論物理に属するのだろうが、この言葉から、今日の科学の最先端に通じる扉は、四〇〇年前にきわめて対照的な二人の男が激しく論争しながら宿命的な協力を強いられたおかげで開かれたといえるだろう。

事実、ケプラーが重力理論の出現に、少なくとも貢献できるところまで行ったことは注目に値する。テングナーゲルとの争いでブラーエの観測記録をしばらく返却しなければならなかったとき、ケプラーはその関心を光学に向け、これもまた目を見張るような結果を出した。近代光学の基礎ともいわれる四五〇ページの大判の著書の中で、人間の目の働きを正しく認識し、映像は眼球の液体内に捕らえられるのではなく、レンズによって背後の網膜にまるで光の鉛筆で描かれるように逆さに投影されると述べている。また、光の強度は距離の二乗に逆比例するという光の逆二乗則[5]についても正確に表しているが、それは重力に適用される逆二乗方程式とはからずも同じであった。

ケプラーの考えによると、光は一点から三次元の空間に、まるで球体がぐんぐんと膨らんでいくように拡散する。したがって光の強さは球体の表面積に関係する。球面が中心から遠くなるほど球体は大きくなり、表面積も大きくなる。表面積が拡大すれば光はいっそう拡散し、光の強さは小さくなる。球の半径が二倍になれば表面積は四倍になり、光の強さは四分の一に減衰する。ケプラーは、彼が太陽から発散していると信じる力にまではこの発想を飛躍させなかった。その力は三次元というよりむしろ二次元的に作用すると考えていたようだ。しかし彼の物語『夢』には、宇宙空間に月の引っ張る力と地球の引っ張る力がちょうど等しくなる地点があり、そこに宇宙旅行者が留めおかれるという話があり、ケプラーはこの点でも正しい予測をしていた。

ところで、ケプラーの精神が目まぐるしく行ったり来たりするさまは、知性の世界にきわめて色濃く反映されている。そこは、彼の並みはずれた才気が、彼の切望する絶対的知識を提供してくれるはずの深い神秘主義と競合する世界だった。『新天文学』はまさに天文学を改革する基礎となるものだが、長年の計画であった『世界の調和』では、科学者のケプラーが預言者へと変身してその鋭い直感で宇宙の奥義を暴こうとする。一六一九年に出版されたその本は、本質的には『宇宙の神秘』で提出した五つの正立体という惑星の調和ある関係を総括し、さらに理論を練りあげようとしたものだった。まるで、『新天文学』で「夢から覚めて」つかのまの現実を過ごしたが、ふたたび明かりを消して眠りにつこうと決心したかのようである。

五つの正立体理論は楕円ではなく球を必要とするので、問題の軌道は、楕円形を十分に包含できる厚みのある「表皮」をもった新しい天球に包みなおされ、ケプラーが育んできた配列を壊さないような位置に組みたてられることになった。このプラトン主義者はふたたび正立体と球を持ちだしてきたが、楕円には理由が必要であり、それはたとえ居心地が悪くても神の御計画にかなうものでなければならないので、惑星運動の種々の比率をある比率に関係づけることによってその問題を解決しようとした。その比率とは、ピタゴラスの時代から知られていた音程のことで、たとえばオクターブは一対二、五度は二対三、四度は三対四、長三度は四対五になる。

まず、彼は各惑星が軌道を一周する時間（公転周期）に着目したがうまくいかなかった。そこに現れる数字は調和比をひとつも生みださず、理にかなっていない。そこでいろいろな方法で数字をこねまわしているうちに、ついにある解決の糸口にたどりついた。「各惑星の最小最大の音程をそれぞれ比較してみると、そこに調和の光が輝きはじめた。なぜなら、土星と木星のもっとも離れた音程はオクターブを少しでる程度だったのである」[6]。

当然のことだが、うまくいきそうな間にあわせの理論をすべて駆使して数字を操作するなら、そして、ケプラーがしたように誤差の範囲を広げて許容するなら、どんな結果でもほとんど好きなようにひねり出すことができる。ケプラーは数占いを軽蔑していたが、彼が『世界の調和』の根拠を探しだす方法は危険なほどそれに近いものだった。しかしケプラーにはそれが天啓の鐘の音に聞こえたのである。「いまや四つの惑星の協和音は何百年間を響きわたり、五つの惑星のそれは何千年をも響きわたる。しかし、六つの惑星全部が奏でる協和音は悠久の時間に包まれてきた。それはあらゆる時代が流れだした「ときの始まり」を示しているのかもしれない」。つまり「天地創造」のしるしそのものなのだ[7]。

ケプラーはさらにつづける。「叡智の源、秩序の永遠の是認者、幾何学と調和の不朽で超現存的な泉である創造主は、正多角形から引きだした調和比を五つの正立体に結合し、その両方から天のもっとも完全な原型をおつくりになった」[8]。

この発見に有頂天になったケプラーは、その勝利の感動を美辞麗句をつらねてたかだかと歌い上げた。「八ヵ月まえに最初の光を目にし、三ヵ月まえには昼間の明るい光が見えてきたが、私のすばらしい思惟を照らしだす太陽がついにこうこうと輝いたのは二、三日前のことである。いまや私は何物にも束縛されず、聖なる狂気に身を任せ、罪を堂々と告白して道徳をあざけることもできるのだ。私はエジプト人から黄金の器を盗み取り、エジプトの地から遠く離れたところに私の神の殿堂を建てた。その行為を許してくださるなら喜び、腹を立てられるならそれに耐えよう。いまや賽は投げられ、私はこうして本書を書いている。本書がすぐ読まれるのかそれとも後世読まれるのかは私にとって問題ではない。神御自身は一人の証人を六〇〇〇年も待たれたのだから、本書も一〇〇年くらいは読者を待ってもよいだろう[9]」。

六〇〇〇年後に神はようやく預言者を見つけた。それがケプラーだったのだ。

エピローグ

ケプラーが『世界の調和』の筆をおこうとしていた一六一八年に、ボヘミアのプロテスタント貴族がハプスブルク家の法令に背く反乱を起こし、三〇年戦争に突入する最初の戦火が炎上した。ルドルフ帝の死後久しくして、後から見れば必然的ともいえるこの大火の火蓋が切られたのである。一六二〇年にプラハ郊外で行なわれた白山の戦いでプロテスタント側が敗北すると、後に神聖ローマ帝国の新皇帝フェルディナンドⅡ世になるスティリアのフェルディナンド大公が逆襲を開始した。六月には市の中央広場でプロテスタントのおもな指導者たちが二七名処刑された。その中にはブラーエの友人のイェセニウスもいた。彼は舌を切られたのちに斬首され、体を四つ裂きにされて、その断片が馬市場の杭にさらされた。首は槍に突き刺されてカール橋の高い塔の上に立てられ、一〇年間という歳月をかけて徐々に腐敗し、最終的には分解してすべてが下を流れる川に落ちてしまった。

戦争はその後も長くつづき、外国勢力が代々にわたりハプスブルク家の混乱に乗じて利益を得ようとしたためにヨーロッパ全土に広がっていった。ブラーエを国外追放したデンマーク王のクリスチャンⅣ世は、この機会を生かせなかったもっとも不運な国王といえるだろう。彼がドイツに仕掛けた戦争はほとんど完敗に帰し、それまで北部で幅をきかせてきたデンマークの強大な勢力に終止符が打たれることになった。その一方でスウェーデンが勢力を拡大してドイツ北部のかなりの部分を獲得した。

流血と疫病と大虐殺の三〇年間に神聖ローマ帝国の人口の四分の一、つまり八〇〇万人くらいの人々が根絶やしにされたのである。

その中にあって、ケプラーはドイツの戦争の被害を驚くほど被らないでいた。フェルディナンド帝のときも宮廷数学官の地位に任命され、さらにルドルフ表完成の褒賞として一〇年間の俸給に等しい四〇〇〇フロリンが与えられた。また、フェルディナンド帝がスティリアで断行したように帝国諸州のプロテスタント教徒に対しても改宗か追放を命じたときも、ケプラーは二つの免除をうけるという恩典に浴している。後には、占星術中毒症のアルブレヒト・フォン・ヴァレンシュタインのためにホロスコープを作成する職も得ているが、この男は三〇年戦争で大手柄をたてた将軍であった。

しかしながらケプラーに本当の幸福は訪れなかったようだ。生涯、現実的にも観念的にもさまざまな病気に苦しめられ、あるときは占星術にしたがって、またあるときはたんなる習慣から、まるで強迫観念のように瀉血を繰りかえしていたことが書簡に書かれている。「血液を抜くと数時間は気分がよくなりましたが、夜になると邪悪な眠りが私を襲い、はらわたをしめつけるのです。たしかに胆汁が内臓を通って急激に頭に上りました……私の胆嚢は胃に直接に口を開いているのですから、そんな人間は概して短命なものです(1)」。ケプラーは死神がいつも近くで待ち伏せていると考えていたが、実際には同年代の健康人よりも長生きしている。

一六一二年、慢性的な気鬱症を病んでいたバーバラが死亡した。ケプラーは新しい花嫁探しを始めたが、それは本人も認めているように異常なほどの凝りようだった。一一人も花嫁候補がいて二年間もあれこれと思案したあげく、ようやく「五番目の」スザンナ・ロイティンガー二四歳を選んだのである。彼女はケプラーの知るある貴族の夫人のもとで育った孤児であり、ケプラーとのあいだに七人の子供をもうけたが、そのうちの三人は幼少のうちに死亡した。

ケプラーがルター派の教義の一部に異議を唱えていたことが結果的には教会からの破門につながった。彼は必死の思いでチュービンゲン大学の恩師にとりなしを頼んだが、それも今回が最後の冷たい拒絶を引きだしただけだった。

一六一五年、運命はヨハネス・ケプラーを長い苦闘の末に這いあがらなければならない暗い淵へと突き落とした。母親カタリーナ・ケプラーが魔女として告発され、その裁判が六年間もつづいてドイツ史上もっとも長期におよぶ魔女裁判になったのである。裁判の記録から浮かび上がる彼女の肖像は奇妙な女性で、霊薬や薬草の薬をつくり、夜半や早朝に村を徘徊し、病気の家畜に祝祷をつぶやき、病気の子供がいる部屋に無断で入りこんで不思議な祈りや呪文のようなものを唱えた。もし、カタリーナが二人の息子ハインリッヒとクリストファに糾弾されなければ、裁判がここまで長引くことはなかったろう。彼らは母親が有罪かもしれないと証言したのである。ヨハネス・ケプラーは、母親がむら気でかんしゃくもちのために町全体を騒がせ、わざわざ「自分のための悲しい不幸」(と彼は呼んだ)を自分でつくっていると考えていた。最終的にカタリーナを火刑から救ったのは、ケプラーの宮廷数学官としての影響力だけだった。そして、それ以後は彼も母親の魔法の共犯者として非難されるようになったのである。

ケプラーは、事件の責任が彼の個人的に配布した物語の『夢』にあると考えた。それは月世界旅行の短い空想物語で、一人称でつづられ、彼の自叙伝のような要素をもっている。主人公の未婚の母親は魔よけとして魔女の調合飲料を売って生計をたてている。少年は売り物を台無しにして母親を怒らせ、船乗りの頭《かしら》に売りわたされる。そしてティコ・ブラーエのヴェーン島に置き去りにされるが、そこで天文学を学ぶという設定である。この魔女の描写がケプラーを悩ませる母親にうんざりするほどよく似ていた。いや、少なくとも彼女の隣人たちが抱いているイメージ、いつもぶつぶついっている意地の悪い老婆によく似ている。とくに物語の序幕の、彼女が秘密の儀式で第四の精霊を呼びだして息子を悪魔に紹介し、悪魔が彼を月に連れて行くというくだりはそういう女性をイメージさせる。

ケプラーは後に、母親をこのように描写したのは戯れにすぎないと断言しているが、一七世紀前半の北ヨーロッパでは狂信的な魔女狩りが最高潮に達していたときである。一六一五年から一六二九年までのあいだに、ケプラーの故郷のヴァイルだけでたった一〇〇〇人にすぎない市民の中から三八人もの女性が魔女として火刑に処せられた。このように年老いた女たちが魔法や黒魔術の罪をきせられて十把ひとからげに締め上げられているときに、そして魔女という中傷が決して軽い結果にはならないときに、ケプラーがなぜこんな戯れの本を書いたのか不思議に思うだろう。その動機が何であろうと彼は一六二〇年代後半に『夢』を改訂し、五〇ページにおよぶ詳しい脚注をつけて、母親に罪をなすりつけて破滅させる告発をしたのは迷信深い心であると説明しようとした。これが彼の著した主要な書物の最後になる。

それでよかったのかもしれない。というのは、『世界の調和』は一種の審美的な救済の光を求めているが、『夢』は彼の心の暗い部分を存分に吐露しているからである。ケプラーの描く月はヘビのような生き物が支配する世界だ。ヘビは「決まった住処に定住することなく」「月全体を群れをなしてさまよい」灼熱の太陽を避けて穴にもぐり水中に入る。「月面に残っていると日中の太陽に煮られて、迫りくる他の動物の群に食われてしまうからである」[2]。

『夢』が完成して出版される前の一六三〇年の秋、この見捨てられた少年はいまや年老いて、今度は自分が家族を見捨てる立場になった。家をでた理由ははっきりしないが、落ちこんで憂鬱な気分のうちに死が近づいていることを覚ったようである。ケプラーが作成したその年の自身のホロスコープには、[3]すべての惑星が自分の出生時と同じ位置にあると記している。彼は著書も衣服も書類も「自分の持ち物はすべて」荷車に積んで無一文で家族のもとを去った。彼の女婿が書いているところによると「まったく予期しないときに[4]」出ていってしまった。家族はそのときの父親の様子から彼が帰るよりも最後の審判のほうが先にくると確信したのである。

一一月二日、ケプラーはレーゲンスブルクに着いた。おそらく借金をしようと思っていたのだろうが、じきに発熱性の病に冒され、瀉血で治そうとしたがさらに悪化し、譫妄《せんもう》状態におちいってついには意識を失ってしまった。息を引きとったのは一一月一五日のことである。遺体はレーゲンスブルクの墓地に埋葬され、墓石には彼が生前死を予感してつくった碑文が刻まれた。

我、かつて天空を測りしが
今、地の闇を測る
我が精神、かつては天空にありしが
肉体の影、今ここにさす[5]

一説によるとケプラーは意識が混濁した中で自分のひたいを指さし、さらに天を指さしたといわれ、最期の息を引きとると火の玉（流星）が天から流れ落ちたといわれている。[6]教会墓地はスウェーデン軍が侵入したさいに防衛のために破壊され、ケプラーの墓がどこにあるかはまったくわからなくなってしまった。

付録　ティコの処方箋

TBOO, 9:165–66　ローレンス・プリンシピによる翻訳と書き入れ

治療薬の処方箋

皮膚や血液の病気、たとえば疥癬《かいせん》、慢性的な性病、象皮病などに効く

右記の病気、その他この種の病気はすべて水銀で治療できるが、それは普通の方法で処方したものではない。利よりも害のほうが多い危険な軟膏や沈殿物ではなく、腐食性のオキシ硫酸水銀や同様に有害な沈殿物でもない。以下に説明するのは、毒性をできるかぎり取りのぞき、有害ではあるがそのために効き目があるという薬をつくる方法である。

そこでまず外側の不純物を取りのぞくために水銀をなめし革で濾し（一般的な方法）、さらに塩と酢で数回洗浄する。[これによって、水銀に混入した金属酸化物のような固体の不純物が除去される]。次は、一般的な方法で水銀を昇華する。[つまり、礬類《ばんるい》（$FeSO_4$）、硝酸カリウム（KNO_3）、塩（NaCl）を水銀に加えて昇華し、塩化第二水銀（$HgCl_2$）を生成する]。そして、その生成物を鉄の小片を加えた真水に入れて還元する。[塩化第二水銀を水に溶かし、それに鉄を加えると、この鉄が水銀塩を遊離水銀に還元する（$3HgCl_2 + 2Fe \rightarrow 3Hg + 2FeCl_3$）]。さらにこの生成物を乾燥し、昇華

し、還元し、内部の不純物がほとんど完全に除去されるまで少なくとも四回はこのプロセスを繰りかえす。［この反復プロセスによって、錫や鉛などの金属不純物が水銀中からきれいに取りのぞかれる］。次に、この水銀を底を封泥で強化した細長首のガラスびんに入れ、その上に、きわめて純度の高い硫酸を重さが水銀の四倍になるまで注ぐ。そしてガラス容器の口に栓をし、それを熱い灰の中に八日間放置して温浸する。その後、熱い砂の中で硫酸を蒸留すると、びんの底に雪のように白い水銀が残留する。［水銀が硫酸と反応して硫酸第二水銀を生成する（$Hg + H_2SO_4 \rightarrow HgSO_4 + H_2$）］。

　この生成物にバラ香水といった類の蒸留水を二、三回注ぐと、水銀に付着した礬類から塩類がただちに水に吸収される。そこで、その上澄みを静かに注ぎ出して残留物を乾燥させるという作業を繰りかえすと、水銀は蒸留水によって腐食性物質を完全に取りのぞかれる。［非酸性の水によって白色硫酸第二水銀が分解され、黄色で味のない不溶性の塩基性硫酸第二水銀になる（$2HgSO_4 + H_2O \rightarrow HgO.HgSO_4 + H_2SO_4$）。この物質は二〇世紀までタービス・ミネラルという名前で薬局で売られていた］。このプロセスを三、四回繰りかえすと水銀はますます揮発性を失い純化され、最終的には普通の炎でも蝋のように融解する物質となる（煙はでない）。こうしてできた物質はほとんど無害である。これを二、三グレーンほど適当なコーパス［これは水銀薬を溶かして飲むビールやワインのような媒体飲料のことだろう］で飲むと、上記の病気は痰がひどくでないかぎり発汗作用だけで治癒する。痰がひどい場合は鼻孔から投与すれば安全である。この治療薬の効能をさらに高め、適用範囲を広くするには次のような方法がある。前述した不揮発性のアンチモン粉末を等量混入し、また抽出した金あるいは非腐食性の発汗性粉末も加えて、三種類の物質を等しい重量で混ぜ合わせる。その混合物に純度の高い硫酸を加えてここでも一ヵ月間適度に温めて温浸する。その硫酸を前述のように蒸留し、生成された残留物質に純粋な蒸留水を注いで上澄みを静かに流し出すという前述のような方法を数回繰りかえす。すると苦みのないほどよい味の赤みがかった乾燥粉末が得られる。この調合薬には前記の病気を治療し、血液を浄化し、有害な体液を消散させ、手足の潰瘍や皮膚の傷を取りさる効能があり、それは先に述べた強力なアンチモン粉末をうわまわるものである。

前述の三種類の物質を正しく調合する方法を修得すれば、それらを適切なときに投与するかぎり、実質的には人体の病気の四分の三を治療することができる。治療できないのは痛風や水腫のような体液の異常分泌や、塩類およびその不適切な凝固物の不自然に過剰な分解に起因する病気である。このような病気の大半は、極度に悪化して自然の治癒力が破壊され快復不能にならないかぎり、苦痛の緩和や治療に他の方法が用いられるだろう。なぜならこれらの病気は、とくに神によって負わされたものであるので、神がそのときを選んで御自ら治療なさるからである。

二つ折り判で三ページにおよぶ以上のレポートはハインリッヒ・ランツァウの著書のために執筆され、ドイツ語で書かれた医療部門に記載されるものである。それに関するエッセイを提供する前に次のような言葉を記し、つづいて二行連句と私の名前を手書きで添える。「最愛の親族で友人であるハインリッヒくん、今、錬金術の秘密の殿堂からこれをお伝えします。これは経験と実績を積まなければ理解できないことですが、あなたに役に立たなくても、おそらくあなたの後継者には役に立つことでしょう。何事も世代から世代へと継承されながらそのときを迎えるものです。私が神の恵みと日ごとの努力、それに多額の出費や経験によって探しあてたことを他にもお知りになりたければ、それを惜しみなく提供しましょう。ただし、それはあなたとあなたにもっとも近しい人たちだけの秘密として留めておいてください。

我、そのために故郷を追われ、
苦痛を味わいしが、無害な薬で救いをもたらす。
オットーの息子、ティコ・ブラーエ
一五九七年一二月一三日、五一歳の誕生日に

謝辞

ここで一番に衷心から謝意を表したい方々は、この企画に最初から協力してくださった私たちのパートナーで有能なエージェントのジェームズ・ヴァインズ、本書が度重なる推敲のすえにこの文体になるまで変わらぬ助力と実りある助言を与えてくださった編集者のケイティ・ホール、そして、ルネッサンス期のラテン語をよみがえらせただけでなく、多くの知識を提供してくださった翻訳者のローズ・ウィリアムズである。本書に関わってくださったダブルデイのすばらしいチームの方々には大変お世話になった。本書の価値を確信するビル・トーマスの信念は私たちの力の源泉となり、ケンドラ・ハープスターは本書の出版を確実なものにしてくださった。優れたデザイナーのデボラ・カーナー、完璧で頼もしい原稿整理編集者のロズリン・シュロス、そして熱心な販売陣にこころから感謝する。

私たちが資料収集と調査のために渡欧したさい、大切な時間をさいて貴重な知識を惜しみなく提供してくださり、それ以前も以後も変わらぬ協力をしてくださった多くの方々には御礼の言葉もないほどである。ヴェーン島のティコ・ブラーエ博物館長でワールドビュー・ネットワークのコーディネーターであるジャーラン・ナイストラム、ティコ・ブラーエ博物館の部門長エリザベス・ランディン、ヴェーン島のガイドをしてくださったヴィルヘルム・フレンズバーグ、ルンド大学物理学科の准教授であるジャン・パロン博士、ルンド出身の熱心なブラーエ専門家のクラース・ヒルテン-カヴァリウス、一九九五年にナイトに叙勲されたコペンハーゲン大学法医学部長で薬理学の医師ベント・カンペ博士、コペンハーゲンのオーレ・レーマー博物館長で才能豊かな音楽家のクラウス・ティキア、コペンハーゲンのティコ・ブラーエ天文台長のブジャーン・ジョーガンスン、かつてのブラーエの邸宅クヌートストルプ城を一七七一年より所有する一族のヘンリク・ヴァクトマイスター、プラハ医学史研究所のボハダナ・ディヴィゾバ-プルシュバ修士、プラハ、チャールズ大学哲学科の准教授であるズデンジェク・ホジャ博士、プラハ、チャールズ大学天文学研究所の准教授であるマーティン・ゾルク博士、そして、実際にはお会いできなかったがチュービンゲン大学数学研究所の名誉教授であるゲアハート・ベチ博士に謝意を表する。

また、錬金術や近代医学のときとして神秘的で不可解に見える世界を知ることができたのは多くの専門家や学識者の方々のご助力のおかげである。それがなければ本書を完成することはできなかった。ミュンヘン大学自然科学のカリン・フィガラ教授とジョンズ・ホプキンズ大学の科学医学技術史および化学史のローレンス・M・プリンシピ教授。プリンシピ教授の豊かで独創的な知識と才能のおかげでティコ・ブラーエの水銀薬の製法が解読され、ティコの死の謎を解く重要な手がかりを得ることができた。ワシントンDCの泌尿器科医師のステファン・ウィリアム・ジター・ジュニア修士とアーカンサス大学医学部内科学科の主任教授トマス・E・アンドレオリ修士は、何時間もかけて私たちに腎臓と尿路の神秘について教授してくださった。アリゾナ医学大学健康科学センターの准学部長である毒物学者のジョン・B・サリバン・ジュニアは水銀中毒に関する貴重な明察を提供してくださった。

また、スミソニアン天文物理観測所の上級名誉天文学者でハーバード大学の天文学および科学史の研究教授であるオーウェン・ギンガーリッチ博士、そして、一六世紀の天文学に関する私たちの質問に辛抱強く答えてくださったブリティッシュコロンビア大学数学名誉教授のヒュー・サーストン博士、熱心なアマチュア天文家のケヴィン・D・ドーメン、米国国立海軍天文台の公事局長ジェフ・チェスターに深謝する。さらに挿絵でもご助力くださったロードス国際科学芸術出版のルービン・ブラーデル、翻訳協力をしてくださったリサ・リングランド、ナイジャル・コールトン、ヴァネサ・ジョンソン、メアリ・アン・アイラに御礼を述べたい。しかし当然のことだが、本書に誤りがある場合はいかなるものもすべて著者の責任である。

資料の調査収集に快く協力してくださったことに対して、ブルーノ・スパールとジーグリッド・ライニッツァー博士（グラーツ大学図書館）、ニネッテ・ウォルマン-シュテパンとシュテファン・レナ（ハイデルベルク大学図書館）、イレーネ・フリードル（ミュンヘン大学図書館）、リタ・ジェイナーチ（チューリッヒ大学図書館）、および米国議会図書館のヨーロッパ閲覧室のすばらしいスタッフの方々に万謝する。

本書の出版が期限にまにあったのは、アン-リーの両親であるワーナー・ボールト-ナクティガルとレイナートが六ヵ月間我が家に滞在して孫の世話、家族の食事、掃除、庭仕事などをしてくれたおかげである。本当にありがとう。さらに次の方々のご厚情に心から感謝したい。本書の準備段階から励ましと助言を与えてくださった多くの友人たち、サイモン・リンダーとペニー夫妻、ラルフ・ベンコ、マイケル・ドブソンとデボラ夫妻、ボブ・ラリーとブランカ夫妻、バーバラ・フォイアとマーチン・リートヴェルト、トニー・ドーラン、サム・グッドマン、アンドレアス・グツェート、カースティン・オブリンダーとブリッタ夫妻、そしてアン-リー読書クラブの熱心な会員であるパトリシア・マクネイル、ジョディ・フーパー、デブ・フィセラ、ダラ・ロバーツ、ギギ・トンプソン、ケリー・ライクス。とくにジョシュアの母親メアリ＝エレン・ギルダーは明敏な読者でこの企画の頼もしい支援者であった。アン＝リーの最愛の姉妹ハラ・ベックはヨーロッパへの調査旅行に同行してくれ、私たちの息子を喜ばせてくれた。

アン＝リーが本書の下調べと執筆というハードな仕事を健康のうちになしとげられたのは、最高の友人パトリシア・マクネイルが終始変わらぬ支援とアン＝リーの週一回の休息日に一杯のワインを提供してくださったおかげである。そして、アン＝リーが無病で過ごせたからこそジョシュアも健康でいられたのである。

訳者あとがき

本書は、ジョシュア・ギルダー（Joshua Gilder）とアン-リー・ギルダー（Anne-Lee Gilder）による *Heavenly Intrigue: Johannes Kepler, Tycho Brahe, and the Murder Behind One of History's Greatest Scientific Discoveries*（Doubleday, 2004）の全訳で、科学史に残る二人の天文学者の物語である。その二人とは、望遠鏡出現以前にもっとも精密な天体観測を行なったティコ・ブラーエと、「惑星運動の三法則」で名高いヨハネス・ケプラーだ。彼らは一六世紀末に、ヨーロッパ社会が中世から近世へと移行する激動の時代にプラハで宿命的な共同研究を開始した。そして約一年半後の一六〇一年一〇月にブラーエが急逝する。それ以後はケプラーがブラーエの観測記録を基にして、ニュートンの万有引力の法則の基礎になったといわれる「ケプラーの三法則」を発見した。

ところがそれから四〇〇年近い歳月が流れ、ブラーエの墓から掘り出された遺体の毛髪が法医学分析にかけられると、そこには高い水銀濃度が検出されたのである。さらに、その五年後に行なわれた粒子線励起X線分析（ＰＩＸＥ）では死の一三時間前にも水銀値が突出していることがわかった。著者はこの分析を基に、ケプラーやブラーエに関する文献を調査し、多数の専門家を訪ねて多くの知識や見解を収集し、それらに独自の解釈を与えて、ブラーエは毒殺されたという仮説を立てた。しかも種々の状況証拠から、犯人は助手のヨハネス・ケプラーであるという。

ティコ・ブラーエは科学の教科書には「ケプラーの法則」の発見に土台を提供した観測天文学者として紹介されることが多い。彼が提唱した宇宙体系は天動説と地動説の折衷説であり、その人物像も傲慢でかんしゃく持ちの貴族とされ、あまりよい印象を持たれていない。しかし、ブラーエの業績はまさに近代科学の扉を開くものだった。

デンマーク王フレデリックⅡ世の庇護のもとにヴェーン島に建設したウラニボルク城は、今でいうなら多くの研究者が集まる総合研究所のようなものだった。城の天文台にはブラーエが発明したいくつもの観測装置が設置され、一つの天体を異なる装置で連続的に観測することによってひたすらデータの精度が追求された。彼の装置はより多くの目盛打ちを可能にするために巨大化し、材料のたわみを最小限にする工夫と改良が施された。データはたえず更新され、その精度は基準星の位置の誤差がプラスマイナス二五秒にまで達成されたといわれている。ブラーエは錬金術にも興味をもっていたので、ウラニボルク城には錬金工房もあり、そこでは化学実験が行なわれていた。三階にはブラーエを慕ってやってきた多数の助手たちが寝泊りし、まさに総合研究センターだったのである。

天文学では観測より理論が重視されていた時代にあって、彼はどんな理論も正確なデータの裏づけがなければ無意味であると考えていた。一方、ケプラーは直感を重視する神秘主義者で、理論こそすべてと考えていた。本書ではケプラー自身のホロスコープや『自己分析』、書簡、論文などからその人格を推測しているが、精神的にはかなり不安定な人物だったようだ。彼の中には鋭い直感をもつ預言者的な要素と宇宙の理解に数学と物理学を持ちこもうとする科学者の要素があった。

要するに、ケプラーの内部にはアリストテレス的な世界観とニュートンの万有引力の法則に代表されるような近代的世界観が混在していたのである。これはブラーエにおいても同様であり、観測や実験を上位に置く経験主義的科学者でありながら、その宇宙体系は折衷説であったことにそれがうかがわれる。

これは二人の生きた時代を反映している。一六世紀後半はヨーロッパ諸国がアジア、アメリカ大陸に進出し、植民地を拡大していた時代である。アフリカの南端をまわるインド航路の開拓によって、地中海経由の東方貿易は打撃をうけ、イタリア諸都市の経済的地位は動揺し、一四、五世紀にイタリアで興隆したルネッサンスも衰退していた。マキアベリの『君主論』に見られるように絶対的な権力が待望された時代でもあり、ヨーロッパの絶対主義国家誕生の揺籃期でもあった。ブラーエが王権神授説を唱える一派の画策によってデンマークを離れざるをえなくなったのもこのような時代的背景があったからだろう。ブラーエ一族は国政を支配する国策会議の議席を占有する大貴族だったのだ。

宗教的には中世時代に世界を掌握していたローマ教会の権威が動揺し、教皇が権力を保持していた神聖ローマ帝国も弱体化していた。神聖ローマ帝国は他のヨーロッパ諸国とは異なり、もともと大諸侯の力が強かったが、歴代皇帝がイタリア政策に熱中して本国統治をおろそかにしていたためにその傾向はますます強化された。また、イタリアに始まったルネッサンスはアルプスを越えて西ヨーロッパ各地に広がり、ヒューマニズムが浸透して教会や聖職者のあり方に対する非難が高まり、マルチン・ルターの「九五ヵ条の論題」に端を発する宗教改革が始まった。とくに神聖ローマ帝国では各諸侯の政治的意図がからんで宗教派閥の対立が激しく、一六一八年に、後に国際的宗教戦争に発展する三〇年戦争の火蓋がきられることになる。

一方、ローマ教会側もトリエント公会議において腐敗の粛清や教会の改革断行を決定し、宗教裁判所や禁書目録をつくって積極的な巻き返しを図った。その先鋒となったのがイエズス会派である。一六世紀前半はルター派から多数の宗派が分裂し、圧政のもとに虐げられてきた農民が蜂起して内乱が激化したが、一五五五年のアウグスブルクの和議によって、諸侯はカトリックとルター派のどちらを採用してもよいことになった。しかしこれは現代の信教の自由とは異なり、宗派の選択権は領主にあり領民にはなかったのである。ケプラーが居住したスティリア公国は、フェルディナンド大公が熱心なカトリック教徒であったためにプロテスタント教徒は迫害をうけることになる。ケプラーがブラーエのもとに転がりこむ決心をしたのは、グラーツでの弾圧が激化したからである。

ブラーエとケプラーがプラハで共同研究をすることになったのは、このような時代の宿命といえるだろう。封建制度が崩れて絶対王政が確立される過渡期にあって、宗教改革・反宗教改革が吹き荒れる嵐の中で、近代科学の芽を宿した二人が出会うのは歴史の必然であった。しかし、彼らの協力関係は科学史上まれに見る険悪なものだった。二人は生い立ちにおいても性格においても水と油のように相容れなかったが、それでも関係を維持していたのは互いに相手の能力を必要としていたからである。

ブラーエは長年の観測の集大成にケプラーの才能を必要とし、ケプラーは『宇宙の神秘』に提示した自分の宇宙体系の証明にブラーエの観測記録を必要とした。とくにケプラーは、ブラーエとの最初の書簡のやりとりでデータの裏づけの必要性を指摘されて以来、まるで脅迫観念のようにブラーエのデータを奪う策略に執心した。このようなケプラーの執念や性格、信念のためなら殺人も正当化される時代、そして隣のイタリアではルネッサンス期に砒素による毒殺が横行したことなどを考えると、著者がブラーエ殺害の嫌疑をケプラーにかけるのもうなずけることである。

著者のジョシュア・ギルダーは *Ghost Image*（Simon & Schuster, 2002）などの作品で知られる作家で、過去にホワイトハウスでレーガン大統領のスピーチライターを務め、ジョージ・H・W・

ブッシュ大統領のもとでは国務次官補（人権問題担当）を務めた経験もある。夫人のアン＝リー・ギルダーもジャーナリストとして知られている。二人は本書を執筆するにあたって資料収集と調査のためにヨーロッパをまわり、多くの専門家にインタビューをして独自の考察を行なった。ブラーエとケプラーのラテン語の論文書簡集に挑戦し、そこからそれぞれの人物像を割りだしている。したがって、本書は単なる歴史上の人物やその業績の紹介に留まらない、史実やデータを掘り下げた論文のおもしろさがある。

翻訳においては、ケプラーやブラーエの書簡の美辞麗句を連ねた抽象的な表現や、もってまわった言い回しに苦労させられた。ラテン語からの英訳文であり、その時点でかなりわかりやすく翻訳されているのだろうが、それでも難解な部分があり、日本語でどのように表現したらよいか悩まされた。英文理解においては義兄でオーストラリア在住のピーター・デイヴィッドソン氏からEメールや国際電話を通して多くの助力をいただいた。そして、なによりも地人書館編集部の永山幸男氏と本書の校正等を担当された永山淳子氏からは本書が出版されるまで一貫して多大なご助力とお世話をいただいた。以上の方々に心から感謝の意を表したい。

二〇〇六年四月

山越幸江

York: Routledge, 2002.

Zeeberg, Peter. "Alchemy, Astrology, and Ovid: A Love Poem by Tycho Brahe." *Acta Conventus Neo-Latini Hafniensis*. ed. Ann Moss. Proceedings of the Eighth International Congress of Neo-Latin Studies, Copenhagen, August 12-17, 1991. Binghamton, NY: Medieval and Renaissance Texts and Studies, 1994. 997-1007.

——. "New Light on Tycho's Instruments." *Journal for the History of Astronomy* 4(1973): 25-45.
——. "Prosthaphaeresis Revisited." *Historia Mathematica* 15(1988): 32-39.
——. "Tycho Brahe." Taton and Wilson, vol.2A, 3-21.
——. "Tycho Brahe: Past and Future Research." *History of Science* 11(1973): 270-82.
——. "Tycho Brahe's Discovery of the Variation." *Centaurus* 12(1967-68): 151-66.
——. "Tycho and Kepler on the Lunar Theory." *Publications of the Astronomical Society of the Pacific* 79(1967): 483-89.
——. "An 'Unpublished' Version of Tycho Brahe's Lunar Theory." *Centaurus* 16, no.3(1971-72): 203-30.
Thurston, Hugh. *Early Astronomy*. New York: Springer, 1996.
Trevor-Roper, Hugh. "The Paracelsian Movement." *Renaissance Essays*. Chicago: University of Chicago Press, 1985.
Voelkel, James R. *Johannes Kepler and the New Astronomy*. New York: Oxford University Press, 2001.
Waite, Arthur Edward, ed. *The Hermetic and Alchemical Writings of Aureolus Philippus Theophrastus Bombast, of Hohenheim, called Paracelsus the Great* (1894), 2 vols. Berkeley: Shambhala, 1976.
Warren, Robert. "Tycho and the Telescope." Christianson et al., 302-09.
Weistritz, Philander von der [C.G.Mengel]. *Lebensbeschreibung des berühmten und gelehrten dänischen Sternsehers Tycho v. Brahes*. 2 vols. Copenhagen and Leipzig: Friedrich Christian Pelt, 1756.
Wesley, Walter. "The Accuracy of Tycho Brahe's Instruments." *Journal for the History of Astronomy* 9(1978): 42-53.
——. "Tycho Brahe's Solar Observations." *Journal for the History of Astronomy* 10(1979): 96-101.
Westman, Robert, ed. *The Copernican Achievement*. Berkeley: University of California Press, 1975.
Wexler, Philip, ed. *Encyclopedia of Toxicology*. Vol.2. New York: Academic Press, 1998.
White, Ralph, ed. *The Rosicrucian Enlightenment*. Hudson, NY: Lindisfarne Books, 1999.
Wolfschmidt, Gudrun. "The Observations and Instruments of Tycho Brahe." Christianson et al., 203-16.
Wollgast, Siegfried, and Siegfried Marx. *Johannes Kepler*. Leipzig: Urania, 1976.
Yates, Frances A. *The Rosicrucian Enlightenment*. London and New

Worm and Public Knowledge." *Endeavour* 23, no.2(1999): 65-71.

——. "Nordic Science in Historical Perspective." *Nordic Culture Curriculum Project* 1(1994): 1-4.

——. "Paracelsianism and Patronage in Early Modern Denmark." *Patronage and Institutions: Science, Technology, and Medicine at the European Court,* 1500-1750. Ed. Bruce T. Moran. Rochester, NY: Boydell Press. 1991. 85-109.

——. "Paracelsianism in Denmark and Norway in the 16th and 17th Centuries." Ph.D. diss., University of Wisconsin, 1989.

——. "Providence, Power, and Cosmic Casualty in Early Modern Astronomy: The Cause of Tycho Brahe and Petrus Severinus." Christianson et al., 46-69.

——. "Rosicrucianism, Lutheran Orthodoxy, and the Rejection of Paracelsianism in Early Seventeenth-Century Denmark." *Bulletin of the History of Medicine* 70, no.2(1996): 181-204.

——. "Tycho Brahe, Laboratory Design, and the Aim of Science: Reading Plans in Context." *Isis* 84(1993): 211-30.

Simon, Gérard. "Kepler's Astrology: The Direction of a Reform." *Vistas in Astronomy* 18(1975): 439-48.

Snyder, George Sergeant. *Maps of the Heavens.* New York: Abbeville Press, 1984.

Sollmann, Torald. *A Manual of Pharmacology and Its Applications to Thrapeutics and Toxicology.* 8th ed. Philadelphia: Saunders, 1957.

Strano, Giorgio. "Testing Tradition: Tycho Brahe's Instruments and Praxis." Christianson et al., 120-27.

Sutter, Berthold. *Der Hexenprozess gegen Katharina Kepler.* Weil der Stadt: Kepler-Gesellschaft Weil der Stadt, 1979.

——. *Johannes Kepler und Graz.* Graz: Leykam Verlag, 1975.

Taton, René, and Curtis Wilson. *Planetary Astronomy from the Renaissance to the Rise of Astrophysics.* 2 vols. New York: Cambridge University Press, 1989-95.

Temkin, C. Lilian, et al. *Four Treatises of Theophratus von Hohenheim called Paracelsus.* Baltimore, MD: Johns Hopkins University Press, 1941.

Thoren, Victor E. "The Comet of 1577 and Tycho Brahe's System of the World." *Archives Internationales d'Histoire des Sciences* 29(1979): 53-67.

——. *The Lord of Uraniborg: A Biography of Tycho Brahe.* New York: Cambridge University Press, 1990.

Relations to Heinrich Rantzau." Christianson et al., 84-94.
Olbers, W. "Tycho de Brahe als Homoopath." *Jahrbuch für 1836*. Ed. H.C.Schumacher. Stuttgart: Cotta, 1836. 98-100.
Osler, Margaret J., ed. *Rethinking the Scientific Revolution*. New York: Cambridge University Press, 2000.
Peinlich, Richard. M. *Johann Kepler's Dienstzeugniss bei seinem Abzuge aus den innerösterreichischen Erbländern*. Published by the author. Graz, 1868.
——. M.Johann *Kepler's erster Braut und Ehestand*. Published by the author. Graz, 1873.
Pesek, Jiri. "Prague between 1550 and 1650." Fucíková et al., 252-68.
Pick, Friedel. *Joh. Jessenius de Magna Jessen: Arzt und Rektor in Wittenberg und Prag. Hingerichtet am 21. Juri 1621. Ein Lebensbild aus der Zeit des Dreissigährigen Krieges*. Leipzig: Verlag von Johann Ambrosius Barth, 1926.
Popovzter, Mordecai M. "Renal Handling of Phosphorus in Oliguric and Nonoliguric Mercury-Induced Acute Renal Failure in Rats." *Mercury Poisoning*. Ed. Eusebio Mays et al. Vol.2. New York: MSS Information Corporation, 1973. 52-67.
Postl, Anton. "Kepler, Mystic and Scientist." *Vistas in Astronomy* 18(1975): 453-54.
Rosen, Edward. "Galileo and Kepler: Their First Two Contacts." *Isis* 57(1966): 262-64.
——. "In Defense of Tycho Brahe." *Archive for History of Exact Science* 24, no.4(1981): 257-65.
——. "Kepler's Attitude toward Astrology and Mysticism." *Occult and Scientific Mentalities in the Renaissance*. Ed. Brian Vickers. New York: Cambridge University Press, 1984, 253-72.
——. *Three Imperial Mathematicians*: Kepler Trapped between Tycho Brahe and Ursus. New York: Abaris Books, 1986.
——. "Tycho Brahe and Erasmus Reinhold." *Archives Internationales d'Histoire des Sciences* 32(1982): 3-8.
Rothman, Stephen. *Physiology and Biochemistry of the Skin*. Chicago: University of Chicago Press, 1954.
Rulandus, Martinus. *A Lexicon of Alchemy or Alchemical Dictionary. Containing a Full and Plain Explanation of All Obscure Words, Hermetic Subjects, and Arcane Phrases of Paracelsus*(1893). York Beach, ME: Samuel Weiser, 1984.
Schackelford, Jole. "Documenting the Factual and the Artifactual: Ole

——. "*Wallenstein's Horoscope*" (abstract). *Vistas in Astronomy* 18(1975): 449-50.

List, Martha, and Walther Gerlach. *Johannes Kepler Dokumente zu Lebenszeit und Lebenswerk.* Munich: Ehrenwirth Verlag, 1971.

Martens, Rhonda. *Kepler's Philosophy and the New Astronomy.* Princeton: Princeton University Press, 2000.

Matiegka, Heinrich. *Bericht über die Untersuchung der Gebeine Tycho Brahe's.* Prague: Verlag der königl. Böhmischen Gesellschaft der Wissenschaften, 1901.

McEnvoy, Joseph P. "The Death of Tycho and the Scientific Revolution. " Christianson et al., 217-22.

Meayama, Yas. "Tycho Brahe's Stellar Observations: An Accuracy Test. " Christianson et al., 113-27.

Mell, Anton. *Johannes Keplers steirische Frau und Verwandtschaft: Eine familiengeschichtliche Studie.* Graz: Verlag der Universitäts-Buchhandlung Leuschner und Lubenskh, 1928.

Moesgaard, Kristian Peder. "Tycho Brahe's Discovery of Changes in Star Latitudes." *Centaurus* 32, no.4(1989): 310-23.

——. "Tychonian Observations, Perfect Numbers, and the Date of Creation: Longomontanus's Solar and Processional Theories." *Journal for the History of Astronomy* 6(1975): 84-99.

Moran, Bruce T. *Patronage and Institutions: Science, Technology, and Medicine at the European Court,* 1500-1750. Rochester, NY: Boydell Press, 1991.

Moryson, Fynes. *An Itenerary Containing his Ten Years Travell through the Twelve Dominions of Germany, Bohmerland, Sweitzerland, Netherland, Denmarke, Poland, Italy, France, England, Scotland, & Ireland.* New York and Glasgow: Macmillian Company and J.McLehose and Sons, 1907.

——. *Shakespeare's Europe: A Survey of the Condition of Europe at the End of the 16th Century, Being Unpublished Chapters of Fynes Moryson's Itinerary*(1617). With an introduction and account of Fynes Moryson's career by Charles Hughes. New York: B. Blom, 1967.

Mout, Nicolette. "The Court of Rudolf II and Humanist Culture." Fucíková et al., 220-37.

Newman, William R., and Lawrence M.Principe. *Alchemy Tried in the Fire: Starkey, Boyle, and the Fate of Helmontian Chemistry.* Chicago and London: University of Chicago Press, 2002.

Oestmann, Günther. "Tycho Brahe's Attitude toward Astrology and His

schaft. 25 Vols. Munich: C.H.Beck, 1937-.
——. *The Harmony of the World*. Trans., with an introduction and notes, E.J.Aiton, A.M.Duncan, and J.V.Field. Philadelphia: American Philosophical Society, 1997.
——. *Mysterium Cosmographicum*: The Secret of the Universe. Trans. A.M.Duncan. New York: Abaris, 1981.
——. *New Astronomy*. Trans. William H.Donahue, foreword Owen Gingerich. New York: Cambridge University Press, 1992.
——. *The Six-Cornered Snowflake*. Trans. C.Hardie with essays by B.J.Mason and L.L.Wythe. Oxford: Clarendon Press, 1966.
Kirchvogel, Paul Adolf. "Tycho Brahe als astronomischer Freund des Landgrafen Wilhelm IV. von Hessen-Kassel." *Sudhoffs Archiv* 61, no.2(1977): 165-72.
Koestler, Arthur, *The Sleepwalkers*(1959). New York: Arkana, 1989.
Kozhamthadam, Job. *The Discovery of Kepler's Law*: The Interaction of Science, Philosophy, and Religion. Norte Dame: University of Norte Dame Press, 1994.
Krafft, Fritz. *Astronomie als Gottesdienst: Die Erneuerung der Astronomie durch Johannes Kepler. Der Weg der Naturwissenschaft von Johannes Gmunden zu Johannes Kepler*. Ed. Günther Hamann und Helmuth Grössing. Vienna: Verlag der Österreichischen Akademie der Wissenschaften 1988. 182-96.
Langebek, Jacob. "Sammlung verschiedener Briefe und Nachrichten, welche des berühmten Mathematici TYCHONIS BRAHE Leben, Schriften, und Schicksale betreffen, und teils von him selbst, teils aber von anderen verfassen sind." *Dänische Bibliothek* 9(1747): 229-80.
Lear, John. Kepler's Dream. With the full text and notes of "Somnium, Sive Astronomia Lunaris, Joannis Kepleri." Trans. Patricia Frueh Kirkwood. Berkeley: University of California Press, 1965.
Lemcke, Mechthild. *Johannes Kepler*. Reinbek bei Hamburg: Rolwohlt, Taschenbuch Verlag, 1995.
Lindbergh, David C., and Robert Westman, eds. *Reappraisals of the Scientific Revolution*. New York: Cambridge University Press, 1990.
List, Martha. "Der handschriftliche Nachlass der Astronomen Johannes Kepler und Tycho Brahe." *Geschichte und Entwicklung der Geodäsie*. Vol.2. Munich: Verlag der Beyerischen Akademie der Wissenschaften, 1961.
——. "Kepler as a Man." *Vistas in Astronomy* 18(1975): 97-105.

Hammer, Franz. *Johannes Kepler: Selbstzeugnisse.* Stuttgart: Friedrich Hoffman Verlag, 1971.

Hannaway, Owen. "Laboratory Design and the Aim of Science: Andreas Libavius versus Tycho Brahe," *Isis* 77(1986): 585-610.

Hasner, Joseph von. *Tycho Brahe und J. Kepler in Prag: Eine Studie.* Prague: J.G.Calve: 1872.

Haupt, Herbert. "In the Name of God: Religious Struggles in the Empire, 1555-1648." Fucíková et al., 75-79.

Helfrecht, Johann Theodor Benjamin. *Tycho Brahe, geschildert nach seinem Leben, Meynungen, und Schriften: Ein kurzer biographischer Versuch.* Hof: Grauische Buchhandlung, 1798.

Hellman, Doris. "Was Tycho Brahe as Influential as He Thought?" *British Journal for the History of Science* 1(1963): 295-324.

Hemleben, Johannes. *Johannes Kepler in Selbstzeugnissen und Bilddokumenten.* Reinbek be: Hamburg: Rowohit Taschenbuch Verlag, 1971.

Hübner, Jürgen. *Der Streit um das neue Weltbild: Johannes Kepler's Theologie und das kopernikanische System.* Vortrag auf der Mitgliederversammlung der Kepler-Gesellschaft am 3.12.1974. Weil der Stadt: Kepler-Gesellschaft Weil der Stadt, 1974.

Humberd, Charles D. "Tycho Brahe's Island." *Popular Astronomy* 45(1937): pp.118-25.

Hynek, J.Allen. "Kepler's Astrology and Astronomy" (summary). *Vistas in Astronomy* 18(1975): 455.

Jardine, Nicolas. *The Birth of History and Philosophy of Science: Kepler's "A Defense of Tycho against Ursus" with Essays on Its Provenance and Significance.* New York: Cambridge University Press, 1984.

Kæmpe, Bent. "Tycho Brahe offer for en seriegiftmorder?" *Bibliothek for læger* 189(1997): 388-404.

Kæmpe, Bent, and Claus Thykier. "Tycho Brahe død of forgiftning? Bestemmelse af gifte I skaeg og hår ved atomabsorptionektrometri." *Naturens verden*(1993), 425-34.

Kæmpe, Bent, Claus Thykier, and N.A.Petersen. "The Cause of Death of Tycho Brahe in 1601." *Proceedings of the 31st TIAFT Congress 15-23 August 1993 in Leipzig.* 309-15.

Kepler, Johannes. *Epitomy of Copernican Astronomy and Harmonies of the World.* Trans. Charles Glenn Wallis. New York: Prometheus Books, 1995.

——. *Gesammelte Werke.* Ed. Kepler-Kommission. Bayerische Akademie der Wissenschaften München und Deutsche Forschungsgemein-

Frankfurt am Main and Erlangae: Heyder and Zimmer, 1858-71.
Fucíková, Eliska. "The Belvedere in Prague as Tycho Brahe's Musaeum." Christianson et al., 276-81.
Fucíková, Eliska, et al. *Rudolf II and Prague: The Court and the City*. Prague: Prague Castle Administration/New York: Thames and Hudson, 1997.
Gade, John Allyne. *The Life and Times of Tycho Brahe*. Princeton: Princeton University Press for the American-Scandinavian Foundation, 1947.
Gingerich, Owen. *The Eye of Heaven: Ptolemy, Copernicus, Kepler*. New York: American Institute of Physics, 1993.
——. "Johannes Kepler." Taton and Wilson, vol.2A, 54-78.
——. "Tycho Brahe and the Great Comet of 1577." *Sky and Telescope* 54(1977): 452-58.
——. "Tycho Brahe: Observational Cosmologist." Christianson et al., 21-29.
Gingerich, Owen, and James R. Voelkel. "Tycho Brahe's Copernican Campaign." *Journal for the History of Astronomy* 29(1998): 1-34.
Gingerich, Owen, and Robert Westman. "The Wittich Connection." *Transactions of the American Philosophical Society* 78(1988), part 7.
Goldwater, Leonard J. Mercury: *A History of Quicksilver*. Baltimore, MD: York Press, 1972.
Gotfredsen, Edvard. "Tyge Brahe sidste sygdom og død." *Fund og Farskning* 2(1955): 33-38.
Grafton, Anthony. *Defenders of the Text: The Traditions of Scholarship in an Age of Science*, 1450-1800. Cambridge, MA: Harvard University Press, 1991.
Günther, Ludwig. *Kepler und die Theologie: Ein Stück Religions- und Sittengeschichte aus dem XVI. und XVII. Jahrhundert*. Giessen: Verlag von Alfred Töpelmann, 1905.
Haage, Bernhard Dietrich. *Alchemie im Mittelalter: Ideen und Bilder von Zosimus bis Paracelsus*. Düsseldorf and Zurich: Artemis and Winkler, 1996.
Hall, Manly P. *The Mystical and Medical Philosophy of Paracelsus*. Los Angeles: Philosophical Research Society, 1964.
Hamel, Jürgen. *Bibliographia Kepleriana: Verzeichnis der gedruckten Schriften von und über Johannes Kepler*. Auftrag der Kepler-Kommission der Bayerischen Akademie der Wissenschaften. Munich: C.H.Beck, 1998.

York: Dover, 1953.
——. "On Tycho Brahe's Catalogue of Stars." *Observatory* 40(1917): 229-33.
——. "On Tycho Brahe's Manual of Trigonometry." Observatory 39(1916): 127-31.
——. *Tycho Brahe: A Picture of Scientific Life and Work in the Sixteenth Century*(1890). New York: Dover, 1963.
——, ed. *Tychonis Brahe Opera Omnia.* 15 vols. Copenhagen: Copenhagen Libraria Gyldendaliana, 1913-29.
Efron, Noah J. "Irenism and Natural Philosophy in Rodulfine Prague: The Case of David Gans." *Science in Context* 10, no.4(1998): pp.627-49.
Einspinner, August. *Eine Schrift der Andacht über Johannes Kepler.* Graz: Leykam, 1920.
Eisenstein, Elizabeth L. *The Printing Press as an Agent of Change: Communications and Cultural Transformations in Early Modern Europe.* 2 vols. New York: Cambridge University Press, 1979.
Evans, Robert John Weston. *Rudolf II and His World: A Study in Intellectual History, 1576-1612.* New York: Oxford University Press, 1984.
Ferguson, Kitty. *Tycho and Kepler: The Unlikely Partnership That Forever Changed Our Understanding of the Heavens.* New York: Walker and Company, 2002.
Ferris, Timothy. *Coming of Age in the Milky Way.* New York: Anchor Books, 1989.
Field, Judith V. "A Lutheran Astrologer: Johannes Kepler." *Archive for History of Exact Science* 31(1984): 189-205.
——. "Kepler's Cosmological Theories: Their Agreement with Observation." *Quarterly Journal of the Royal Astronomical Society* 23(1982): 556-68.
——. "Kepler's Rejection of Solid Celestial Spheres." *Vistas in Astronomy* 23, no.3(1979): 207-11.
——. "Kepler's Star Polyhedra." *Vistas in Astronomy* 23, no.2(1979): 109-41.
Figala, Karin. "Kepler and Alchemy." *Vistas in Astronomy* 18(1975): 455-71.
——. "Tycho Brahe's Elixir." *Annals of Science* 28, no.2(1972): 139-76.
Figala, Karin, and Claus Priesner. *Alchemie: Lexikon einer hermetischen Wissenschaft.* Munich: C.H.Beck, 1998.
Frisch, Christian, ed. *Joannis Kepleri Astronomi Opera Omnia.* 8 vols.

Harri Deutsch, 2002.
Colombo, Giuseppe. "Johannes Kepler: From Magic to Science." *Vistas in Astronomy* 18(1975): 451.
Copenhaver, Brian P. "Natural Magic, Hermetism, and Occultism in Early Modern Science." *Reappraisals of the Scientific Revolution*. Ed. David C. Lindbergh and Robert Westman. New York: Cambridge University Press, 1990. 261-301.
Danielson, Dennis Richard. *The Book of the Cosmos: Imagining the Universe from Heraclitus to Hawking*. Cambridge, MA: Perseus Publishing, 2000.
——. "The Great Copernican Cliché." *American Journal of Physics* 69, no.10(2001): 1029-35.
Davis, Ann Elizabeth Leighton. "Grading the Eggs(Kepler's Sizing-Procedure for the Planetary Orbit)." *Centaurus* 35, no.2(1992): 121-42.
——. "Kepler's 'Distance Law'--Myth, Not Reality." *Centaurus* 35, no.2 (1992): 103-20.
——. "Kepler's Resolution of Individual Planetary Motion." *Centaurus* 35, no.2(1992): 97-102.
Debus, Allen G. *The Chemical Philosophy: Paracelsian Science and Medicine in the Sixteenth and Seventeenth Century*. New York: Dover, 2002.
Dick, Wolfgang, and Jürgen Hamel. *Beiträge zur Astronomiegeschichte*. Vol.2 Thun and Frankfurt am Main: Verlag Harri Deutsche, 1999.
Divisovska-Bursikova, Bohdana. "Physicians at the Prague Court of Rudolf II." Christianson et al., 270-75.
Donahue, William H. "Kepler's Approach to the Oval of 1602 from the Mars Notebook." *Journal for the History of Astronomy* 27, no.4(1996): 281-95.
——. "Kepler's Fabricated Figures: Covering Up the Mess in the 'New Astronomy.'" *Journal for the History of Astronomy* 19, no.4(1988): 217-37.
——. "Kepler's First Thoughts on Oval Orbits: Text, Translation, and Commentary." *Journal for the History of Astronomy* 24, nos.1-2(1993): 71-100.
——. "The Solid Planetary Spheres in Post-Copernican Natural Philosophy." *The Copernican Achievement*. Ed. Robert Westman. Berkeley: University of California Press. 244-75.
Dreyer, J.L.E. *A History of Astronomy: From Thales to Kepler*(1906). New

Annals of Science 39, vol.3(1982): 265-95.
Brahe, Tycho. *Tycho Brahe's Description of His Instruments and Scientific Work as Given in* Astronomiae Instauratae Mechanica(*Wandsburgi* 1598). Trans. and ed. Hans Raeder et al. Copenhagen: I Kommission hos E. Munksgaard, 1946.
Bubenik, Andrea. "Art, Astrology, and Astronomy at the Imperial Court of Rudolf II(1576-1612)." Christianson et al., 256-63.
Bukovinska, Beket. "The Kunstkammer' of Rudolf II: Where It Was and What It Looked Like." Fucíková et al., 199-219.
Burckhardt, Fr. *Aus Tycho Brahe's Briefwechsel.* Wissenschaftliche Beilage zum Bericht über das Gymnasium, Schuljahr 1886-87. Basel: Schultze'sche Universitätsbücherei, 1887.
Caspar, Max. *Bibliographia Kepleriana: Ein Führer durch das gedruckte Schrifttum von Johannes Kepler.* Auftrag der Bayerischen Akademie der Wissenschaften unter Mitarbeit von Ludwig Rothenfelder. Munich: C.H. Beck, 1968.
——. *Kepler.* Trans. and ed. Doris Hellman. Stuttgart: W. Kohlhammer, 1948. Rpt. New York: Dover Publications, 1993.
Caspar, Max, and Walther von Dyck. *Johannes Kepler in seinen Briefen.* 2 vols. Munich and Berlin: R. Oldenbourg, 1930.
Chapman Allan. *Tycho Brahe*: "Instrument Designer, Observer, and Mechanician." *Journal of the British Astronomical Association* 99(1989): 70-77.
Christianson, John Robert. "The Celestial Palace of Tycho Brahe." *Scientific American* 204, no.2(1961): 118-28.
——. "Copernicus and the Lutherans." *Sixteenth Century Journal* 4, no.2(1973): 1-10.
——. *On Tycho's Island: Tycho Brahe and His Assistants*, 1570-1601. New York: Cambridge University Press, 2000.
——. "Tycho and Sophie Brahe: Gender and Science in the Late Sixteenth Century." Christianson et al., 30-45.
——. "Tycho Brahe's Cosmology from the Astrologia of 1591." *Isis* 59(1968): 312-18.
——. "Tycho Brahe's German Treatise on the Comet of 1577: A Study in Science and Politics." *Isis* 70(1979): 110-40.
Christianson, John Robert, et al., eds. *Tycho Brahe and Prague: Crossroads of European Science. Proceedings of the International Symposium on the History of Science in the Rudolphine Period. Prague*, 22-25 October 2001. Acta Historica Astronomiae 16. Frankfurt am Main: Verlag

参考文献

Aiton, Eric John. "Johannes Kepler in the Light of Recent Research." *History of Science* 14, no.2(1976): 77-100.

——. "Kepler and the Mysterium Cosmographicum.'" *Sudhoffs Archiv* 61, no.2(1977): 173-94.

——. "Kepler's Path to the Construction and Rejection of His First Oval Orbit for Mars." *Annals of Science* 35, no.2(1978): pp.173-90.

Arena, Jay M. "Treatment of Mercury Poisoning." *Mercury Poisoning*. Ed. Eusebio Mays et al. Vol.2. New York: MSS Information Corporation, 1973. 44-50.

Ashbrook. Joseph. "Tycho Brahe's Nose." *Sky and Telescope* 29, no.6 (1965): 353-58.

Barr, Stephen. *Modern Physics and Ancient Faith*. Norte Dame: University of Norte Dame Press, 2003.

Beer, Arthur. "Kepler's Astrology and Mysticism." *Vistas in Astronomy* 18(1975): 399-426.

Benzendörfer, Udo. *Paracelsus*. Reinbek bei Hamburg, Rowohlt Taschenbuch Verlag, 1997.

Betsch, Gerhard. "Michael Mästlin and His Relationship with Tycho Brahe." Christianson et al., 102-12.

Bialas, Volker. "Kepler as Astronomical Observer in Prague." Christianson et al., 128-36.

Bias, Marie, and A. Rupert Hall. "Tycho Brahe's System of the World." *Occasional Notes of the Royal Astronomical Society* 3, no.21(1959): 253-63.

Blair, Ann. "Tycho Brahe's Critique of Copernicus and the Copernican System." *Isis* 51, no.3(1990): 355-77.

Boas Hall, Marie. "The Spirit of Innovation in the Sixteenth Century." *The Nature of Scientific Discovery: A Symposium Commemorating the 500th Anniversary of the Birth of Nicolas Copernicus*. Ed. Owen Gingerich. Washington, DC: Smithsonian Institution, 1975. 308-34.

Brackenridge, J. Bruce. "Kepler, Elliptical Orbits, and Celestial Circularity: A Study in the Persistence of Metaphysical Commitment. II."

⑻ Ibid., 210.
⑼ Ibid., 170.

エピローグ

⑴ Koestler, 354-55より英訳文を引用。
⑵ Lear, 155-57.
⑶ ケプラー自身の1630年のホロスコープについては、Caspar, *Kepler*, 357n1 を参照のこと。
⑷ Jakob Bartsch が Philipp Müller に宛てた書簡 (January 3, 1631) *JKGW*, 19: #6.1.
⑸ Caspar, *Kepler*, 359 より英訳文を引用。
⑹ ケプラーが自分のひたいを指さし、さらに天を指さしたことについては、Günther, 80 を参照のこと。

⒀ *TBOO*, vol.IX, p.165. 英訳 Lawrence Principe 博士。
⒁ 塩化第二水銀の毒性については、Sollmann, 1317 を参照のこと。
⒂ 水銀の利尿効果の発見については、Sollmann, 1317 を参照のこと。

第25章　犯行の動機と手段

⑴ メストリン宛書簡 (Februauy 10, 1597) *KJGW*, 13: #60. ケプラーが使用したラテン語の言葉は venenum を基語とする venenis で、英語の「へびなどの venom (毒液)」の語源になった。Venenum は一般に "poison" と訳される。これには霊薬、麻薬、呪文などの意味もある。
⑵ Figala, "Kepler and Alchemy", 457. Figala は、*The Harmony of the World* 第5版の付録に神秘主義者 Robert Fludd に対するケプラーの応酬を載せている。「彼は事実に関する神秘的なパズルを楽しんでいるが、私は自然に隠された事実を明るみにだすことに喜びを感じる。〔フラッドは〕錬金術師、神秘学者、パラケルスス派の術を手段とするが、私のそれは数学である」。しかし、ケプラーがここで攻撃しているのは、カバラ、呪術、土占いといったオカルト的実践であり、実験的なイアトロ化学のようなものではない。
⑶ Figala, "Kepler and Alchemy," 469n44. 引用文は Anne-Lee Gilder がドイツ語から英語に翻訳した。
⑷ *JKGW*, 19: #7.30.

第26章　盗み

⑴ ティコ・ブラーエ没後の一家の経済状態については、Christianson, *On Tycho's Island*, 299-306, 366-77 を参照のこと。
⑵ ジョヴァンニ・アントニオ・マジーニ宛書簡 (June 1, 1601) *JKGW*, 14: #190.
⑶ ダーヴィト・ファブリチウス宛書簡 (October 1, 1602) *JKGW*, 14: #226.
⑷ クリストフ・ヘイドン宛書簡 (October 1605) *JKGW*, 15: #357.

第27章　ケプラーの三法則

⑴ *JKGW*, 14: #7.30.
⑵ Koestler, 334.
⑶ ブラーエが潮汐の原動力は月にあると考えたことについては、Thoren, *Lord*, 214n76 を参照のこと。
⑷ Barr, 90.
⑸ ケプラーの光の逆二乗則は、Kitty Ferguson や James R. Voelkel の著書に説明されている。
⑹ Kepler, *Epitomy of Copernican Astronomy*, 186.
⑺ Ibid., 201.

が流出しても、ショック症状は表れるが尿毒症にはならない。
(5) Pick, 112. 英訳 Anne-Lee Gilder.
(6) Ibid.
(7) アーカンサス大学医学部内科学科の主任教授 Thomas E. Andreoli, M. D. およびワシントン DC の泌尿器科医師 Stephen William Dejter, Jr., M. D. は、腎臓や泌尿器系の障害について専門的な話をしてくれ、水銀中毒の可能性もありうるとした。アリゾナ医学大学健康科学センターの准教授 John B. Sullivan, Jr., M. D. は水銀中毒の毒理学に関する貴重な考察を提供してくれた。

第23章　最期の13時間

(1) ルンド大学物理学准教授の Jan Pallon 博士は、実験室を案内してくれ、PIXE 分析のプロセスやバックグラウンドを説明してくれた。
(2) 1996年7月3日にルンド大学で発表された Jan Pallon 博士の PIXE 分析結果より。
(3) *TBOO*, 14:234-40.
(4) *TBOO*, 13:283.

第24章　ティコの錬金薬

(1) 水銀に関する歴史については Goldwater を参照のこと。
(2) Ibid., 211.
(3) 遊離水銀による自殺未遂については Sollmann, 1317 を参照のこと。
(4) Goldwater, 211.
(5) Ibid., 212.
(6) Ibid., 168.
(7) Ibid., 232-33.
(8) Ibid., 222.
(9) *TBOO*, 9:165. 英訳 Lawrence Principe 博士。
(10) シカゴ大学科学医学史モリス・フィッシュバイン・センター名誉教授である Allen G. Debus 教授は錬金術医学史で革新的な研究を行なった。ミネソタ大学医学史の客員教授 Jole Shackelford は、デンマークおよびノルウェーのパラケルスス派の研究を専門とする初期近代ヨーロッパ医学の研究者である。また、ジョンズ・ホプキンズ大学の科学医学技術史および化学史の教授 Dr. Lawrence Principe やミュンヘン大学科学史の Karin Figala 教授もこの分野の傑出した研究者であり、本書における考察の多くは彼らの研究やインタビューに基づいている。Karin Figala 教授の Tycho Brahe's Elixir と Kepler and Alchemy は非常におもしろい論文である。
(11) *TBOO*, 9:165. 英訳 Lawrence Principe 博士。
(12) *TBOO*, vol.IX, p.165. 英訳 Lawrence Principe 博士。

第21章　墓穴のなか

(1) ブラーエの遺体発掘についてはMatiegkaを参照のこと。

(2) ティコ・ブラーエに関する貴重な知識は、オーレ・レーマー博物館のClaus Thykier館長、ティコ・ブラーエ博物館のGöran Nyström館長、ティコ・ブラーエ・プラネタリウムのBjörn Jörgensen館長に負う。

(3) コペンハーゲン大学法医学部長のBent Kæmpe博士は、研究室を案内してくれ、法医学分析のプロセスやバックグラウンドについて説明してくれた。

(4) このような自己実験は珍しいことではなかった。アルコールと併飲すると吐き気をもよおし、ときには重度のアルコール中毒症の治療に利用される嫌酒剤のジスルフィラム（アンタブース）は、コペンハーゲン大学の2人の研究者によって発見された。彼らは別の目的でこの薬を自己投与したのだが、その晩それぞれ異なるパーティーで飲酒したところどちらも予想外の不快感に襲われた。しかし、科学にとってはよい結果が得られたのである。

(5) Kæmpeが利用した装置は、0.05〜0.01/100万の感度をもつパーキンズ・エルマー原子吸光光度計である。

(6) Kæmpe, Bent, and Thyckier, 314. 原文は次のようである。“We therefore conclude that the uremia of Tycho Brahe probably can be traced to poisoning with mercury, by all accounts arisen from [his] own experiments with his elixir eleven to twelve days before death.”

(7) Bent Kæmpe と Claus Thykier は 2002年5月に Karl-Heinz Cohr と Helle Burchard Boyd に会い、ブラーエの尿毒症の原因について論じあった。

第22章　症状は語る

(1) *TBOO*, 13:283.

(2) Gotfredsen, 35. 英訳 Lisa Ringland.

(3) Gotfredsenの仮説については、彼の論文“Tyge Brahe sidste sygdom og død”を参照のこと。

(4) ガン腫瘍による尿路通過障害という仮説もあるが、この場合の症状は徐々に表れる。しかも体重の激減が考えられるが、当時のブラーエの病状説明には一切述べられていない。ブラーエの尿毒症に関しては、さらに本筋からはずれた原因説もある。腎前性の原因には鬱血性心不全や腎動脈狭窄症がある。糖尿病は徐々に腎臓障害を引きおこす。しかし、どの場合も最初の病気の症状がゆっくり進行するはずである。そのうえ患者は、気力喪失、食欲不振、皮膚のかゆみといった尿毒症自体がもたらす不快な症状にも悩まされはじめる。尿道の穿孔から漏出した尿は体内で吸収されるので尿毒症の原因にはならない。膀胱の手術の失敗や極度の外傷によって大量の尿

第18章　メストリンは沈黙する

(1) ウルサスの死に関しては、Rosen, *Three Imperial Mathematicians*, 307を参照のこと。
(2) ブラーエのウルサスに対する訴訟については、ブラーエのケプラー宛書簡 (August 28, 1600), *JKGW*, 14: #173を参照のこと。
(3) ヘアヴァルト・フォン・ホーエンブルク宛書簡 (May 30, 1599) *JKGW*, 13: #123.
(4) ケプラー宛書簡 (October 9/19, 1600) *JKGW*, 14: #178.
(5) Ibid.
(6) メストリン宛書簡 (December 6/16, 1600) *JKGW*, 14: #180.
(7) これを裏づけるラテン語の原書は多数存在する。古代ローマの歴史家サルスティウスの小著 Bellum Catlinae 53節には、ユリウス・シーザーと小カトーが傑出するようになったことに触れ、次のように述べられている。"Postremo, Caesar in animum induxerat laborare, vigilare; negotiis amicorum intentus, sua neglegere" (ついにシーザーは、自分よりも友人の問題に心を砕き、注意深く見守りながら仕事に励むことを決意した)。
(8) メストリン宛書簡 (December 6/16, 1600) *JKGW*, 14: #180.
(9) メストリン宛書簡 (February 8, 1601) *JKGW*, 14: #180.

第19章　はかりごと

(1) ケプラー宛書簡 (June 13, 1601) *JKGW*, 14: #191.
(2) Ibid.
(3) 皇帝ルドルフII世に宛てた書簡 (May 1601, *JKGW*) 14: #189. 英訳 Anne-Lee Gilder.
(4) Ibid.
(5) ジョヴァンニ・アントニオ・マジーニ宛書簡 (June 1, 1601) *JKGW*, 14: #190.

第20章　ティコの死

(1) Voelkel, 108 より英訳文を引用。
(2) *JKGW*, 19: #7.30.
(3) ティコ・ブラーエの病気に関するケプラーの叙述 *TBOO*, 13:255.
(4) *TBOO*, 14:234-40.
(5) Ibid. イェセニウスが言及した「放血器」は瀉血を意味している。これは体内における「ガレノスの4体液」のバランスを回復する術であり、カテーテル法ではない。

⑵ ブラーエによるケプラーの推薦状 (Beginning of June, 1600) *JKGW*,19: #2.6.
⑶ グラーツでの待遇に関するケプラーの叙述。*JKGW*, 14: #168.
⑷ ヘアヴァルト・フォン・ホーエンブルク宛書簡 (July 12, 1600) *JKGW*, 14: #168.
⑸ フェルディナンド大公宛書簡 (Beginning of July, 1600) *JKGW*, 14: #166.
⑹ 1600年4月5日のケプラーの誓約 *JKGW*, 19: #2.5.
⑺ ケプラーのフェルディナンド大公宛書簡の大意。「ケプラーは、ルドルフ帝に対するブラーエの地位を利用してフェルディナンド大公に自分を売り込もうとした (おそらくブラーエと同様の地位を大公に対して求めたのだろう)。6月10日に予測される月食に関する彼の理論を提出し、ブラーエがケプラーに口頭で伝えた月の理論を徹底的に批判した」(*JKGW*, 14: 474)。英訳 Anne-Lee Gilder.
⑻ *JKGW*, 14: #166.
⑼ クリスチャン・ロンゴモンタヌスがケプラーに宛てた手紙は残っていない。1600年8月3日付のロンゴモンタヌスの返信は *JKGW*, 14: #170 にある。
⑽ *JKGW*, 19: #7.30.
⑾ Ibid.
⑿ メストリン宛書簡 (September 9, 1600) *JKGW*, 14: #175.
⒀ ケプラー宛書簡 (August 28, 1600) *JKGW*, 14: #173.
⒁ メストリン宛書簡 (September 9, 1600) *JKGW*, 14: #175.
⒂ ブラーエ宛書簡 (October 17, 1600) *JKGW*, 14: #177.

第17章　ティコとルドルフ帝

⑴ ブラーエとメクランブルク公爵との文通については、Thoren, *Lord*, 217 を参照のこと。
⑵ 匿名の人に宛てた書簡 (January 20, 1600) *TBOO*, 8:240-41.
⑶ ゲオルク・ローレンハーゲン宛書簡 (September 16-26, 1600) *TBOO*, 8:373-74.
⑷ 当時のブラーエ家が経済的に困窮していたことは、娘のマグダレンが父親の死の1年後にデンマークの祖母に宛てた手紙によく表れている。手紙は、ブラーエの俸給がいまだ全額支給されていないこと、ブラーエの観測装置や観測記録に対する長期契約金も受領していないことを説明し、「ヴェーン島に残してきた家畜やコペンハーゲンの邸宅、その他何でもよいからデンマークに思いつく資産から少しずつでも金銭を収集できないものか、または〔ブラーエに権利のある未払いの貸付金はないか〕」と祖母に問い合わせている。Thoren, *Lord*, 471-75 を参照のこと。

第15章　プラハで対立する

(1) ケプラー宛書簡 (January 26, 1600) *JKGW*, 14: #154.
(2) ヨハン・フリードリッヒ・フォン・ホフマン宛書簡 (March 6, 1600) *JKGW*, 14: #157.
(3) ブラーエ宛書簡 (April 1600) *JKGW*, 14: #162.
(4) *JKGW*, 19: #7.30.
(5) ヘアヴァルト・フォン・ホーエンブルク宛書簡 (July 12, 1600) *JKGW*, 14: #168.
(6) Ibid.
(7) Martens, 8より英訳文を引用。177n2 も参照のこと。
(8) ケプラーの第1の要求書 (April 1600) *JKGW*, 19: #2.1.
(9) Ibid.
(10) Ibid.
(11) Ibid.
(12) ケプラーの第 1 の要求書に対するブラーエの返答 *JKGW*, 19: #2.1
(13) ケプラーの第 2 の要求書 (April 1600) *JKGW*, 19: #2.2.
(14) ケプラーの第 2 の要求書に対するブラーエの返答 *JKGW*, 19: #2.3.
(15) ケプラーの第 3 の要求書 (April 5, 1600) *JKGW*, 19: #2.3.
(16) Ibid.
(17) ケプラーの第 3 の要求書に対するブラーエの返答 (April 5, 1600) *JKGW*, 19: #2.4.
(18) Kepler-Kommission の要約 *JKGW*, 19: #2.5. 英訳 Anne-Lee Gilder.
(19) イェセニウス宛書簡 (April 8, 1600) *JKGW*, 14: #161.
(20) ブラーエ宛書簡 (April 1600) *JKGW*, 14: #162.

第16章　ケプラーの裏切り

(1) ローゼンクランツ家はブラーエ家と同様にデンマークでは有力な一族だった。ところがフレデリックは女官を身ごもらせたために、指切断と貴族の地位剥奪の罰に代わるものとして対トルコ戦争のハンガリー最前線に追いやられた。その途中プラハに立ちより、従兄弟のブラーエのもとに滞在した。その際ブラーエは、フレデリックに紹介状をもたせてルドルフ帝の弟でオーストリア軍を指揮するマティアス大公（後に兄の帝位を簒奪する）に会わせている。フレデリック・ローゼンクランツともう一人の従兄弟クヌード・ギュルデンステインは1592年にデンマーク使節として英国を旅したが、その際信用できない人物という印象を残し、シェークスピアの「ハムレット」では不運な二人組に彼らの名前が使われている。実際のローゼンクランツは大した人物ではなかった。ブラーエのもとを去ってすぐ、決闘の約束を破ろうとして殺害された。Thoren, *Lord*, 428-29 を参照のこと。

(7) ブラーエ宛書簡 (December 13, 1597) *JKGW*, 13: #82.
(8) メストリン宛書簡 (April 21/May 1, 1598) *JKGW*, 13: #94.
(9) ケプラー宛書簡 (April 1/11,1598) *JKGW*, 13: #92.
(10) ケプラー宛書簡 (July 4/14, 1598) *JKGW*, 13: #101.
(11) *JKGW*, 19: #7.30.
(12) ケプラーはメストリンに宛てた1599年2月16〜26日の手紙で、「ウルサスは私の〔彼宛の〕他の手紙も公開して、私をおとしいれるでしょう」(*JKGW*, 13: #113) と述べている。
(13) ブラーエ宛書簡 (February 19, 1599) *JKGW*, 13: #112.
(14) ブラーエのケプラー宛書簡の隅に書きつけられたケプラーの言葉。*JKGW*, 13: #92.
(15) メストリン宛書簡 (February 26, 1599) *JKGW*, 13: #113.

第13章　宮廷数学官

(1) Thoren, *Lord*, 411-12より英訳文を引用。
(2) Ibid., 412.
(3) Ibid., 411-13.
(4) Evans, 10.
(5) ブラーエの観測装置の運搬については、Dreyer, *Tycho Brahe*, 285を参照のこと。
(6) Evans, 90n 1 より英訳文を引用。
(7) Ibid., 45.
(8) Ibid., 198.
(9) ケプラー宛書簡 (December 9, 1599) *JKGW*, 14: #145.
(10) Ibid.

第14章　スティリアでのプロテスタント弾圧

(1) メストリン宛書簡 (June 1/11, 1598) *JKGW*, 13: #99.
(2) Ibid.
(3) Caspar, *Kepler*, 83 より英訳文を引用。
(4) ケプラーとキリスト教については、Caspar, *Kepler*, 82-84 を参照のこと。
(5) ヘアヴァルト・フォン・ホーエンブルクとケプラーの交友関係については、Caspar, *Kepler*, 90を参照のこと。
(6) メストリン宛書簡 (August 19/29, 1599) *JKGW*, 14: #132.
(7) メストリン宛書簡 (November 12/22, 1599) *JKGW*, 14: #142.
(8) Dreyer, *Tycho Brahe*, 292 より英訳文を引用。
(9) ヘアヴァルト・フォン・ホーエンブルク宛書簡 (July 12, 1600) *JKGW*, 14: #168.

第10章　『宇宙の神秘』

(1) ミカエル・メストリン宛書簡 (January 8/18, 1595) *JKGW*, 13: #16.
(2) *JKGW*, 19: #7.30.
(3) Kepler, *Mysterium Cosmographicum*, 67.
(4) Ibid., 73, 54-55.
(5) Ibid., 67.
(6) Ibid.
(7) Ibid.
(8) Voelkel, 32 より英訳文を引用.
(9) Kepler, *Mysterium Cosmographicum*, 105.
(10) ガリレオ・ガリレイ宛の公開状 *A Conversation with the Sidereal Messenger*, Prague, 1610, *JKGW*, 4:308.　英訳 J. V. Field.
(11) Kepler, *Mysterium Cosmographicum*, 55.
(12) Ibid., 75-77.
(13) Ibid., 61.

第11章　ケプラーの結婚

(1) *JKGW*, 19: #7.30.
(2) Caspar, *Kepler*, 56, 57より英訳文を引用。
(3) *JKOO*, 8:683.
(4) *JKGW*, 19: #7.30.
(5) Ibid.
(6) Ibid.
(7) メストリン宛書簡 (April 2, 1597) *JKGW*, 13: #64.
(8) *JKOO*, 8:689.
(9) メストリン宛書簡 (August 19/29, 1599) *JKGW*, 14: #132.
(10) ヘアヴァルト・フォン・ホーエンブルク宛書簡 (April 9/10, 1599) *JKGW*, 13: #117.
(11) 匿名の婦人に宛てた書簡 (1612年) *JKGW*, 17: #643.　英訳 Anne-Lee Gilder.

第12章　ウルサス事件と不吉な出会い

(1) Christianson, *On Tycho's Island*, 90 より英訳文を引用。
(2) Koestler, 302 より英訳文を引用。
(3) Thoren, *Lord*, 393 より英訳文を引用。
(4) Ibid.
(5) ウルサス宛書簡 (November 15,1595) *JKGW*, 13: #26.
(6) ウルサスの返信 (May 29, 1597) *JKGW*, 13: #69.

(3) Danielson, *Book of the Cosmos*, 37 より英訳文を引用。
(4) 第8の天球に関するコペルニクスの見解については、Martens, 28 を参照のこと。
(5) *TBOO* 4:156. 2003年3月13日、ケンブリッジ大学セント・エドモンド・カレッジで行なわれた Owen Gingerich の講義 "Truth in Science: Proof, Persuasion, and the Galileo Affair" より引用した英訳文。
(6) メリーゴーラウンドの比喩は Arthur Koestler より。
(7) *TBOO*, 4:156.
(8) 近年、ティコの宇宙体系に似たスケッチが、ハーバード大学天文学者および科学史家の Owen Gingerich によってバチカンで発見された。それはブラーエの友人の数学者 Paul Wittich が描いたと推定され、ブラーエの最終モデルのヒントになったようである。
(9) Thoren, *Lord*, 254より英訳文を引用。

第 9 章　国外追放

(1) Christianson, *On Tycho's Island*, 126 より英訳文を引用。デンマークにおける僧職についても述べられている。
(2) 宗教派閥については、Thoren, *Lord*, 202 を参照のこと。
(3) Christianson, *On Tycho's Island*, 126 より英訳文を引用。
(4) Ibid., 203.
(5) Thoren, *Lord*, 380, 385 より英訳文を引用。
(6) Christianson, *On Tycho's Island*, 127より英訳文を引用。
(7) *Mechanica*, 63.
(8) Thoren, *Lord*, 387 より英訳文を引用。
(9) *Mechanica*, 63. 歴史上の人物が伝記作家によってその人物像をゆがめられてしまうこともある。不幸にしてブラーエも、1890年に出版された J. L. E. Dreyer による伝記以来、あまりよい印象をもたれていない。Dreyer は有能な天文学者で史学者だったが、ブラーエ伝（この種の英語の出版物では最初の作品）の中で、ブラーエがウラニボルクを捨てデンマークを去った原因を彼のかんしゃくのせいにした。このような心ない評価がブラーエの人物像をゆがめてしまった。現在でも、「短気」で「かんしゃく持ち」というブラーエ像は、実際には反対の有力な証拠があるにもかかわらず、科学史において一般的である。近年になって Victor Thoren や J. R. Christianson のような学者が Dreyer の評価は不公平であると指摘した。Thoren と Christianson は Dreyer の情報を利用して、ブラーエの国外逃避は危機的状況に対する賢明な反応であり、クリスチャン国王との和解交渉はきわめて思慮深いものだったと述べている。ブラーエは、デンマーク宮廷の執拗な敵意にさらされたときだけその本心を慎重に吐露している。自尊心は高かったが、かんしゃく持ちではなかったのである。

⑻ *Debus*, 53.
⑼ Shackelford, "Paracelsianism in Denmark and Norway," 205 より英訳文を引用。
⑽ Ibid., 206.
⑾ Waite, 23.
⑿ Temkin, 22.
⒀ *Mechanica*, 118.

第6章　爆発する星

⑴ Ferris, 71 より英訳文を引用。
⑵ 視差の簡単な例については、Kitty Ferguson に負う。
⑶ Thoren, *Lord*, 88.
⑷ Ferris, 71.
⑸ Weistritz, 2:64-65. 英訳 Anne-Lee Gilder.
⑹ *Mechanica*, 117.
⑺ Thoren, *Lord*, 83 より英訳文を引用。
⑻ *Mechanica*, 117

第7章　ティコ・ブラーエの島

⑴ *Mechanica*, 109.
⑵ Christianson, *On Tycho's Island*, 23 より英訳文を引用。
⑶ Dreyer, *Tycho Brahe*, 86-87 より英訳文を引用。
⑷ フレデリックII世から下賜されたブラーエの資産については、Christianson, *On Tycho's Island*, 24 を参照のこと。
⑸ ブラーエの年間収入総額については、Thoren, *Lord*, 188より。
⑹ *Mechanica*, 106.
⑺ ブラーエ専門家の Klas Hylten-Cavallius の話によると、ウラニボルク城の各階への給水はポンプや圧力によるとも考えられるが、それよりも城の最頂部に水槽があって、使用人が毎朝そこにバケツで水を運び上げたというほうが適当のようである。
⑻ ブラーエの名声については、Weistritz, 1:77-78.
⑼ 英訳 Rose Williams.
⑽ *Mechanica*, 29.
⑾ ブラーエの観測の正確さについては、Thoren, *Lord*, 191 より。

第8章　ティコの宇宙体系

⑴ 地球の運動に関する古代の考え方については、Gingerich, *Eye of Heaven*, 5 より。
⑵ Thurston, 138より英訳文を引用。

第3章　チュービンゲン大学からの放逐

⑴ *JKOO*, 8:677.
⑵ Ibid.
⑶ Caspar, *Kepler*, 56 より英訳文を引用。
⑷ コペルニクス説に関する神学論争については、Peter Barker, “The Role of Religion in the Lutheran Response to Copernicus,” Osler, 59-88 を参照のこと。

第4章　ティコの天体観測

⑴ *Mechanica*, 107.
⑵ ブラーエの時代のデンマーク貴族については、Thoren, *Lord*, 1 を参照のこと。
⑶ デンマークのリグスラードとブラーエ一族に関する情報は、Thoren, *Lord*, 1, 43 より。
⑷ 決闘については、Thoren, *Lord*, 23-24 より。
⑸ ブラーエの負傷と義鼻については、Thoren, *Lord*, 25-26 を参照のこと。
⑹ ブラーエとマンデルップ・パースベルクとの交友関係については、Christianson, *On Tycho's Island*, 173 を参照のこと。
⑺ *Mechanica*, 107.
⑻ アルフォンソ表については、Ferris, 58-59 を参照のこと。
⑼ プロイセン表については、Gingerich, *Eye of Heaven*, 171 を参照のこと。
⑽ *Mechanica*, 107.
⑾ Ibid. 108.
⑿ Thoren, *Lord*, 28.
⒀ *Mechanica*, 89.
⒁ Ibid., 89.
⒂ Ibid.

第5章　錬金術

⑴ ブラーエの時代におけるデンマークの相続法については、Christianson, *On Tycho's Island*, 13 を参照のこと。
⑵ *Mechanica*, 118
⑶ バシリウス・ヴァレンティヌスが実在の人物なのか、それとも複数の無名の作者たちのペンネームなのかは不明である。
⑷ Debus, *Chemical Philosophy*, 94-95 より英訳文を引用。
⑸ Ibid., 95.
⑹ Ibid., 53.
⑺ 梅毒については、Goldwater, 53 を参照のこと。

の共同研究を包括的に扱った著書である。

第1章　葬送

⑴ ブラーエの葬儀については、Weistritz, 2:356-62; Thoren, *Lord*, 469-70 および Dreyer, *Tycho Brahe*, 310-12 を参照のこと。
⑵ ティコ・ブラーエを惜しむヨハネス・イェセニウスの弔辞より引用。*TBOO*, 14:234-40.
⑶ Weistritz, 1:195　英訳 Anne-Lee Gilder.
⑷ Rosen, *Three Imperial Mathematicians*, 314.

第2章　ケプラーの惨めな生い立ち

⑴ *JKOO*, 8:672.
⑵ Ibid.
⑶ Ibid., 8;670-71.
⑷ Ibid., 8:671.
⑸ Ibid.
⑹ Ibid.
⑺ Ibid., 8:672.
⑻ Ibid.
⑼ ミカエル・メストリン宛書簡 (May 7/17, 1595) *JKGW*, 13: #18.
⑽ ティコ・ブラーエへの覚書 (April 1600) *JKGW*, 29: #2.2.
⑾ 匿名の貴族に宛てた書簡 (October 23, 1613) *JKGW*, 17: #669.
⑿ *JKOO*, 8:671.
⒀ Ibid., 8:672.
⒁ Ibid.
⒂ 神学校の生活に関する情報の大半は、Sutter, *Johannes Kepler*, 99-101 より
⒃ *JKOO*, 8:672-673.
⒄ *JKGW*, 19: #7.30.
⒅ Ibid.
⒆ *JKOO*, 8:676.
⒇ *JKGW*, 19: #7.30.
(21) *JKGW*, 19: #7.30.
(22) Ibid., 47
(23) Caspar, *Kepler*, 44 より英訳文を引用。
(24) Ibid., 47.
(25) *JKGW*, 19: #7.30.

原　　注

JKOO　19世紀のケプラー論文書簡集の略。*Joannis Kepleri Astronomi Opera Omnia.* 編集 Christian Frisch. 8 vols. Frankfurt am Main and Erlangan: Heyder and Zimmer, 1858-71.

JKGW　現代のケプラー論文書簡集の略。*Johannes Kepler: Gesammelte Werke.* 編集 Kepler-Kommission. Bayerische Akademie der Wissenschaften München and Deutsche Forschungsgemeinschaft. 25 vols. Munich: C. H. Beck, 1937-.

TBOO　ブラーエ論文書簡集の略。*Tychonis Brahe Opera Omnia.* 編集 J. L. E. Dreyer. 15 vols. Copenhagen: Copenhagen Libraria Gyldendaliana, 1913-29.

上記の文書の原語はラテン語であり、Rose Williams が本書のために英訳した。英訳本からの引用はその旨を記す。

Mechanica は *Tycho Brahe's Description of His Instruments and Scientific Works as Given in* Astronomiae Instauratae Mechanica のこと。翻訳編集 Hans Raeder et al. Copenhagen: I Kommission hos E. Munksgaard, 1946.

ティコ・ブラーエに関する情報は次の書物に負うところが多い。

John Robert Christianson, *On Tycho's Island: Tycho Brahe and His Assistants, 1570-1601.*

Victor E. Thoren, *The Lord of Uraniborg: A Biography of Tycho Brahe.*

Philander von der Weistritz, *Lebensbeschreibung des berühmten und gelehrten dänischen Sternsehers Tycho v. Brahes.*

J. L. E. Dreyer, *Tycho Brahe: A Picture of Scientific Life and Work in the Sixteenth Century.*

Arthur Koestler, *The Sleepwalkers.*

Arthur Koestler の著書はヨハネス・ケプラーに関する貴重な情報源となった。さらに次の著書にも負うところが多い。

Max Caspar, *Kepler.*

Berthold Sutter, *Johannes Kepler und Graz.*

Mechthild Lemcke, *Johannes Kepler.*

Kitty Ferguson の *Tycho and Kepler: The Unlikely Partnership That Forever Changed Our Understanding of the Heavens* はケプラーとブラーエ

あるが、フランスのヴェルニエがこれを発明するのはティコの死から30年後である。バーニア目盛に比べるとダイヤゴナル目盛の方が簡単につくれるので、その後もさまざまな測定機器に使用され、20世紀においても電気計器などに使用されていた。日本でも、18世紀に伊能忠敬が使用した象限儀（四分儀）にダイヤゴナル目盛が使われており、司馬江漢の著した『和蘭天説』（1796年）の挿図「象限儀之図」には、ダイヤゴナル目盛が描かれている。

p.150　『世界の調和』

ケプラーの著書 *The Harmony of the World*（*Harmonices Mundi*）は日本ではさまざまに訳されており、音楽的な和声との対応を考えていたケプラーの意図からすれば『宇宙の和声論』とでもするのが妥当かもしれないが、本書ではもっとも一般的な『世界の調和』とした。

p.210　PIXE（粒子線励起X線分析法）

PIXEは通常「ピクシー」と呼ばれている。この元素分析技術は、1970年、スウェーデンのルンド大学のヨハンソン教授によって提案されたものである。試料に対して粒子ビームを走査することによって、元素の分布を画像として描くことができるのが大きな特徴となっている。現在、PIXEは、医学、生物学、環境科学などさまざまな分野で広く用いられている。

訳　注

p.50　大四分儀の精度

ここで話題になっている大四分儀の大きさは半径 5.5m であるから、周囲に刻まれた目盛の 1 分は約 1.6mm になる。もしこの大四分儀の目盛に、下記の p.80 に記述されている「ダイヤゴナル目盛」が採用されていれば、1/6′角の精度は可能かもしれない。当時のドイツで製作されていた光学、天文学、測地学などに使用される金属製測定機器（たとえば、ドレスデン国立美術館のクンストカンマー収蔵品）の技術水準からすると、目盛幅 1.6mm のダイヤゴナル目盛は十分可能であると考えられる。

p.80　ダイヤゴナル目盛

原文は transversals で、トランスバーサル目盛だが、日本では通常「ダイヤゴナル目盛」と言われている。p.81 の壁面四分儀の周縁部の目盛のところを拡大すると、たとえば下図のようになる（実際には、円弧の一部であるが、直線的に描いている）。一番内側の同心円と外側

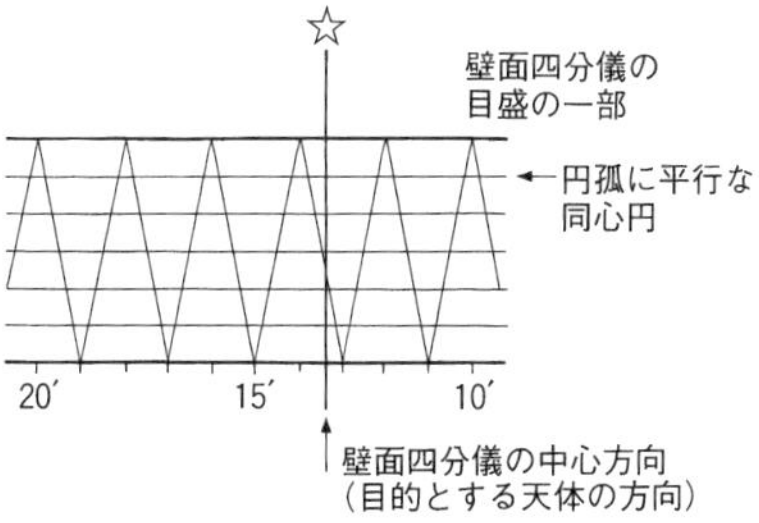

の同心円の間に 5 本の同心円を等間隔で引き、この間を 6 等分している。隣り合う目盛同士を対角線で結び、この対角線と、星の方向を示す直線（指針）との交点から、1 目盛以下の値を読みとる。図の場合なら、指針は 13′と 14′の間にあり、対角線との交点を読みとると、13′の目盛から 2.5 ほど進んだ位置にあるから、星の位置は、13＋(2.5/6)＝13.4′ということになる。目盛間隔以下の値を読みとる方法としてすぐに思いつくのは、ノギスに使用されているバーニア目盛で

図版クレジット

ケプラーの宇宙の多面体模型（p.110）、ケプラーの肖像画（p.20）：Bildarchiv Preussischer Kulturbesitz

ティコ・ブラーエの肖像画（p.41）：Der Nationalhistoriske Museum på Frederiksborg, Hillerød

1577年の彗星（p.25）：Zentralbibliothek Zürich, Wickiana Collection

1578年の死の予言（p.26）：copyright © UKATC, Royal Observatory, Edinburgh, Crawford Collection

ウラニボルク城（p.76）、ウラニボルク城の庭園（p.77）、大四分儀（p.49）、六分儀（p.66）、渾天儀（p.51）、壁面四分儀（p.81）、ステルネボルク（星の城、p.79）：*Dansk Astronomi Gennem Firehundrede År*. Rhodos：Copenhagen, 1990.

Hans von Aachen によるルドルフⅡ世の肖像画（p.136）：Kunsthistorisches Museum, Vienna

カテーテルの使い方の図（p.207）：copyright © The Trustees of the British Museum, London

Hans Bock the Elder による *Das Bad zu Leuk?* 1597（p.60), Öffentliche Kunstsammlung, Basel, Kunstmuseum. Photo credit: Öffentliche Kunstsammlung, Martin Bühler

ティコ・ブラーエの毛髪の PIXE による分析結果（p.213）：copyright © Jan Pallon, University of Lund, Sweden

ミュラ，マークス　Marx Müller　115
ミュラ，ヨハネス　Johannes Müller　192
ミュラ，ヨプスト　Jobst Müller　115, 117,186,188
ミンコヴィッツ，エルンフリート・フォン　Ernfried von Minckwitz　14,194
『メカニカ』 *Mechanica*　45,50,69,80,98, 99,134,239
メクランブルク公爵　Mecklenburg, Duke of　174
メストリン，ミカエル　Michael Mästlin　33,38,39,49,91,116,126,128,129,131, 151,170,171,181-185,234,235,245
メランヒトン，フィリップ　Philipp Melanchthon　36,37,93,140

【や　行】
『夢』 *Somnium*（*Dream*）　246,252,253
ヨハネ XXII世　Pope John XXII　56

【ら　行】
ラージー　Rhazes　218
ラインホルト，エラスムス　Erasmus Reinhold　37
ラディウス　47
ラブレー　François Rabelais　221
ランゲ，イリク　⟶ブラーエ，イリク
ランツァウ，ハインリッヒ　Heinrich Rantzau　99,121,133,258
ランプフ卿　Lord Rumpf　135,136
リグスラード　40,41,95
立方体　106,107
粒子線励起 X 線分析法　⟶PIXE 法
流　星　65
良性前立腺肥大（BPH）　205
ルター，マルチン　Martin Luther　36, 37
——派　92,140,147-149
——派の聖餐式　151
ルドルフII世　Rudolf II, Holy Roman Emperor　20,123,135-142,147,166, 173-177,188,189,192,194,235-237
ルドルフ表　Rudolfine Tables　191, 237,241,251
ルラントゥス，マルチヌス　Martinus Rulandus　232,233
レイティクス，ヨアヒム　Joachim Rheticus　37
レーマー，オーレ　Ole Rømer　199
レオナルド・ダビンチ　⟶ダビンチ
錬金術　53,55-57,217,222,232
——用語　222
『錬金術用語集』 *Lexicon of Alchemy*　232
ローゼンクランツ，フレデリック　Frederick Rosenkrantz　166
ローゼンベルク，ペータ・フォク・ウルジヌス　Peter Vok Ursinus Rozmberk　194
ローレンハーゲン，ゲオルク　Georg Rollenhagen　16,17,176
六分儀　65,66
ロマン主義　71
ロンゴモンタヌス　Longomontanus　16,168,170,192

【わ　行】
惑星運動の三法則　11,103,156,244
惑星の逆行運動　87,90
惑星の公転周期　247

【欧　文】
PIXE 法　210,211,213

【ま　行】

【な　行】
鉛　62,200,201
二重運動　88
ニュートン，アイザック　Isaac Newton　11,84,245
尿　素　199
尿毒症　199,201,205,206,208,225
人間の自由意志　70
粘　液　58

【は　行】
バー，シュテファン　Stephen Barr　245
バーヴィッツ，ヨハネス　Johannes Barwitz　134,176,237
パースベルク，マンデルップ　Manderup Parsberg　43,44
梅　毒　59,219-221
ハゲシウス，タディアス　Thaddeus Hagecius　133
場所の潜在力　85
ハッフェンレッファー，マティアス　Matthias Haffenreffer　35,39
パラケルスス　Paracelsus　57-58,60,61,63,221,222,226
——派　62
パロン，ジャン　Jan Pallon　210-215,222,226,227
パンとブドウ酒　149
ビーラ，ステイン　Steen Bille　54,55
光の逆二乗則　246
ピク，フリーデル　Friedel Pick　207
ピストリウス，ヨハネス　Johannes Pistorius　241
砒　素　200,201
ピタゴラス
——学派　84
——の立体　106
ビュアギ，ヨウスト　Joost Bürgi　122
ファブリチウス，ダーヴィト　David Fabricius　192,240
フィガラ，カリン　Karin Figala　233
フィリピスト　92,93
フェセリウス　Feselius　233
フェルズ，ダニエル　Daniel Fels　158
フェルディナンド大公　Ferdinand II, Holy Roman Emperor　144,146,147,150,170,235,250,251
フォースリンド，ブー　Bo Forslind　212
フス派　140
プトレマイオス，クラウディウス　Claudius Ptolemy　11,45,46,84
ブラーエ，イリク　Eric Brahe　14,57,121,203,230
ブラーエ，エリザベス　Elizabeth Brahe　186,187,194
ブラーエ，オットー　Otto Brahe　41,43,52
ブラーエ，キステン　Kirsten Brahe　14,53,196,197,230,239
ブラーエ，セシリー　Cecilie Brahe　239
ブラーエ，ティゲ　Tyge Brahe　154,239
ブラーエ，ティコ　Tycho Brahe　(→ティコ)
——とウルサス　121-123,125,180
——とオカルト科学　71
——とケプラー　126,127,143-145,152,154,155,158-164,166,170,171,179-181,188,189,236,237
——と占星学　70,72,174,175
——とメストリン　126
——とルドルフⅡ世　133-139,142,143,173-177,192
——と錬金術　55,57,62,63,177,222
——の遺骸　198,201
——の宇宙体系　86,87,90,91
——の家族と奉公人　230,231
——の観測記録　157,184,195,234,235,239
——の観測装置　77-79,239

【た　行】

【さ　行】

索　引

【著者】
ジョシュア・ギルダー（Joshua Gilder）
アン-リー・ギルダー（Anne-Lee Gilder）
ジョシュア・ギルダーは *Ghost Image* などの作品で知られる作家。1954年、ワシントンDCの生まれ。サラ・ローレンス・カレッジでの専攻は記号論理学で、北アメリカ北西海岸の先住民クワキウトゥル族の儀式であるポトラッチの研究でB.A.を取得。その後、雑誌のライターとなり、レーガン大統領のスピーチライターを務め、ジョージ H.W.ブッシュ大統領のもとでは人権問題担当国務次官補を務めた。もう一人の著者、夫人のアン-リー・ギルダーはジャーナリストとして知られている。二人は本書を執筆するにあたって資料収集と調査のためにヨーロッパをまわり、多くの専門家にインタビューをして独自の考察を行なった。
【訳者】
山越幸江（やまこし・ゆきえ）
翻訳家。主に科学技術関係の翻訳に従事。1966年、聖心女子大学文学部卒業。主な訳書には、ストンメル『火山と冷夏の物語』、トレフィル『物理学者は山で何を考える』、アシモフ『誤りの相対性』、レニハン『証人席の微量元素』、トンプソン『火山に魅せられた男たち』（以上、地人書館）。ハーブスト『動物の「超」ひみつを知ろう』、『ヒトの「超」ひみつを知ろう』、『星間旅行への誘い』（以上、晶文社）、スミス『心の魔物にうち克つ』（サンマーク出版）などがある。

ケプラー疑惑
ティコ・ブラーエの死の謎と盗まれた観測記録

2006年6月1日　初版第1刷 ©

著　者　ジョシュア・ギルダー
　　　　アン-リー・ギルダー
訳　者　山越幸江
発行者　上條　宰
発行所　株式会社 **地人書館**
　　162-0835 東京都新宿区中町15
　　電話　03-3235-4422　　FAX 03-3235-8984
　　郵便振替口座　00160-6-1532
　　e-mail chijinshokan@nifty.com
　　URL http://www.chijinshokan.co.jp/
印刷所　モリモト印刷
製本所　カナメブックス

Printed in Japan.
ISBN4-8052-0776-0 C3044